KB038806

방송문화진흥총서 236

K-콘텐츠
어떻게 만드나요?

〈우영우〉, 〈꼬꼬무〉, 〈피지컬 100〉, 〈유퀴즈〉, 〈스우파〉 PD 심층인터뷰

홍경수 저

〈이상한 변호사 우영우〉
유인식 PD

〈꼬리에 꼬리를 무는 그날 이야기〉
최삼호 PD

〈피지컬: 100〉
장호기 PD

〈유 퀴즈 온 더 블럭〉
김민석 PD

〈스트릿 우먼 파이터〉
최정남 PD

학지사비즈

이 책은 MBC재단 방송문화진흥회의 지원을 받아 출간되었습니다.

머리말
왜 K-콘텐츠이고, 왜 PD이고, 왜 질문인가

K-everything의 시대다. K라는 철자 다음에 게임, 스포츠, 엔터, 클래식, 뷰티, 푸드, 교육, 정책 등 어느 단어를 붙이더라도 말이 되는 시대에 우리는 살고 있다. K라는 두문자는 한류의 발전 단계를 한류 1.0~4.0으로 설명하는 과정에서 그다음 단계를 'K-컬처'라는 용어로 표현하며 등장했다(오채영, 2023). K-콘텐츠는 한류가 더 복잡하게 발전하고 분화한 결과물인 것이다. 한류를 처음 불러일으킨 것이 1997년 중국에서 붐을 일으킨 드라마 〈사랑이 뭐길래〉라면, 바로 K-드라마가 한류를 열었다고 할 수 있다. 그 후 30년이 지난 지금 K-드라마는 넷플릭스 등 OTT 플랫폼을 통해 세계의 주류 대중문화로 부상했다. 드라마뿐만 아니라 예능 등 다양한 영상 콘텐츠도 관심을 받고 있다.

〈오징어 게임〉이 세계적 인기를 얻고 난 뒤에 전 세계로부터 질문들이 쏟아졌다. "어떻게 〈오징어 게임〉이 세계적 인기를 얻었는가?" "한국 정부의 어떤 정책이 TV 드라마를 발전시켰는가?" "특이한 드라마를 기획할 수 있는 한국 드라마 기획자의 역량은 어디에서 비롯되는가?" "어떤 체계와 관행이 한국 드라마 기획의 차별성과 경쟁력을 갖추게 했는가?" 이 질문들은 한 드라마 감독이 전 세계의 연구자와 제작자로부터 받은 대표적인 질문들이다(이용석, 2021). 너무 늦었다는 생각보다는 지금이라도 K-콘텐츠가 어떻게 만들어지는지 분석해야 하는 것은 아닐까?

K-콘텐츠 인기의 배경에는 넷플릭스라는 글로벌 플랫폼도 있고, 배우들의 탁월한 연기와 잘생긴 외모도 빠트릴 수 없다. 타의 추종을 불허하는 효율적이고 신속한 대량 생산 시스템도 손꼽을 수 있다. 하지만 K-콘텐츠가 만들어진 비밀이 짧은 기자 인터뷰나 언론 보도를 통해서 드러나기는 어렵다. 오랫동안 쌓아 온 콘텐츠 제작의 관습과 노하우를 공개적인 자리에서 섣불리 털어놓기 힘들기 때문이다. 오히려 K-콘텐츠 생산에 참여한 핵심 인력인 PD의 감정과 생각을 심도 깊게 파악함으로써 근접할 수 있다.

PD들은 누구인가? PD들은 단순히 콘텐츠를 연출만 하는 사람이 아니라 기획·제작·유통 등 모든 과정을 책임지는 사람이다. 따라서 콘텐츠의 생산에 참여하는 어느 누구도 콘텐츠의 생산에 있어서 PD만큼 상세하게 알기는 어렵다. 따라서 K-콘텐츠가 어떻게 만들어지는지 파악하기 위해 PD들을 심층인터뷰 대상으로 삼은 것은 적절하다고 할 수 있다.

인류학에서 즐겨 사용하는 심층인터뷰는 생산의 맥락을 파악하기 위해 계속 질문을 주고받는 과정이다. 심층인터뷰는 단순한 인터뷰와는 다르다. 단순한 인터뷰가 정보를 얻는 것이 목적이라면, 심층인터뷰는 정보뿐만 아니라 정보의 맥락과 경험을 파악하는 것을 목표로 한다. 정보의 맥락이란 정보가 생겨난 배경과 구조를 말하며, 경험을 파악한다는 것은 응답자가 어떠한 사건을 어떠한 '경험'으로 받아들이는지를 확인하는 것이다. 사이드만(Seidman)은 심층인터뷰의 목적을 "다른 사람들의 생생한 경험과 그 경험으로부터 만들어 내는 의미를 이해하는 것"이라고 했다.

단순히 아침밥을 먹었는지를 묻는 게 일반적인 인터뷰라면, 어떠한 동기에서 식사를 건너뛰었는지, 밥을 굶는 경험을 스스로 어떻게 인식하고 있는지 파악하는 것이 심층인터뷰라고 할 수 있다. 심층인터뷰의 가장 큰 장점은 풍부한 이해다. 인류학자 글레센(Glesne)이 말한 것처럼 심층인터뷰는 "언어에 날개를 다는 과정"이다.

심층인터뷰에서 특기할 점은 질문하는 사람 스스로가 연구의 도구가 된다는 것이다. 누가 질문하느냐에 따라 대답이 달라지기 때문이며, 어떠한 태도로 질문하느냐도 대답의 결과에 영향을 미친다. 따라서 질문자와 대답하는 사람 사이에 신뢰와 믿음이 매우 중요하다. 신뢰를 획득하고 적절한 질문을 던질 때에야 비로소 콘텐츠 제작 과정에서 발생하는 다양한 감정과 생각의 실마리가 잡히기 시작한다.

필자는 KBS에서 방송 PD로 15년여간 근무하며 예능, 교양, 다큐, 시사 프로그램을 제작했다. 더불어 14년 이상 교수로 근무하며 방송 생산에 대한 연구와 교육을 해 왔다. 그 사이 수많은 방송상 심사를 맡아 왔고, 수십 명의 PD들을 대상으로 심층인터뷰를 해 왔기에 K-콘텐츠와 PD들에 대한 어느 정도의 이해를 갖고 있다고 생각한다. 또한 인터뷰에 들어가기에 앞서 몇몇 콘텐츠를 보고 텍스트로 분석한 것을 비평문으로 작성하며 작품에 대한 이해도도 높일 수 있었다.

필자가 사용한 접근법은 미디어 학계에서 제안한 방법이기도 하다. 미디어 텍스트를 시간의 경과에 따라 세심하게 추적·분석해 보면 생산과정에 관한 많은 단서를 발견할 수 있다는 것이다(임영호, 2015). 이와 같은 제안에 따라 필자는 텍스트 분석과 심층인터뷰를 결합하는 방식을 택했다.

이 책에서는 2021~2023년까지 한국의 대중문화를 대표하는 드라마, 교양, 예능 콘텐츠를 분석 대상으로 선정했다. 필자는 10여 년 전부터 꾸준히 콘텐츠 비평을 계속해 왔고, 특히 2020년부터 3년여 동안 K-콘텐츠를 분석하며 가르치는 일에 집중했다. 의미 있는 콘텐츠가 등장할 때마다 콘텐츠를 보고 생산자를 직접 만나 인터뷰를 시도해 왔다. 이 책도 이러한 과정의 일부라고 할 수 있다. 드라마에서는 〈이상한 변호사 우영우〉, 교양에서는 〈꼬리에 꼬리를 무는 그날 이야기〉, 예능에서는 〈피지컬: 100〉, 〈유 퀴즈 온 더 블럭〉, 〈스트릿 우먼 파이터〉를 선정하였다. 이 콘텐츠들이 K-콘텐츠를 모두 대변하지는 못한다고 하더라도, 이들을 빼고 2020년대 K-콘텐츠를 논하기 어려울 만큼 대표성을 가지고 있다고 판단했다. 이들은 모두 지금까지 만들어진 장르의 콘텐츠와는 달리 새로운 변곡점을 보인 콘텐츠라는 공통점을 갖는다. 이 변곡점은 AI와 OTT의 도입으로 큰 충격을 받고 있는 장르의 새로운 가능성과 연결된다. 가능성의 구체적인 내용은 인터뷰를 통해서 밝히고자 한다.

우리는 AI가 일자리를 위협하고 인간다움이 무엇이냐는 질문을 던지는 시대에 살고 있다. AI 시대에 문제해결 능력으로서의 질문이 중요한 화두가 되었다. 어떠한 질문을 어떻게 할 것인가? AI에게 던지는 명령문인 프롬프트는 인간이 데이터에 던지는 질문이다. "이 세상에서 가장 예쁜 사람은 누구야?" 〈백설공주〉에서 왕비가 거울에게 질문을 던졌듯 우리는 ChatGPT나 Bard에게 질문한다. 데이터를 언어화한 인공지능이 우리에게 줄 수 있는 결과물은 우리의 질문 수준에 좌우된다. 이미지 생성엔진에 "대안학교에서 공부하고 대학에서 동양화를 전공하는 20대 한국 여자 대학생 3학년은 어떻게 생겼을까?"라는 질문을 하자 중국풍의 도시 배경에서 중국옷을 입은 젊은 여성을 생성해 주었다. 질문이 달라지면, AI가 만들어 내는 결과물도 달라질 것이다.

AI보다 수만 배나 복잡하고 정교한 K-콘텐츠 기획자를 직접 만나 질문을 던졌다. 필자의 질문 수준이 답변의 결과를 결정했음이 틀림없을 것이다. 다소 장황한 답변은 필자의 질문이 정교하지 못한 결과일 것이다. 인터뷰에 응해 준 유인식, 최삼호, 장호기, 김민석, 최정남 PD에게 진심으로 감사를 전한다. 1시간 30분여의 인터뷰를 통해 소중한 경험을 활기차게 전달해 주어서 재미있게 인터뷰를 마칠 수 있었다. 방송 현장의 변화를 잘 듣는 것만으로도 큰 공부가 되었다. 인터뷰 섭외에 큰 도움을 준 이용석, 최태환, 이동규, 서병기 님에게도 감사의 인사를 드린다. 또 하나의 방송문화를 기록할 수 있도록 지원해 준 방송문화진흥회와 심사위원에게도 감사를 드린다.

독자들은 이 책을 통해 K-콘텐츠가 어떻게 만들어지는지 파악할 수 있을 것이다. 방송을 배우는 학생들은 콘텐츠가 어떠한 과정에서 기획되고 만들어졌는지 배울 수 있을 것이다. 방송 현업자들은 앞으로의 콘텐츠에 어떠한 철학이 담겨야 하는지 인사이트를 얻기 바란다. 접근이 쉽지 않은 생산자의 인터뷰 원문이 방송학 연구자들에게 기초 자료로 활용된다면 더 큰 기쁨이 없겠다. 생산의 기억과 감각이 글이라는 형태로 축적되었고, 상당한 기간 동안 보존될 것이 틀림없다.

책이 안 읽히는 시대에 멋진 책을 만드느라 애쓰신 학지사 김진환 사장님과 최임배 부사장님, 김순호 이사님, 유은정 선생님에게 고개 숙여 감사를 드린다. 출판사 관계자의 노고를 생각하며 책 내용을 더욱더 다듬을 수 있었다. 인터뷰 진행, 녹취 정리, 사진 촬영, 본문 검독 등은 제자들이 도움을 주었다. 김보미, 조수완, 나혜연, 서단비 학생은 책이 만들어지는 2년여의 기간 동안 금쪽같은 시간을 내어 스승을 도왔다. 고마움을 두고두고 표현하고 싶다. 마지막으로, 홀로 되신 후 노환을 이기시느라 벅찬 하루하루를 보내시는 양가의 어머님 채영희, 권윤정 님께 존경과 사랑의 인사를 드린다. 함께 사는 가족 희량, 윤서, 윤재에게는 책을 쓸 수 있는 동기와 힘을 주어 고맙다고 전한다.

2024년 3월
저자 홍경수

차례

● REC

K-콘텐츠
어떻게 만드나요?

4K I 1920 x 1080
60FPS I 80 Mbps

● REC

PART 1.
5인의
PD를 만나다

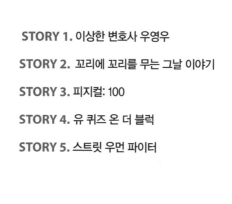

4K I 1920 x 1080
60FPS I 80 Mbps

● REC

STORY 1.

이상한 변호사 우영우

4K I 1920 x 1080
60FPS I 80 Mbps

3..2..1.. ..1..2..3

1. 〈이상한 변호사 우영우〉는 어떤 콘텐츠인가

〈이상한 변호사 우영우〉는 넷플릭스에서 2022년에 방영된 드라마로 천재적인 두뇌와 자폐 스펙트럼 장애를 동시에 가진 변호사 우영우의 로펌 생존기를 다룬 드라마다. 박은빈, 강태오, 강기영 등이 주연으로 출연하였고, 연출 유인식, 극본 문지원, 제작 에이스토리·KT스튜디오지니·낭만크루로, 주연 박은빈은 백상예술대상 TV 부문 대상, 연출자 유인식 PD는 연출상을 수상하였다.

공식 홈페이지에서는 ① 흥미롭고 사랑스러운 캐릭터가 보여 주는 극복의 드라마, ② 에피소드 중심의 법정 드라마, ③ '우영우 같은 변호사'를 꿈꾸게 하는 드라마라는 점을 강조하였다.

시청자에게 익숙하지 않은 채널인 ENA를 통해서 방송된 후에 넷플릭스에서 방송된 〈이상한 변호사 우영우〉는 1회 전국 시청률 0.948로 시작하여 16회 17.534(닐슨코리아)로 급성장해서 18.5배나 폭증한 기록을 달성하였다. 한국인이 좋아하는 TV 프로그램 통계의 2022년 7월 조사에서 지상파와 비지상파를 통틀어 드라마 선호도 최고치를 경신하였고, 이후 8월 조사에서는 전 채널, 모든 장르의 TV 프로그램을 통틀어 당시 기준 역대 선호도 최고치를 경신하는 기록을 세우며 성별과 연령을 가리지 않는 신드롬적인 인기를 기록하였다. 〈이상한 변호사 우영우〉는 넷플릭스에서 2022년 7월 11~17일 190개국에서 가장 많이 본 비영어 TV시리즈 글로벌 1위에 올랐다. 주간 글로벌 총 시청시간은 4,558만 시간으로 2위보다 두 배 많은 수치를 기록하였다.

이 드라마가 인기가 있었던 이유는 박은빈 배우가 잘 살린 우영우

캐릭터의 귀여움과 몰입감 높은 스토리와 탁월한 연출에 있다. 이 드라마는 장애인들이 누군가를 사랑하는 것조차 외부의 시선 때문에 얼마나 쉽지 않은 일인가를 에둘러 말해 주며, 법정물이지만 판결에 집중하기보다는 그 판결이 보여 주는 우리 사회의 내밀한 속살을 보여 준다는 평을 받는다.

2. 〈이상한 변호사 우영우〉 분석:
만약 칸트가 '우영우'를 보았다면[1]

우영우 현상이라 부를 만하다. 시작은 미미했지만 창대한 킬러 콘텐츠가 된 ENA 드라마 〈이상한 변호사 우영우〉를 둘러싸고 다양한 진단과 비평이 쏟아졌다. 또 하나의 비평을 보태지 않기 위해 '아름다움이란 무엇인가'를 철학적으로 고찰한 칸트의 입장에서 글을 써 보고자 한다.

칸트는 순수이성 비판, 실천이성 비판, 판단력 비판 등 3대 비판으로 인간의 인식 및 사유, 도덕과 취향의 핵심 원리를 짚어 냈다. 그중 판단력 비판이 '아름다움을 판별하는 원리'에 대한 설명이므로 드라마에 환호하는 대중의 열광을 새롭게 이해하는 데에 도움이 될 것이다.

현실 반영보다, 바꿀 수 있는 미래의 꿈

드라마를 둘러싼 논점 중 하나는 드라마의 판타지성이다. 다른 영

---

1) 홍경수, 만약 칸트가 우영우를 보았다면, 〈PD저널〉 2022. 7. 27. 수정 게재.

웅주의 드라마와 비교할 때 〈이상한 변호사 우영우〉가 갖고 있는 판타지는 상대적으로 낮은 편이다. 드라마 제작자는 변호사들의 자문을 바탕으로 지나치게 허황되어 보이는 설정을 억누르고 있으며, 진부한 연출도 피하고 있다. 문지원 작가는 전작 영화 〈증인〉에서 변호사가 꿈인 자폐를 겪고 있는 어린 증인을 주인공으로 대본을 쓴 경험도 있다. 자폐가 장애가 아니고 다양한 스펙트럼을 가지고 있기에 어쩌면 누구에게나 일정 정도의 자폐적 특성은 있을 수 있다는 관점을 제시함으로써 장애의 소수화의 위험성도 피해 나가고 있다.

그럼에도 불구하고 판타지 논란은 계속된다. 자폐 스펙트럼 장애를 갖고 있는 우영우(박은빈)가 서울대학교 법대를 수석으로 졸업한 뒤 변호사 시험에서 최고점에 가까운 점수를 받았으나, 장애 때문에 취업을 못 하고 있다가 6개월 뒤에 아버지의 후배가 운영하는 로펌에 취업하게 되는 설정부터 그러하다. 남들이 보지 못하는 관점을 꿰뚫어 보고 그로부터 법리를 발전시켜 나가는 우영우의 활약 역시 과장된 판타지라는 것이다. 이러한 주장의 근거로 제시되는 것이 자폐 스펙트럼 장애를 겪고 있는 자녀를 둔 사람들의 의견이다. 드라마를 통해 자폐에 대한 대중의 이해가 넓어져서 반갑지만, 최상위 '고기능성' 자폐의 성취가 오히려 좌절감을 느끼게 할 수 있다는 것이다. 한마디로 "우영우와 같은 자폐는 없다!"

한 매체는 "우영우는 열광, 전국장애인차별철폐연대는 외면, 우리는 달라졌을까?"라는 제목으로 드라마에 대한 열광과 장애인의 현실적 인식과는 괴리가 있다는 논지를 펼쳤다(노컷뉴스, 2022. 7. 21.). 이러한 주장은 대중의 인식을 환기하고자 하는 의도로 보이지만, 의식의 밑바닥에는 한 편의 드라마로 세상이 확 바뀔 것이라는 과도한 욕망이 담겨 있다.

철학자 한자경은 칸트를 인용하며 인간의 심성 능력 또는 마음의 작용은 크게 인식 능력으로서의 지각과 실천 능력으로서의 욕구로 분류된다고 설명한다. 전자가 세상 존재가 어떠하다는 것을 수동적으로 받아들여 아는 것이라면, 후자는 그들의 존재 양상을 내 의지대로 능동적으로 바꾸어 가는 행위라고 볼 수 있다는 것이다. 두 종류의 심성 활동은 우리 몸에 구비된 두 종류의 신경 체계, 즉 감각신경계와 운동신경계의 구분과도 상응한다고 볼 수 있다. 인식 능력으로서의 지각이 이미 존재하는 과거에 의해 규정되는 것이라면, 욕구나 실천은 앞으로 어떻게 되기를 바라는 미래 상태에 따라 행위를 하게 된다는 점에서 미래에 의해 규정된다.

대중이 드라마에 환호하는 것은 드라마가 현실을 있는 그대로 반영하고 있기 때문만은 아닐 것이다. 오히려 드라마를 통해서 현실이 이렇게 바뀌었으면 좋겠다는 실천성의 동력에 주목하기 때문이 아닐까? 시청자들이 자폐를 겪고 있는 사람들에게 일할 기회와 행복할 권리가 보장되기를 바라는 마음으로 드라마를 응원한다고 보는 것이 합리적이다. 드라마의 판타지가 지나치게 엉뚱하지 않다는 데 동의한다면, 드라마는 시청자가 기대하는 미래 상태로 이끌어 준다는 것으로 이해하는 것도 나쁘지 않을 듯하다.

캐릭터와 연기자 팬덤

우영우 현상을 설명하는 또 다른 키워드는 캐릭터와 연기자의 매력이다. 어려움을 극복하고 자신의 현실에서 최선을 다하는 캐릭터의 특성도 뛰어나지만, 박은빈이라는 연기자에 대한 팬덤이 드라마의 흥행에 큰일을 하고 있음을 눈치챌 수 있다. 영리한 미디어들은 박은빈의 필모그래피를 총정리하거나 연기의 특성을 분석하며 시청자들에게 호소하고 있다.

유인식 PD 역시 기자회견에서 "우영우를 할 수 있는 배우가 많지 않고, 처음에 박은빈이 일차적으로 거절했을 때 프로젝트가 어렵다는 생각을 했다."며 박은빈의 연기력에 신뢰를 보냈고, 결과는 대성공이었다. 그렇다. 대중은 우영우 현상의 상당 부분이 박은빈의 몫이라는 데 공감하고 있다.

실제로 우영우 배역을 다른 연기자가 연기했더라도 지금과 같은 열광이 일어났을지는 회의적이며, 장애인 연기자가 직접 연기하지 못해 아쉽다는 의견은 일견 동의하지만, 동의하지 못하는 부분도 있다. 드라마는 대중성의 싸움이며, 박은빈의 연기는 다른 연기자의 연기와 다를 것이기 때문이다. 박은빈의 연기는 그 자체로 '아름답다'는 보편적 평가를 얻었다고 할 수 있다.

그렇다면 아름다움이란 무엇인가? 칸트 미학의 가장 큰 특성은 취미 판단을 규정하는 만족이 일체의 관심과 무관하다는 것이다(무관심성). 미에 관한 판단에 조금이라도 관심이 섞여 있으면, 그 판단은 매우 편파적이며 순수한 취미 판단이 아니라는 주장이다.

여기서 일체의 관심이란 신체적 욕구에서 발생하는 감각적 관심과 선한 의지에서 발생하는 지적 관심을 지칭한다. 욕구에 기반한 관심을 만족시켜 주는 것은 '쾌적한, 기분 좋은(angenehm) 것'이며, 도덕적 선에 관한 관심을 만족시켜 주는 것은 '선한(gut) 것'이다. 순수한 미적 판단에서의 만족은 감각이나 도덕적 속박으로부터 자유로운 무관심의 만족으로 '그저 끌리게(gefallen)' 되는 것이다.

박은빈의 연기를 보면서 느끼는 감정을 대입해 보자. 만약 필자가 박은빈의 외모를 보는 것만으로 '기분 좋은 쾌적한' 감정이 든다면,

이것은 감각적 관심으로 향락이라고 할 수 있다. 반면, 박은빈의 이력이나 평소 행실에 따라 '선한 사람'이라는 것을 느낀다면, 이것은 도덕적 관심이라 하겠다. 칸트가 말하는 미적 판단은 이 둘에 속하지 않고, 맡은 바 배역에서 최고의 연기를 해내는 박은빈을 지칭하는 것일 터다. 물론 전작 〈스토브리그〉나 〈연모〉 등에서도 뛰어난 연기력을 보였지만, 〈이상한 변호사 우영우〉와 같은 열광이 나타나지 않은 것은 배역 우영우와 연기자 박은빈의 분리 불가능한 접합의 경지를 방증하는 근거가 된다.

칸트에 따르면 미적 판단은 지극히 주관적인데, 어떻게 보편성을 띠게 되었는가? 그것은 미적 만족의 쾌감이 무관심적이고 비의도적이기 때문이다. 미적 판단은 향락이나 도덕에 얽매이지 않고, 단지 마음에 든다고만 말할 수 있는 것이므로 보편성을 띠게 되고, 보편성을 띤 미적 만족의 쾌감이 모여 거대한 팬덤을 형성하는 것이다. 물론 칸트의 미적 판단이 절대적인 것은 아니며, 미의 기준을 지나치게 세분화하여 파악했다는 반론도 가능하다.

상상력은 노둣길이다

칸트는 우리가 갖게 되는 관심을 경험적 관심으로도 설명한다. 인간은 사회적 존재로서 다른 사람들과 지식과 느낌을 공유하고자 하는 욕구를 가지며, 따라서 미에 대한 쾌감과 취미도 공유하려는 경향이 있다는 것이다. "경험적으로 미는 오직 사회 안에서만 관심을 일으키며, 우리는 사회 안에서만 미를 지니고자 하는 관심을 갖게 된다."(칸트) 수많은 미디어의 우영우 관련 보도나, SNS를 가득 채운 드라마 포스팅은 칸트가 말한 '경험적 관심'을 그대로 보여 준다. 매주 에피소드가 공개될 때마다 함께 시청하고 소감을 공유하는 과정은 흡사 야외에서 축구를 함께 보는 퍼블릭 뷰잉(public viewing)을 연상케 한다.

함께 시청하는 경험의 과정에서 극단적인 원칙론이나 과도한 욕망은 도리어 사회적 진보의 발걸음을 좌절시킨다. 드라마가 현실과 CG를 섞어서 답답한 현실과 고래의 유쾌함을 재현하듯, 드라마는 더 나은 미래에 대한 상상력이라는 댓돌을 던져서 섬과 섬을 잇는 노둣길을 만든다. 바다에 돌을 던지는 사람에게 '그깟 돌 던져 봐야 고속도로가 되지 않는다.'고 비판하는 것은 맥을 빠지게 한다.

드라마는 사회적 제도가 아니며(왠지 점점 사회적 제도가 되어 가는 기분이 들기도 한다), 사회정책은 더더구나 아니다(정책을 만드는 계기가 될 수는 있겠다). 한 편의 드라마가 화제가 되었다고 해서 정부 정책을 비판하듯 한계를 지적하기보다는 진보의 측면에도 충분히 공감하는 것이 지금 필요하다. 그래야 한계 없는 상상력이 앞으로 더 활발하게 펼쳐질 것이기 때문이다.

3. 유인식 PD 인터뷰

유인식 PD

출생: 1972년
소속: 낭만크루
경력: SBS 프로듀서

작품
〈스무살〉, 〈폭풍속으로〉, 〈불량주부〉, 〈불량가족〉, 〈연인〉, 〈외과의사 봉달희〉, 〈불한당〉, 〈자이언트〉, 〈샐러리맨 초한지〉, 〈돈의 화신〉, 〈너희들은 포위됐다〉, 〈미세스 캅〉, 〈미세스 캅 2〉, 〈낭만닥터 김사부〉, 〈베가본드〉, 〈낭만닥터 김사부 2〉, 〈이상한 변호사 우영우〉, 〈낭만닥터 김사부 3〉

수상
제59회 백상예술대상 TV 부문 연출상
제53회 백상예술대상 TV 부문 연출상
제38회 한국방송대상 TV 부문 작품상

2023년 8월 8일 오랜 장마가 끝나고 뜨거운 태양이 작렬하던 날 유인식 PD를 상암동 낭만크루 사무실에서 만났다. 같은 방송사 출신도 아니고 장르도 달랐지만, 이용석 감독 소개 덕분에 생경함 없이 인터뷰를 진행할 수 있었다. 오피스텔에 마련한 유 PD의 사무실에서 돋보이는 것은 회의 테이블 근처 책상에 모아 놓은 기념할 만한 것들. 드라마 이름이 새겨진 목판. 수상한 상패들, 스태프로부터 받은 것 같은 롤링페이퍼들이었다. 이것 말고는 거의 아무것도 없는 단촐한 사무실은 깔끔하게 정리하기 좋아하는 단순한 정신 상태를 보여 주는 듯했다. 인터뷰에 조교 2명도 동참하여 사진을 찍고 녹음하는 것을 도왔다. 유 PD는 3명의 손님을 맞아 정성껏 생수와 커피를 내어 주었다. 커피 내리는 것이 익숙하지 않아 보여서 "커피는 됐다."고 사양했지만, 그는 덜커덩거리며 기어이 커피 4잔을 내려 와서 손님 대접을 한 뒤에 인터뷰를 시작했다. 편안하고 기분 좋은 분위기에서 인터뷰를 진행했다.

질문 ①

홍: 〈이상한 변호사 우영우〉 안에 한국적이기도 하고 보편적이기도 하고 여러 가지 요소가 있을 텐데, 연출하시면서 이 드라마가 세계적으로 뜨거운 반응을 얻을 수 있었던 요인에 대해 어떻게 분석하고 계시는지 궁금합니다.

유: 글쎄요. 그게 애초에는 세계적인 흥행은 고사하고 국내에서도 반응이 이렇게 뜨거울 거라고 생각을 전혀 못했어요. 넷플릭스로 방영되기는 하지만, ENA 채널이 신생 채널이어서 시청률이 3% 정도만 나와도 대박이라고 생각했어요. 왜냐하면 ENA 채널에서 그때까지만 해도 시청률이 1%를 넘는 방송이 하나도 없었기 때문에 방송사 측의 기대치도 그 정도였고 저희도 그렇게 생각했어요. 대신에 넷플릭스를 통해서 사람들이 좀 봐주면 좋겠다고 생각했어요. 해외에도 넷플릭스가 나가기는 하는데 저희 드라마에서 다루는 코미디가 대부분 한국말 말장난이 많았고 법정 드라마라서 법체계가 해외와 다르

잖아요. 법체계도 다르고, 전문용어가 우리가 들어도 잘 이해가 안 가는데 이것을 번역해서 외국 사람들이 보는 것도 그렇고요. 게다가 자폐 장애가 소재여서 굉장히 소박한 기대를 갖고 시작했는데 굉장히 반응이 큰 걸 보고 되게 의아했죠. 왜 이렇게까지 좋아해 주나? (웃음)

홍: 전체적으로 세상을 긍정적으로 바라보는 드라마에 대한 갈증이 좀 있었던 거죠?

유: 주인공 캐릭터가 많은 사람에게 어필을 했던 것 같아요. 저희가 굉장히 고민해서 만든 캐릭터이기는 하지만 자폐 장애임은 분명하게 설명을 해 줘야 하는 거였죠. 그런데 저희가 알지 못하는 사이에 의외로 그런 비슷한 고민을 하는 가정들이 전 세계적으로 굉장히 많았던 거죠. 주인공처럼 뭔가 '나는 왜 이렇게 사람들이랑 어울리지 못하고, 왜 나는 나 혼자만의 세계에 이렇게 갇혀 있나?'라고 생각하는 사람들도 생각보다 굉장히 많았던 것 같아요. 그래서 그런 사람들에게 "좀 자신 있게 다녀도 괜찮다." "주변에 그런 사람들이 있을 거다." "나를 이해해 주고 손 내밀어 주는 사람도 있을 거다."라고 말해 주는 대목을 많이들 좋아해 주신 것 같아요.

기획사-연출자-작가 사이의 삼각형의 황금률

질문 ❷

홍: 드라마 연출을 23년 하셨으니까 누가 주도권을 가지고 드라마를 기획하고 만들어 가는지 그 과정의 변화를 경험했을 것 같습니다. PD

가 주도하는 시대가 있었고, 작가의 시대로 변화되는 시기도 있었고요. 또 이번 경우에는 에이스토리라는 제작사가 기획자였는데, 이렇게 제작을 둘러싼 세 개의 꼭짓점이 있다고 한다면 각각의 꼭짓점이 〈이상한 변호사 우영우〉를 만들 때 어떤 식으로 서로 역할을 하고 상호작용을 했나요?

유: 돌이켜 보면 비율이 괜찮았던 셈인데요. 〈이상한 변호사 우영우〉는 에이스토리 이상백 대표가 비행기 안에서 〈증인〉이라는 영화를 보고 너무 감동해서 작가를 수소문했죠. 문지원 작가는 원래 〈증인〉이라는 영화를 연출할 생각으로 시나리오를 썼었는데 시나리오만 채택이 된 상황이었던 거예요. 이상백 대표가 작가로서 대본을 쓸 수 없냐고 하면서 〈이상한 변호사 우영우〉 아이디어를 제시한 거죠. '〈증인〉에 나오는 김향기 배우가 연기했던 친구가 자라서 만약 변호사가 됐다면 어땠을까?'라는. 영화에서는 꿈이 변호사인데 "자폐가 있으니까 변호사는 되지 못할 거야."라는 대사를 하거든요. 문지원 작가가 그런 얘기라면 할 수 있을 것 같다고 생각을 하신 거죠. 그래서 그 아이디어를 가지고 문지원 작가가 대본을 8회까지 썼어요. 그때까지는 제가 합류하지 않고 있었는데 그때 저에게 이상백 대표가 대본을 보여 준 거죠. 제가 그때는 다른 프로젝트 때문에 그걸 할 수는 없는 상황이었는데 처음에 읽었을 때 대본이 참 좋다고 생각했어요. 그런데 제가 대본을 보고서는 이게 지금 그림이 그려지려면 이 연기를 누가 할 수 있느냐가 중요한데 떠오르는 배우가 거의 없는 거예요. 박은빈 배우가 관심 있어 했는데 그 배우도 다른 드라마를 하고 있어서 그걸 기다려야 되는 상황이 된 거죠. 기다리는 동안 대본 디벨롭을 같이 했어요.

작가와 만나서 준비하는 과정에서는, 문지원 작가도 드라마 집필이 처음이라 회별 에피소드의 퀄리티는 괜찮았지만 다음 회를 보게 만드는 장치가 좀 미흡했죠. 이 드라마에서는 러브라인이 러브라인이라서 중요하다기보다 그 자체가 되게 중요한 테마였기 때문에 자폐인의 사랑이라는 것에 대한 디벨롭이 있어야 했어요. 제일 큰 것은 우영우라는 인물이 어떤 내면을 가지고 있는지를 시청자들한테 딱 한눈에 보이게 할 만한 뭔가 오브제가 하나 있으면 좋겠다 싶어서 고민을 하다가 고래를 채택했어요. 대개 자폐인들은 뭐 하나에 몰두해 있는 대상이 항상 있으니까. 그런데 이게 작가에게는 굉장히 큰 스트레스였어요. 왜냐하면 대본을 거의 다 다시 쓰다시피 해야 됐거든요. 고래를 집어넣으면 말끝마다 고래 얘기를 해야 되기 때문에 작업을 다시 함께 하고 대본 디벨롭을 하고 있는 와중에 박은빈 배우가 왔고 그래서 그것을 만들어 갔죠. 톤앤매너를 배우와 같이 정하고 갔으니까. 사실은 각자의 역할을 평화롭게 잘해 준 경우였죠. 문지원 작가가 제가 말하는 것을 굉장히 오픈 마인드로 잘 들어 주었고, 제작사 에이스토리가 규모치고는 CG 비용이 상당히 많이 들어갔는데도 잘 지원해 주었지요.

영상의 창의성을 통한 연출의 리더십 확보

질문 3

홍: 대본을 보면 굉장히 디테일한 연출 지시나 연출의 영역까지 표현이 돼 있던데요. 그런 부분들을 보면 영상을 만드는 연출자 입장에서는 이게 시각적으로는 구현되는 건 다른 문제이기 때문에, 잘 쓴 대본이라고 해서 그게 좋은 시각적 구현이 될 수 있는 대본이 아닐 수도

있잖아요. 그런 점은 어떻게 보완하셨나요?

유: 예를 들면, 비주얼적으로는… (태블릿을 켜며) 이게 제 대본인데요.

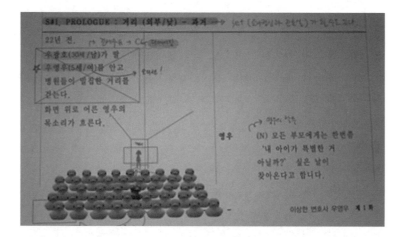

원래 대본에서는 이렇게 돼 있어요. '거리를 걷고 있다.' 이렇게 되어
있는데, 저는 첫 회 첫 장면 첫 컷을 굉장히 중요하게 생각하는데, 그
냥 이렇게 마을의 어떤 거리를 걷고 막 이렇게 시작하는 게 좀 산만
하기도 하고, 어딘가 조금… 그거랑 겁에 질린 아이의 얼굴 같은 것
을 대조하는 식의 시작이 조금 식상하다고 생각했어요. 그래서 아이
디에이션 하다가 이렇게 노란 오리 틈바구니에 파란 오리를 하나 섞
어서 가자고 아이디어를 냈어요. 아무리 설명해도 스태프들은 잘 모
를 수 있으니까, 그래서 이런 그림을 원한다고 설명해서 스태프들이
고무 오리 50마리를 해외직구로 구입해서 색을 칠했죠. 그림 콘티
를 초반에는 좀 많이 그렸어요.

홍: 직접 그리신 건가요?

유: 네, 제가 그림 그리는 것을 좋아하긴 하는데, 이런 게 오프닝 타이틀, 중간 타이틀이었어요. 이렇게 트램펄린에서 뛰고 있는 아이의 얼굴 뒤에 고래들이 들어오고 이렇게 벽지로 바뀌어서 붐다운[2]을 하면 영우의 손이 들어온다. 이렇게 되는 거죠.

사실 1부 오프닝 때랑 드라마 톤앤매너가 보는 사람들이 이렇게 딱 어떤 느낌이라는 게 와야 하는데… 꽤 동화적이길 바랐고, 원래는 이런 생각도 했어요. '거꾸로 읽어도 똑바로 읽어도 좌우대칭 기러기 토마토 인도인.' 그런 아이디어를 스태프들에게 제시했을 때 반응이 뜨뜻미지근하면 제가 접고요. 아니면 계속 가지고 가는 거죠.

---

2) 붐에 매단 촬영기나 마이크를 위에서 아래로 내리면서 촬영하거나 녹음하는 것. 붐 업 (boom up)의 반대어.

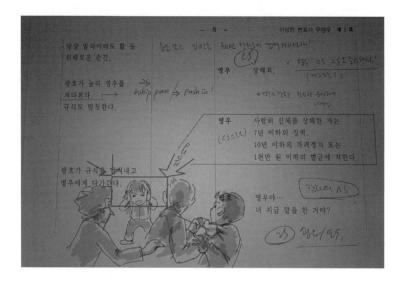

지하철 안에 있을 때 고래가 나타나는 신(scene)은 원래 창밖에 있는 고래를 여주가 이렇게 마주 보고 있는 그림도 생각했었는데, 어딘가 대놓고 환각을 보는 것 같은 느낌이 너무 나는 것 같아서 알 듯 모를 듯 이 백그라운드에서 고래가 나타난다는 그런 느낌을 줬죠. 그러니까 이 장면도 사실 대본에는 그런 느낌이나 고래는 없거든요. 원래 정류장에 긴장한 얼굴로 서 있다가 고래 노랫소리가 들리니까 사람들이 탄다, 이런 거였고. 역삼역도 그냥 이렇게 대사만 있는 거였는데, 근데 여기서 고래가 한 번 등장해야 할 것 같다고 생각했어요. 역삼역도 그 뒤에 백그라운드 글씨가 이렇게 뒤집히는, 그러니까 영웅한테는 세상이 그렇다는 느낌을 은연중에 주고 싶었던 거죠. 그래서 이거는 이렇게 작업을 하면 어떨까, 사실은 이렇게 만들고 싶다고 작가한테 슬쩍 동의를 구하고, 좋다고 하면 구현하는 거죠. 이렇게 해 놓으면 스태프들이 일하기가 굉장히 좋아요. 그리고 배우한테도 지금 뭘 찍고 있는 건지 설명을 해 줘야 하는 문제가 있는데, 박은

빈 배우가 또 귀신같이 연기를 잘해 줬어요. 저도 사실 찍으면서는 이 CG가 어떻게 나올지를 모르는 상황이니까요. 한편으로는 굉장히 불안한 일이기도 하고, 혹시나 이게 사람들이 볼 때 기괴하게 보이면 어떡하나, 징그럽게 생각하면 어떡하나 고민을 되게 많이 했었어요.

연출의 기초는 캐릭터에 적합한 배우의 캐스팅

질문 4

홍: 박은빈 배우에 관한 얘기를 안 할 수가 없는데, 아까 말씀하신 것처럼 연기자가 결정되지 않으면 대본이나 스토리에 대한 확장이나 이야기의 전개가 구상이 잘 안 되는 게 사실이잖아요. 한국의 배우들이 그렇게 많은데 박은빈의 어떤 점을 포착하셨어요?

유: 일단 박은빈이라는 배우의 가장 좋은 점은 딕션 소화력이 너무 뛰어나다는 거예요. 제가 대본을 보고 누가 이걸 할 수 있을까 싶었던 게, 어마어마한 양의 대사를 그것도 법정에서 하는데 자폐인이기 때문에, 말하자면 거의 머릿속에서 읽는 것처럼 해야 되잖아요. 한 자도 틀리면 안 되는 거예요. 그런 능력을 갖고 있는 배우가 일단 몇 명 없고, 그다음에 박은빈 배우는 어떤 배역을 해도 본인의 개성을 살리려고 하기보다는 배역을 완전히 처음 보는 인물을 만들어 내는 쪽으로 연기를 하는 사람이라···. 사실 자폐 장애를 가지고 있는 '천재 여자 변호사'라는 설정이 믿게 만들기 굉장히 어렵잖아요. 처음에 등장하는 순간, 딱 유니크한 그 사람으로 보여야 하기 때문에···. 개성이 굉장히 강한 배우들이 있어요. 좋고 나쁘고의 문제가 아니라

개성의 문제이기 때문에 그런 분들은 또 망설여졌죠.

홍: 보통 전작이나 이 배우가 어디에서 연기했던 것들을 보면서 섭외를 하실 텐데, 박은빈 배우와 같이 일을 해 보신 경험이 있으신가요?

유: 아니요. 예전에 박은빈 배우와 일을 해 본 적은 없어요. 그래서 사실은 우영우를 연기할 수 있는 사람이 박은빈 배우라는 것은 확신했지만 박은빈 배우가 이 역할을 어떻게 할지는 전혀 감이 안 온 상태였어요. 본인도 그랬고요. 이 사무실 아래층에 사무실이 또 하나 있는데 거기서 박은빈 배우와 미팅을 했었어요. 작가를 만나러 온 자리가 사실은 정중히 거절하러 온 것이라고 하더라고요. 그런데 설득을 했고, 워낙 공부하는 것을 좋아하는 배우라는 얘기를 들어서 자폐 관련 책을 떠안겨 주면서 역할을 맡아 보라고 했죠. 나중에 결국은 "그럼 믿고 한번 해 보겠습니다." 하고 들어왔고, 거의 제로베이스에서 우영우의 말투나 표정이나 생김새, 이런 걸 다 같이 만들어 갔죠.

질문 ❺

홍: 기획사인 에이스토리 이상백 대표의 선택이긴 한데, 유인식 감독님을 모신 것도 굉장히 훌륭한 선택이었던 것 같아요. 왜 유 PD님을 선택했을까요?

유: 제가 알기로 앞서 제의받은 연출자들이 꽤 있는 걸로 알고 있어요. 근데 그쪽에서도 뭔가 나름의 이유가 있었겠죠. 그거를 고사한 이유도 있을 테고. 그분들이 그런 이유 때문이었는지는 모르지만, 고사할 만한 여지가 아주 많은 대본이었죠, 사실은. 이게 쉽지 않고 욕

먹기 좋고 대본에 선이 굵은 뭔가가 있어서 이것만 딱 잡고 가면 되겠다, 이렇게 딱 감이 오는 것도 아니고, 말하자면 굉장히 섬세한 결을 가진 대본이어서 디테일이 너무너무 중요한 작품이었거든요. 그러니까 연출자의 성향에 따라서는 부담스러워할 수도 있고 끌릴 수도 있고…. 그리고 또 비슷한 이유겠죠. 이렇게 그림이 얼른 떠오르지 않으니까 어떤 배우가 와서 이걸 어떻게 소화할지…. 저는 이상백 대표가 저에게 연락해 왔을 때 일단 끌렸던 게 굉장히 섬세한 대본의 결이었어요. 제가 직전에 했던 작품이 〈낭만닥터 김사부 2〉였고, 그전에는 총을 쏘는 드라마도 했어요. 제가 이쪽저쪽 많이 해 봤지만 제가 연출했던 대본 중 가장 결이 섬세하고 고운 편이었어요. 그래서 더욱 끌린 것도 있고요.

홍: 연출이 약간… 뭐라 그럴까? 이음새가 느껴지지 않는 연출이랄까요? 왜냐하면 딱 그럴 만한 사람이 등장하고, 그럴 만한 연기자가 그럴 만하게 연기하는… 그래서 저는 연출이 아주 좋았던 것 같아요. 본인이 생각할 때 본인의 연출의 특성은 뭐라고 생각하시나요?

유: 제가 뉴욕으로 여행을 가서 뮤지컬을 보러 간 적이 있는데, 거기에서 어떻게 뮤지컬 관계자와 만나서 얘기를 했는데, 그 표현을 쓰더라고요. 그러니까 일루전(illusion)을 지키기 위해서, 진짜 10분의 1초까지도 '흐름의 기깍기'(여러 연출의 요소들이 맥락에 딱 들어맞게 시작하는 타이밍의 정확성)라고 하죠. 타이밍을 놓치지 말아야 한다고 얘기를 하는데, 그 일루전이라는 게 환상이잖아요. 이게 진짜라는 환상. 사실 그게 정말 실낱같아서 몰입이 깨지는 순간이 있어요. 그런데 그게, 100% 완벽하게 그거를 할 수는 없지만, 예를 들면 누

구의 연기 때문에 끌려서 혹은 미술 때문에 그럴듯하게 가고, 편집을 이렇게 해서 그거를 끌고 나가야 하고, 그래야 하는 거죠.

이게 진짜라고 느껴지는 거는 되게 총체적인 거여서 뭐 하나만 따로 놀아도 깨지고 그런 거거든요. 사실은 갈수록 디테일 싸움인 것 같고 제가 이렇게 그림까지 그려 가며 스태프들한테 설명하고 하는 것도, 이게 연출 머릿속에 있는 그림이 현장에 가서 100% 구현되지 않는 경우가 100%거든요. 그럴 수가 없잖아요. 이런 상황에서 말로 설명을 하는 건데, '고요 속의 외침'처럼 다 증발해 버리기 때문에⋯ 그래서 계속 최대한 설명하는 거죠. 이게 이런 느낌이고 이런 거다⋯. 현장에 도착하면 이미 일은 저질러졌기 때문에 거기서 뭐 진짜 무슨 데이비드 핀처처럼 100번씩 다시 찍거나 이럴 수도 없고, 한두 번 내에 승부를 내야 하기 때문에⋯ 사실은 현장에 나오기 전에 스태프나 배우들한테 최대한 원하는 바를 이해시키고 나서는 기도하는 마음으로 큐를 부르는 수밖에 없는 거죠.

그런데 큐를 부르고 나면 항상 생각도 못한 일이 또 벌어져요. 대체로 50%는 절망적이지만 한 50%는 뜻밖의 수확이라고 해야 하나? 이렇게 되는 순간이 있어요. 특히 배우가 훌륭한 연기를 했을 때, 저는 박은빈 배우가 처음에 〈이상한 변호사 우영우〉에서 자기 소개하는 "제 이름은 똑바로 읽어도 우영우, 거꾸로 읽어도 우영우." 쫙 하는 첫 테이크를 딱 연기하는 걸 보고 한시름 탁 놓으면서 "아, 됐다." 하고 생각했고, 그러면 이제 이런 것들도 좀 과감하게 갈 수 있겠다 싶은 느낌이 쫙 왔죠.

플랜 F까지 준비하고 기도하는 마음으로 연출

홍: 그러니까 굉장히 준비를 많이 하는 연출을 하신 거네요. 그렇죠?

유: 네네, 지금 주 52시간 체제가 됐잖아요. 영화 쪽은 이미 많이 그렇게
된 걸로 알고 있는데…. 드라마에서는 현장에서 뭔가 새로운 시도를
해 보기 위해서라도 그 전에 준비해야 할 게 굉장히 많거든요. 스태
프들한테 설명하는 것도 설명하는 거지만, 연출자가 머릿속에서 상
상해 본 것을 표현하는 다른 방법은 없을까… 이런 것들 있잖아요.
그런 표현을 위해 현장에서 플랜 B, C… 플랜 F까지 동원해야 할 때
도 많으니까, 그래야 좀 재미있는 방법으로 리커버리가 가능하다고
할까요.

홍: 그러니까 기도하는 마음이라는 것도 되게 섬세한 연출자에게 보이

는 특성처럼 느껴지네요.

유: 사실 정말 무력하거든요. "액션!" 하고 부른 다음에는 할 수 있는 게 없어요. 감독들이 다 그럴 거예요.

질문 6

홍: 결국은 이 얘기를 들으면서 연출자의 덕성이라는 것에 대해서 알게 됐어요. 덕이 있는 연출자라고 할까요? 연출자로서 스태프와 또 출연자들에게 신뢰를 받고 어떤 믿음이라고 하는 게 획득되지 않으면 쉽지 않은 것 같은데, 지금 그런 부분들이 저한테 느껴졌거든요. 평소에 연출할 때 그런 부분에 대한 지점도 분명히 있으신 것 같은데 어떠세요?

유: 조연출 시절에는 스태프도 무섭고 배우도 무서웠어요. 그때는 어릴 때니까 배우에게 가서 "저기, 이렇게 어쩌고…." 하면 "뭐, 뭐? 어떻게 해 달라고?" 그러고, 스태프에게도 조심스럽게 부탁하면, "이렇게? 아, 그럼, 진작 얘기를 하지!" 툴툴거리면서 해 주기는 하지만 어딜 가도 아쉬운 소리를 해야 하는 느낌인 거예요. 사실 지금도 반쯤은 그렇죠. 감독이 이름은 '감독'이어서 어디 가서 감시와 독려를 하는 사람인 것 같지만 사실 대부분은 부탁 이런 거니까.
그런데 보면, 배우의 연기가 갸우뚱한데, '유명한 배우니까 생각이 있겠지, 뭐.' 이렇게 했다가는 나중에 후회가 남아요. 어느 책에서 본 건데 감독이 배우한테 할 수 있는 제일 나쁜 짓은 그 배우에게서 끌어낼 수 있는 최선의 연기를 포기하는 것이라고 하더라고요. 왜냐하면 배우는 자기 연기를 못 보거든요. 송강호도, 로버트 드 니로도

자기가 연기할 때는 자기 연기를 못 봐요. 그게 배우의 역설이거든요. 그래서 누군가 봐 줄 사람이 필요하고 그게 감독인 건데, 말하자면 감독이 '로버트 드 니로인데 알아서 했겠지.' 하면 사실은 임무를 방임하는 거예요. 그러니까 최악의 경우 로버트 드 니로랑 싸우더라도 어떻게든 더 나은 연기를 해 보게끔 해야 하는 거죠. 그것을 끌어내는 데 성공하느냐 실패하느냐는 감독의 역량이지만 기본적으로는 그것을 뽑아내기 위해서 노력해야 하는 거고, 때로는 그게 그 사람의 기분을 상하게 하거나 아니면 최소한 육체적으로 힘들게 하는 경우가 대부분이거든요. 스태프들도 마찬가지죠.

그런데 지나고 보니까 그렇게 좋은 배우, 좋은 스태프일수록 편하게 일하고 싶어 하는 사람은 한 명도 없어요. 빡세게 일하고 싶어 하기 때문에 나를 풀가동을 시켜 줄 수 있는 연출자를 대체로 좋아하죠. 그러니까 일부러 힘들게 하는 사람은 아니지만, 예를 들면 자기가 생각할 때 이렇게 한번 해 보고 싶었는데 엄두는 안 날 때, 옆에서 '잘한다 잘한다' 하면서 한 번만 더 해 보자고 하는 사람이랑 같이 일하고 나면 좋은 거예요. 특히 결과물이 평가가 좋으면. 그래서 좋은 스태프, 좋은 배우일수록 자기가 생각하는 결과물을 내놨을 때 대체로 좋아요. '대체로 좋은데 뭔가 혹시 더 없을까?' 이런 질문을 하기 시작하면 사실은 그 사람들한테는 지옥문이 열리는 거지만, 간혹 가다가 거기에서 진짜 생각도 못 한 보석 같은 게 건져지니까 그거를 저 사람이랑은 같이 한번 해 보자 생각해 주면, 그게 신뢰 같은 거겠죠.

홍: 박은빈 배우 말고 다른 배우 중에서도 이런 보석 같은, 생각하지 못했던 연기를 발견한 배우가 있었습니까?

유: 〈낭만닥터 김사부〉 작품을 할 때는 한석규 배우도 그렇고 서현진 배

우도 너무 좋았고요. 훌륭한 배우들, 특히 조단역들 같은 경우는 대체로 연기를 너무 잘하지만, 현장에 와서 남의 집 온 것처럼 되게 낯설어하기 때문에… 그런 배우들은 제대로 된 디렉션을 못 받고 연기하는 경우도 되게 많대요. 그러니까 '이렇게 하는 건가?' 하고 연기를 했을 때, 그런 배우들한테 뭔가 어림짐작이지만 '저 배우가 지금 뭔가 약간 불편하구나.' 내지는 '조금 참고 있는 것 같다.'라거나 아니면 대본에 있는 어느 지문에 꽂히면 그럴 때가 있거든요. 그래서 그 자물쇠를 열어 주거나 하면 완전히 다른 연기를 보여 줄 때가 있죠. 우리나라에 참 연기 잘하는 배우가 많구나! 이런 걸 많이 느끼죠.

주현영 배우도 정말 뜻밖이었어요. 주현영 배우는 〈이상한 변호사 우영우〉가 메이저 드라마 데뷔였는데, 정말 안에 뭐가 들었는지 모르겠다는 느낌이었어요. 어떻게 움직일지도 예상이 안 되고. 그런데 하고 싶은 대로 하라고 한 다음에 촬영 팀한테는 "이 배우는 약속한 대로만 움직이지 않는다. 포커스나 뭐나 나중에 연기 동작 틀렸다고 하지 말고, 자연 다큐 촬영을 나왔다고 생각하고 포착해라."라고 주문했죠. 이렇게 풀어 놨더니 너무 빛나더라고요, 풀어 놓으니까.

질문 ⑦

홍: 드라마 대본을 보시면서 작가가 하고 싶은 얘기가 있을 것 같고 또 연출자가 하고 싶은 얘기가 있고… 어쨌든 각각 보는 관점에 따라 약간의 미묘한 차이가 있을 것 같은데요. 연출자로서 드라마를 통해서 사회에 또는 시청자들에게 어떤 이야기를 하고 싶으셨나요?

유: 자폐 장애인으로서 우영우라는 친구는 정말 극히 드문 사례잖아요. 대부분의 자폐 장애인은 영우처럼 특수한 능력이 있거나 저렇게 항

상 사랑스럽거나 그렇지 않은 경우가 더 많으니까. 그래서 자폐인들에게 주는 메시지는 굉장히 원론적일 수밖에 없어요. 그런데 조금 폭넓게 얘기하면, 저도 어디서 얘기한 적이 있는데 우리는 다 조금씩 이상하고 사실은 그 이상함 때문에 특별해지는 건데, 그거를 특별하게 봐 주는 그 시선 때문에 그렇거든. 그러니까 사실 다른 사람들도 나를 많이 참아 주고 있는 거고, 그렇다면 나도 다른 사람들한테 좀 관대할 필요가 있지 않을까, 그런 마음이 사람들 속에 다 있다고 생각하거든요.

자폐 장애를 가지고 있는 가족을 가진 사람들에게서 그런 얘기를 많이 들었어요. 나도 우리 아이가 영우처럼 될 수 없는 걸 안다. 이미 다 알고 있고, 그런데 오히려 자폐 아동을 케어하고 있는 부모들은 오히려 다른 사람들이 말하듯이 영우가 무슨 탈부착식 자폐를 갖고 있다는 둥 특별한 케이스 장르에 대한 판타지를 만들어서 소비한다는 둥 이런 얘기를 오히려 많이 안 하셨어요. '나는 내 아이가 나만 귀여운 줄 알았는데 저런 면이 귀여울 수도 있다는 게 굉장히 마음에 들었다.'는 거예요. 그래서 예전 같으면 반향어하지 말라고 하고 애를 윽박지르고, 막 이래서 애가 말도 더듬고 했는데, 반향어라는 걸 사람들이 안다는 것, 저걸 내놓고 얘기할 수도 있다라는 게 일단 좋았다는 거죠.

또한 영우가 판타지라는 걸 아는데, 그래서 그거는 말이 안 되고 어쩌고가 아니라 자기가 생각할 때 진짜 판타지는 우리 아이 주변에 있는 모든 사람이 다 저렇게 친절하다는 거라는 거죠. 자기는 영우처럼 우리 아이가 똑똑해지길 바라는 게 아니라 아이가 주변에서 진짜 봄날의 햇살 같은 친구나 직장 상사 한 명만 만나도 정말 좋겠다고 얘기하는데, 저는 그건 이룰 수 있는 판타지가 아닐까 생각을 했어요. 그리고 그거는 사실은 사회적인 분위기이고 어떻게 보면 성숙도이기도 하고…. 그래서 이 드라마를 관심 있게 보면서 기분이 좋아지고 정말 저런 사람들이 좀 있어 주면 좋겠다, 조금 느리더라도 같이 데리고 가는 그런 분위기가 좋겠다고 생각하는 사람들이 조금이라도 많아지면 좋겠다고 생각했거든요. 그게 바로 드라마를 통해서 할 수 있는 순기능이겠죠.

유머와 희화화 사이의 균형 잡기

질문 8

홍: 드라마 연출을 잘하셨다고 하는 부분 중 한 가지가, 어떻게 보면 너무나 완벽한 얘기인 거잖아요. 그래도 보면 거부감이 들지 않는 묘한 균형점 같은 게 느껴져서, 판타지지만 시청자들이 보기에 뭔가 균형을 잡으려고 하는 여러 가지 노력이 나타나기 때문에 이거는 우

리가 그냥 드라마로 봐도 되지 않을까라고 생각했습니다. 거부감이
들지 않는 리얼리티 확보에 대해 특별히 노력하신 것 같아서 그 부
분에 관한 이야기를 좀 해 주시면 좋을 것 같아요.

유: 일단은 제가 해외에 보내는 크리틱스 초이스 어워드에 제출하기 위
해 써야 하는 게 있더라고요. 연출의 변 같은 게. 지금 이 시대에 이
시점에서 한국에서 자폐 장애 여성을 주인공으로 한 법정 드라마를
만든다는 거는 일종의 돌탑 쌓기 같은 느낌의 밸런스를 필요로 했어
요. 이게 뭐냐면, 진짜 유머와 회화화 사이에서 그리고 또 전통적인
클리셰와 새로운 기법의 사이에서 여러 가지로 균형점을 잡아야 하
는 거였죠. 그러니까 굉장히 아슬아슬한 작업이었고, 그런 의미에서
만약에 지상파 편성을 고집해서 SBS나 이런 데서 나갔다고 하면 아
마 훨씬 더 고민했거나 아니면 조금 더 보수적인 드라마가 됐을 수
도 있을 것 같아요. 그런데 이러한 고민은 작가도 하고 있었기 때문
에 저희가 에피소드 배치를 할 때도 1회에 우영우라는, 말하자면 클
리셰적으로 보면 히로인의 탄생인 셈인데 그래서 되게 승리하고.
2회 같은 경우에는 웨딩드레스 사건이어서 꽤 코믹하긴 했지만 그
래서 되게 재미있는 장면인 것처럼 연출되었지만 동성 커플 얘기가
나와요, 여자 동성 커플 얘기가. 그것도 불편하다는 사람이 되게 많
았어요. 근데 그거를 밀어붙이지 않으면 안 되었죠. 왜냐하면 우영
우가 그 사람들을 편견 없이 바라봐 준다는 게 중요했기 때문이죠.
그런데 1, 2회를 보고 나면 분명히 영우는 자폐인이라고 하는데 그
러면 자폐인들이 다 저렇게 러블리하단 말이냐? 그래서 3회에서는
굉장히 어둡지만 중증 자폐인이 형을 때려죽인 사건을 변호하게 되
고, 그러면서 같은 자폐인이라고 사람들은 생각하지만 되게 다른 이

야기가 나오고. 그 친구는 굉장히 슬프게 끝나거든요. 사실은 그 자폐인의 부모조차도 미화가 돼 있지 않아요. 그냥 "수고하셨습니다."라는 말을 남기고 가는 그런 엔딩인 셈이고, 심지어는 그게 끝나고 나서 영우는 회사를 관두고. 그래서 사실 보통 드라마가 주인공이 이렇게 하다가 암울하게 끝나더라도 뭔가 싹을 보여 주고 끝나거나 이래야 하는데, 그러지 않아야 하는 거였죠. 4회가 또 코미디로 재미있게 해서 영우가 신나게 컴백을 했지만, 4회까지가 '우영우가 변호사가 될 수 있느냐?'는 질문에 대한 대답이었다면 5회부터는 '영우가 좋은 변호사가 될 수 있을까?' 하는 질문이거든요. 5회에서는 거짓말하는 게 나오는데, 영우가 이기고 싶어서 재판에서 거짓말을 용인하고 그래서 결국 한 회사가 망하고, 재판은 이겼지만 선량한 한 회사가 망하는 것으로 끝나요. 뭐 어떻게 그걸 구원해 주지 않거든요. 그래서 그 5회를 만들어 놓고 되게 고민을 많이 했어요. 세상에 이렇게 답답한 회차가 있나. (웃음)

그런데 제가 보기에 오히려 작가가 신인이었기 때문에 가능한 행보였던 것 같고, 그거를 제가 어떻게 터치하면 안 된다는 생각이 들어서…. 계속 보면 흔히 비즈니스로 시청률 추이를 보는 사람들은 엄밀히 말하면 5회에서 한 번 헛방을 짚고 9회에서 한 번 헛방을 짚어요. 9회에서 구교환 씨 나오는 그 에피소드에서 사람들을 또 갸우뚱하게 만들고 나서는 10회, 11회는 아예 작정하고 진짜 불편한 사건을 자꾸 들이대거든요. 11회에서는 심지어 지적장애 여성을 강간한 남자를 변호하는… 정말 시청자들이 제일 싫어하는 '답 없는 딜레마'죠. 그래서 비즈니스적으로 이 드라마를 보는 사람, 시청률 추이를 보는 사람들은 정말 더 치고 올라갈 수 있었는데 거기서 허튼짓했다고, 이 드라마가 거기서 왜 그렇게 했는지 모르겠다고 얘기하는 사람도 있었어요. 근데 저는 그게 되게 필요한 회차였다고 생각하고….
준호랑 영우의 러브라인도 불편한 구석들이 좀 있거든요. 그런 러브
라인에 푹 빠져서 보던 사람들이 갑자기 현실을 들이대면 굉장히 싫
어하죠. 우영우가 12회로 넘어가고 13, 14회에 갔을 때에는 정말 게
시판에 비난의 글이 어마어마했어요. 근데 그게 균형을 잡아야겠다
고 생각해서 그랬다기보다는 작가가 캐릭터에 최대한 진실하게 쓴
것 같고 저도 그 방법 외에는 다른 방법이 안 떠올랐던 거죠.

홍: 전체적인 회차를 보자면 이게 장애인과 또 우리 사회 인식에 대한
여러 가지 단면을 피하지 않고 직면한 결과라고도 볼 수 있겠네요.

유: 네, 그것에 대해 저는 저희가 100% 직면한 것도 아니라고 생각하거
든요. 실제로 중간에 하도 반응이 뜨거워서 기자간담회 같은 것을
했는데 그때 대놓고 굉장히 공격적인 질문을 하시는 기자 분들도 계
셨어요. 그러니까 아예 그분은 확신을 갖고 계시더라고요. 이렇게
드라마의 인기를 위해서 장애를 굉장히 피상적으로 착취했다고 작
심하고 공격적인 질문을 하시더라고요. 작가가 그런 얘기를 한 적
이 있거든요. "자폐인들을 인터뷰하거나 자폐인들을 보면서 이들이
굉장히 사랑스럽고 매력적이라고 느낀 부분들이 있다."라고 얘기를
했는데 심지어 그것도 굉장히 고깝게 얘기하시더라고요. 장애를 낭
만적으로 보고 있다는 거예요. 그런 면이 있을 수도 있어요, 사실은.
그때 그 자리에서도 그걸 인정을 안 한 건 아니었고, 근데 이게 저희
의 한계고 이 이후에 나오는 드라마들은 거기서 좀 더 진보할 수 있
으면 좋겠다고 얘기를 할 수밖에 없죠.
어떤 사람들은 왜 진짜 장애인을 배우로 쓰지 않았냐고, 외신에서는

그렇게 물어 보는 사람도 있었어요. 그러니까 그 사람들이 볼 때는 비장애인이 장애인을 연기하는 것도 위선적이라는 인식까지 도달 해 있는 거죠. 그래서 그것도 솔직하게 얘기했죠. 만약에 우리나라 에서 장애인 배우의 풀이 충분히 커져서 제가 그 안에서 저희의 역 량으로 이 드라마를 제한된 시간 안에 소화할 수 있을 만큼 확신이 드는 배우가 있었다면 그랬겠는데, 그런 세상이 되면 참 좋은 일이 고 이 드라마가 그런 세상을 좀 앞당기는 데 도움이 되면 좋겠다는 생각은 지금 든다고 얘기는 했죠. 그런데 우영우를 미국 넷플릭스 에서 더빙할 때 우영우의 목소리를 더빙한 여자 배우는 자폐인이었 어요. 미국만 해도 이미 그 풀이 있는 거죠. 그리고 그런 자폐인들과 협업을 원활히 할 수 있을 정도의 시스템이 있는 거고요.

드라마는 주인공이 무언가를 이루기 위해 애쓰는 이야기

질문 ⑨

홍: 드라마에 대해서 정말 이런저런 생각을 정말 많이 하셨을 것 같은 데, 드라마가 궁극적으로 무엇일까요?

유: 그러니까 이런 거죠. 〈낭만닥터 김사부 1〉을 기획할 때 강은경 작가님 생각은 그대로 '낭만닥터'잖아요, 낭만닥터 김사부. 그래서 '절정의 무공을 가진 고수가 강호를 떠나 은둔하고 있다.' '돌담병원이라는 데서 생기는 얘기를 메디컬 드라마로 만들고 싶다.'라는 게 안이었고. 거기에 강호에서 버림받은 상처받은 어린 검객들이 들어와서 이렇게 저렇게 되는 이야기잖아요. 근데 제가 합류를 하고 나서 어떤 문제 제기라고 할까, 고민이 있어서 작가한테 했던 얘기는 이런 거였던 것 같아요. "김사부가 하고 싶은 게 뭘까?" 그러니까 강호를 떠났다. 떠나서 어딘가에 은거하고 있다는 거는 이를테면 마이너스적인 에너지잖아요. 저는 그럼에도 불구하고 김사부가 뭔가 이루고 싶은 꿈이 있었으면 좋겠고 나는 그런 이야기를 좋아하는 것 같다. 사실은 그런 게 대중적인 드라마라고 생각해요. 그러니까 뮤지컬 같은 걸 보면 시작한 지 한 5분 내지 10분 동안에 주인공이 꼭 '아이 원트 송(I want song)'이라고 "나는 꼭 뭐가 될 거야." 이러고 시작하는 아리아를 부르잖아요. 그리고 나머지 시간 동안은 그 친구가 그걸 이룰 수 있느냐 없느냐에 대한 이야기인데, 저는 아마 그때 그런 이야기에 끌렸나 봐요. 그래서 김사부가 그럼 뭘 하고 싶을 수 있을까 하고 작가님이 마음을 열어 주셔서 같이 고민하고 있다가, 그때 이국종 교수라는 분이 처음 조명을 받기 시작할 때였고 그래서 외상센

터라는 개념을 생각하게 된 거예요.

김사부는 대놓고는 아니지만 그런 꿈이 있는 사람인데 꿈을 이룰 수 있을지 없을지도 모르기 때문에 시니컬해져 있는 사람이고 거기에 제자들이 왔는데, 저는 이 제자 중에 주인공 남자는 반대로 이 거지 같은 병원에서 무조건 나가겠다는 목표가 있으면 좋겠다고 생각을 한 거예요. 그래서 드라마가 좋게 말하자면 선명해졌고 동력이 굉장히 강해졌죠. 아마도 저는 그때는 그게 100% 맞는 길이라고 생각했고 그래서 그 결과 실제로 외상센터가 만들어져 버렸어요. 시즌 3 때 제가 그걸 보고 '진짜 이렇게 돼 버렸네.'라고 생각했는데 만약에 그렇지 않았다면 오히려 또 다른 의미로 돌담병원은 되게 소박하게, 계속 그런 어떤 치유와 힐링의 장인 시골 병원으로서 계속 갔을지도 모르겠어요. 어떤 게 더 좋았을지는 모르는 일이죠. 근데 드라마란 뭐라고 생각하느냐고 물어보셔서 생각해 보니, 아마 저는 드라마란 '어떤 주인공이 무언가를 이루기 위해서 되게 애쓰는 이야기'라고 생각을 하나 봐요. 지금도 제가 대본을 보거나 할 때 가장 먼저 찾는 거는 그것인 것 같아요. 주인공이 하고 싶은 게 뭔가. 그게 주인공이 입 밖으로 정확하게 내는 목표일 수도 있고, 사실은 그게 아닌데 속마음이 그거일 수도 있죠. 그래서 어떤 그런 악전고투의 이야기, 그 목표에 대해 사람들이 공감해 주면 그게 내 얘기가 되는 거고, 공감을 못 받으면 적당히 그냥 뜨뜻미지근해지는 거죠. 우영우 같은 경우는 영우는 그냥 법률 마니아니까 자기가 하고 싶은 일을 하는 거겠지만, 그래서 본인이 알든 모르든 그 장애물들이 엄청나게 많잖아요. 그 안에서 그거를 뚫고 나가는 얘기라고 볼 수 있으니까 그걸 응원하게 되는 거죠. 그 덕분에 인기를 얻은 거겠죠.

지상파는 가볍고 시원하고 임팩트 있는 드라마 편성해야

질문 10

홍: 요즘 지상파 드라마가 되게 어렵잖아요. 지상파는 어떤 식으로 드라마를 만들어야 한다고 생각하시나요?

유: 그게 저도 고민이 되는 게 이번에 〈낭만닥터〉, 〈닥터 차정숙〉 같은 경우가 시간대는 약간 어긋 맺기로 붙었지만, 지상파 드라마가 원래 조금 더 진지하고 잔잔하고 무겁고 좀 더 보편적이어야 된다고 사람들이 생각하고 OTT 쪽이 굉장히 거칠고 세고 자극적이고 이런 인상을 가지고 있었는데…. 시청 패턴이 매우 빠르게 변하고 있어서, 오히려 좀 간을 보다가 '이건 조금 조용할 때 봐야 되겠네!' 그러면 지상파로 방송에 나갈 때는 안 보고 기다렸다가 OTT로 올라오면 몰아보기를 하는 경우가 많아졌거든요. 오히려 지상파로 방송이 될 때는 조금 더 가볍고 시원시원하고 타격감이 좀 있고. 대신에 아주 세거나 자극적이지는 않아야 하겠지만…. 말하자면 좀 부담 없는 쪽의

드라마가 지상파에서도 인기를 끌고 또 실제로 편성도 그런 걸 채택하잖아요. JTBC가 아주 극적으로 분위기가 바뀌었거든요. JTBC 드라마가 그전에는 상당히 작품성이 있는 쪽을, 흥행이 되든 안 되든 간다고 하고, 작가나 연출들을 초대할 때도 우리는 그런 거에 대한 부담을 좀 놓고 오셔도 된다고 하다가 지금은 완전히 바뀌었어요. 〈킹더랜드〉 등 굉장히 대중적인 걸로 돌아갔는데… 그건 사실 분석의 차원까지도 갈 필요 없이 그냥 우리 라이프 스타일상 요새같이 덥고 생각할 거 많고 속 시끄러운데, 집에서 지상파를 틀었는데 나도 보고 이 사람도 보고 다 같이 봐야 하잖아요. 그럴 때 무해한 드라마, 그러니까 적당히 씹을 거리가 좀 있기도 하고 큰 부담 안 주는 드라마. 혼자만의 시간에 좀 곱씹어서 보거나 아니면 옆 사람 시선 신경 안 쓰고 보고 싶은 드라마는 OTT나 유튜브로 가고, 오히려 그렇게 돼 가지고…. 저는 그래서 지상파가 조금 더 가볍고 이런 쪽으로 가야 하지 않나 싶어요. 그게 바람직한 건지는 잘 모르겠어요. 지상파 드라마는 또 중간 광고를 봐야 하기 때문에, 오히려 정말 계속 뒤가 궁금해서 못 견디게 할 정도로 스피드가 좀 있고 스토리텔링이 좋은 드라마, 그런 쪽으로 편성이 더 가지 않겠나 싶어요.

OTT 시대에도 한국 시청자가 좋아하는 콘텐츠 만들어야

질문 11

홍: 연출하시면서 한국의 시청자들을 많이 생각하는 연출의 태도를 갖고 계시고 최근에는 세계인이 다 보는 그런 드라마를 만들고 계시는데, 이런 시청자에 대한 인식에 따라서 드라마를 만들 때 약간의 태도의 변화가 좀 있나요?

유: 그렇죠. 상정하는 시청자가 좀 달라지긴 했지요. 그런데 넷플릭스 쪽에 물어 보면 그 사람들이 이렇게 얘기해요. 해외 시청자를 상정하고 만들지 마시라고. 그런 드라마는 대체로 잘 안됐다는 건데…. 한국 시청자들이 재미있어 하면 일단 세계 시청자들도 재밌어 한다는 생각으로 하라고. 그러니까 어떻게 보면 〈이상한 변호사 우영우〉 같은 경우가 그 사람들이 볼 때도 되게 그런 케이스였던 거예요. 그런 게 사실은 큰 장벽이 안 되는 거죠. 어떤 면에서 문제가 되냐면, 우리가 한국 지상파 시청자들을 상정할 때, 예를 들면 전에는 평균을 한 중학교 2~3학년 정도가 이해할 수 있는 내용에, 뭐는 불편하니까 빼고 이렇게 했었던 게 있었잖아요. 지금은 그건 다 무너지고 있는 것 같고. 그래서 그거는 지상파나 OTT나 마찬가지로, 시장을 생각하는 것 같아요. 피상적인 외국인을 상정해 놓고 "이 사람들이 좋아하겠지." "뭐가 잘 됐으니까 이것도 잘 될 거야." 이게 되게 위험한 방식인데, 예를 들면 '좀비 이야기' 같은 게 만약에 넷플릭스나 OTT가 없었더라면 안 만들 얘기거든요. 〈킹덤〉도 그렇고 〈지금 우리 학교〉와 같은 얘기도요. 왜냐하면 그 제작비가 회수도 안 되거니와 지상파에 틀었을 때 좋은 소리 못 듣고 뭐 이러니까…. 근데 그런 면에서 시장이 열린 거죠. 애초에 꿈도 안 꾸던 장르의 얘기들이 만들어지니까. 그럼에도 불구하고 그 이야기가 어필이 될 거냐 안 될 거냐는 기본적으로 한국의 시청자들이라도 재미있어 할 만한 이야기를 고민해야 하는 건 맞는 것 같아요. 한국에서 공감을 얻을 수 있을 것이냐.

홍: 제가 드리고 싶었던 질문들은 다 드렸습니다. 기사로 봤을 때 알 수 없었던 아주 세밀한 얘기를 해 주셔서 너무 감사드리고요, 많이 배웠습

니다. 감사합니다.

유: 감사합니다.

4. 인터뷰 요약 및 정리

1 기획사–연출자–작가 사이의 완벽한 조화

드라마 제작은 수백 명의 스태프가 함께 힘을 모아야 하는 집단 창작의 과정이다. 연출자는 외주제작사 대표라는 EP로부터 연출 요청을 받아서 작가와 함께 드라마 완성이라는 역할을 수행하게 된다. 〈이상한 변호사 우영우〉는 기획사와 작가와 연출자가 힘의 균형과 조화를 이루며 좋은 결과를 가져왔다.

2 연출의 기초는 캐릭터에 적합한 배우의 캐스팅

연출자와 작가 사이의 역할 경계가 흐릿해지고 있다. 힘의 역학에 따라 연출자는 대본대로 촬영하기만 하는 역할을 맡을 수밖에 없는 경우도 있다. 연출자로서 박은빈 배우를 캐스팅하고, 영상적 창의성을 발휘함으로써 많은 사랑을 받게 되었다.

3 플랜 F까지 준비하고 기도하는 마음으로 연출

주 52시간 체제에서 현장에서 새로운 시도를 해 보기 위해서는 미리 준비해야 할 게 굉장히 많다. 스태프들한테 설명하는 것도 중요하지만, 연출자가 머릿속 상상을 표현하는 다른 방법은 없을까 고민을 거듭한다. 드라마 제작 현장에서 플랜 A부터 플랜 B, 플랜 C… 플랜 F까지 동원해야 할 때도 많다. 한두 번 내에 촬영의 승부를 내야 하기 때문에 현장에 나오기 전에 스태프나 배우들한테 최대한 원하는 바를 이해시키고 나서는 기도하는 마음으로 큐를 외친다.

④ 연출은 끊임없는 균형 잡기: 유머와 희화화, 전통과 새로움 사이

자폐 장애 여성을 주인공으로 한 법정 드라마를 만든다는 것은 일종의 돌탑 쌓기 같은 느낌의 밸런스를 필요로 했다. 유머와 희화화 사이에서 그리고 또 전통적인 클리셰와 새로운 기법 사이에서 여러 가지로 아슬아슬하게 균형점을 잡아야 했다. 만약에 지상파 편성을 고집하여 SBS와 같은 방송사에서 방송이 되었다면 훨씬 더 고민했거나 더 보수적인 드라마가 됐을 것이다.

⑤ 드라마란 주인공이 무언가를 이루기 위해 애쓰는 이야기

주인공이 뭔가 이루고 싶은 꿈이 있었으면 좋겠고 그런 이야기를 좋아한다. 그것이 대중적인 드라마다. 뮤지컬 시작 부분에서 주인공이 '아이 원트 송(I want song)'이라고 "나는 꼭 뭐가 될 거야." 아리아를 부른다. 나머지 시간 동안은 그걸 이룰 수 있느냐 없느냐에 대한 이야기다. 주인공의 목표가 뚜렷할수록 드라마는 선명해지고 동력이 강해진다.

⑥ 지상파는 가볍고, 시원하고 임팩트 있는 드라마를 편성해야

사람들은 지상파 드라마가 더 진지하고 잔잔하고 보편적이어야 된다고 생각하고, OTT 드라마는 거칠고 세고 자극적이어야 한다고 생각한다. 그러다 보니 지상파로 방송이 나가면 안 보고 기다렸다가 OTT로 올라오면 몰아 보는 경우가 많아졌다. 따라서 지상파 드라마는 가볍고 시원시원하고 타격감이 있어야 한다. 지상파 드라마는 또 중간 광고를 또 봐야 해서, 오히려 정말 계속 뒤가 궁금해서 못 견디게 할 정도의 스피드가 있고 스토리텔링이 좋은 드라마를 편성해야 한다.

7 OTT 시대에도 한국 시청자가 좋아하는 콘텐츠 만들어야

전에는 꿈도 안 꾸던 장르의 이야기들이 넷플릭스에서 만들어지니 오해하기 쉽다. "외국 사람들이 좋아하겠지."라고 피상적인 외국인을 상정해 놓고 "뭐가 잘 됐으니까 이것도 잘 될 것"이라고 생각하는 것은 위험하다. 넷플릭스에서도 해외 시청자를 상정하지 말고 한국 시청자들이 재미있어 하는 드라마를 만들라고 한다. 기본적으로 한국의 시청자들이 재미있어 할 만한 이야기를 고민해야 한다.

● REC

STORY 2.

꼬리에 꼬리를 무는
그날 이야기

4K I 1920 x 1080
60FPS I 80 Mbps

3..2..1.. ┃..1..2..3

1. 〈꼬리에 꼬리를 무는 그날 이야기〉는
   어떤 콘텐츠인가

콘텐츠 잘 만들기로 이름난 SBS 교양국이 만든 새로운 유형의 교양 프로그램이다. 유튜브 시대 지상파 교양 프로그램이 어떤 형식을 띨 수 있는지 보여 주는 잘된 사례로 손꼽힌다. 〈꼬리에 꼬리를 무는 그날 이야기〉(이하 '〈꼬꼬무〉')의 독창성은 방송사가 일방적으로 메시지를 전달하는 차원과는 달리 시청자가 역사적 사건을 어떻게 해석하고 어떻게 친구들에게 전달할 수 있을지 새로운 전달구조를 고민했다는 데 있다.

SBS 홈페이지에서는 다음과 같이 프로그램을 설명하고 있다.

① 주관적으로 해석하는 '나'의 이야기. 어느 날, 그 사건, 그 장면이 내 마음을 흔들었다! 눈길을 사로잡는 그 날, 그 사건으로부터 한 사람의 소시민으로서 '내'가 느낀 바를, 온전히 '나'의 시점에서 주관적으로 전달한다.

② 배워서 '너' 주는, 3人 3色 이야기. '너'에게 꼭 들려 주고 싶어! 친구, 배우자, 동료… 세 명의 '이야기꾼'이 스스로 공부하며 느낀 바를 각자의 '이야기 친구'(가장 가까운 지인)에게, 가장 일상적인 공간에서 1:1로 전달한다. 일상적인 해석과 전달을 목표로 하기에 교양 프로그램에서는 드물게 온전한 구어체를 사용하고 있다는 점도 독특하다.

주로 다루는 역사적 사건은 한국 근·현대사에 집중되지만, 범

죄 사건의 경우 1990~2010년대 초반의 사건도 다뤘다. 5·18 민주화운동, 형제복지원, 삼청교육대, 3·15 부정선거, 박종철 고문치사 사건, 전태일 열사 등 기성세대는 알고 있지만, 젊은 세대는 잘 알지 못하는 암울하지만 중요한 사건을 자주 다뤘다. 〈꼬꼬무〉의 시청률 자체는 3~4%대로 그리 높지 않지만, 10개가 넘는 채널에 재송신되며 대중에게 지상파 교양을 대표하는 콘텐츠로 손꼽힌다. 탈옥수 신창원의 이야기를 다룬 회차는 유튜브 조회수 1천만 회를 넘겼고, 지존파 사건, 씨랜드 수련원 화재 참사, 삼풍백화점 붕괴 사고 등을 다룬 콘텐츠들도 각각 조회수 500만 회를 넘겼다(2023. 12. 14. 기준).

2. 〈꼬리에 꼬리를 무는 그날 이야기〉 분석:
교양의 새로운 길을 열다

지상파 방송의 위기론은 새로운 미디어의 등장 이래로 꾸준히 반복되어 왔다. 종합편성채널의 등장, 그리고 IPTV의 등장으로 지상파 방송사가 타격을 받을 것이라는 외침은 OTT의 인기로 인해 더 이상 돌이킬 수 없는 상황이라는 주장도 제기되었다. 그럼에도 불구하고 지상파 방송사 대부분이 부도를 내지 않고 계속해서 방송을 만들어 내고 생존을 거듭하고 있다. 이것은 지상파보다 더 오래된 미디어인 신문이 폐간되지 않고 영생에 가까운 삶을 사는 것에 비하면 크게 놀랄 일도 아니다. 미디어들은 환경의 변화에 있는 힘을 다해 적응하면서 생존을 도모해 왔으며, 앞으로도 그럴 것이다.

넷플릭스의 인기 상승으로 인해 지상파 위기론이 확산되던 2021년, SBS의 주가가 급등한 것이 화제를 모았다. 갑자기 상승한 주가의 배경에는 SBS의 광고수익보다는 사업수익이 자리하고 있다고 금융업계는 분석했다. 지상파 광고는 온라인 광고시장의 확장으로 점차 비율이 줄고 있는 데 비해, 국내외 유통, 웨이브, IPTV 재송신 수익과 유튜브 유통을 통한 사업수익은 우상향으로 늘어났다. 더불어 SBS가 무분별한 드라마 제작을 줄이는 대신 예능이나 예능성 교양 프로그램을 늘리고, 드라마의 질적 수준을 높이는 데 집중한 것도 주가 상승에 한몫한 것으로 분석됐다(IBK 투자증권, 2022. 4. 22.).

2021년도 한국방송학회 가을철 학술대회에서 SBS의 주가 상승과 콘텐츠 혁신에 대한 발표가 있었다. SBS 주가 상승의 견인차는 유튜브 채널이라는 분석이었다. 2023년 기준 SBS의 유튜브 구독자 수는 모두 4,000만 명에 가깝다. SBS catch의 구독자만 180만 명, SBS 뉴스 140만 명, 공식 채널 430만 명, 드라마 520만 명, 엔터 550만 명, K-POP 560만 명, 애니멀 봐 390만 명, 런닝맨 230만 명, 예능 200만 명가량이다. 제작비를 통제하고, 기존의 콘텐츠를 활용하여 끊임없이 수익을 창출하는 전략이 SBS의 주가 상승의 비결이었던 것이다.

한동안 TV를 켜면 어느 곳에서나 〈꼬꼬무〉 방송을 하는 것을 쉽게 볼 수 있었다. 케이블 TV와 IPTV 등에서〈꼬꼬무〉를 구입하여 방영하는 것이 유행처럼 확산되기도 했다. 유튜브에서는 짧게 편집한 〈꼬꼬무〉 방송이 큰 인기를 얻었다. 시즌 1의 '탈옥수 신창원, 907일간의 기록'을 재편집한 영상이 2023년 8월 기준 조회수 1,027만을 기록했다. 이와 같은 방송판권 판매와 온라인 광고수익으로 인해 사업수익이 확보되었고, 〈꼬꼬무〉는 SBS의 효자 콘텐츠로 손꼽혔다.

소재 재활용의 끝판왕, 〈꼬리에 꼬리를 무는 그날 이야기〉

2020년 첫 방송을 시작한 〈꼬꼬무〉는 시즌제로 방송을 이어 가는 예능형 교양 콘텐츠다. 〈그것이 알고 싶다〉 제작진들이 취재한 내용을 어떻게 재활용할 수 없을까 고민 고민하다가 기획한 콘텐츠라고 한다. 이러한 콘텐츠 자원의 재활용은 지상파의 비용 절감 혹은 제작비 통제와 밀접한 관련이 있다. 〈꼬꼬무〉와 비슷하게 방송사의 아카이브를 활용한 콘텐츠로 KBS의 〈모던코리아〉를 들 수 있다. KBS가 갖고 있는 88 올림픽 관련 자료 영상을 새롭게 편집하고 추가적인 인터뷰를 더하여 만든 다큐멘터리 〈8818〉을 방송한 뒤에 이 콘셉트를 정규 편성한 것이 바로 〈모던코리아〉다. KBS의 영상 자료 아카이브를 새롭게 편집하는 것이라 제작비용도 특집 다큐멘터리의 3분의 1에서 5분의 1 수준으로 저렴한 편이다.

〈꼬꼬무〉 역시 〈그것이 알고 싶다〉가 갖고 있는 무궁무진한 사건 자료를 바탕으로 하고, 현대사에서 주목할 만한 사건들을 콘텐츠의 재료로 활용했다. 제작진의 상당수도 〈그것이 알고 싶다〉 제작 경험을 가지고 있으니, 〈그것이 알고 싶다〉의 스핀오프(spin off) 콘텐츠라고 할 수 있다. SBS의 〈그것이 알고 싶다〉는 KBS의 〈추적 60분〉이나 MBC의 〈PD수첩〉보다 훨씬 늦게 방송을 시작했지만, 화제성이나 시청률 면에서는 결코 뒤떨어지지 않았다. SBS의 〈그것이 알고 싶다〉는 2016년 촛불 정국에서 살아 있는 권력을 정조준하며 환경감시의 기능을 비교적 충실히 수행했다는 평가를 받으며 시청자의 사랑을 받아 왔다.

이명박, 박근혜 두 보수정권이 들어선 기간, 〈추적 60분〉과 〈PD수첩〉이 주춤거리는 동안 〈그것이 알고 싶다〉는 공론장을 지키는 첨병으로 부상했다는 평가를 받았다. 세 프로그램이 극도로 대조된 2015년 7월 첫 주의 시청률을 살펴보면, 〈PD수첩〉이 3.8%, 〈추적 60분〉은 1.8%의 시청률을 기록한 데 비해 〈그것이 알고 싶다〉의 시청률은 7%를 상회했으며, 7월 말에 방송된 '세 모자 성폭행 사건의 진실' 편은 10.3%의 시청률을 올리기도 했다(홍경수, 2018).

〈그것이 알고 싶다〉는 한국 사회 내 주요한 사회적 부조리와 미제사건, 그리고 병리적인 사안들에 관한 기민하고 완성도 높은 스토리텔링의 힘과 미스터리 코드를 통한 정련된 탐구로 평가받았다. 방송 저널리즘의 환경 변화와 외부로부터의 압박에 의해 다수의 시사 프로그램이 억압받는 상황에서, 〈그것이 알고 싶다〉가 활약을 거둔 원인이 '부조리하고 공분을 불러일으키는 사안들에 집중하는 전술적인 초점과 생산에 특화된 관행을 강구했기' 때문이라는 것이다(이기형, 황경아, 2016).

〈꼬꼬무〉의 구어적 특성

〈꼬꼬무〉 홈페이지에는 콘텐츠의 특성이 상세히 기술되어 있다. 주관적으로 해석하는 '나'의 이야기로, 역사적 사건에서 한 사람의 소시민으로서 느낀 바를 온전히 '나'의 시점으로 주관적으로 전달한다는 것이다. 더불어 배워서 '너'에게 주는 3인 3색의 그날 이야기로 친구, 배우자, 동료 등 가까운 사람들에게 3인의 이야기꾼이 공부하며 느낀 바를 일상적 공간에서 1:1로 전달하는 것이 콘셉트다.

공적이고 객관적으로 공유된 역사적 사건에 대한 사적이고 주관적인 인식을 전달하는 방식은 방송이라는 공적인 매체가 선뜻 시도하기 쉽지 않은 방식이다. 하지만 제작진은 과감하게 3:3이라는 최적의 조합을 생각해 내고, 친구에게 귓속말로 전달하듯 구어라는 양식을 적용했다. 텔레비전이 구어적 매체, 입말의 매체라는 주장은 매클루언이 오래전에 주장한 바다. 하지만 텔레비전 뉴스는 구어적이라기보다는 문어적인 구어를 지켜 왔다. "오늘 뉴스를 전달하겠습니다. 서울 ○○동에서 오늘 오후 큰 화재가 발생했습니다. 현장에 나가 있는 ○○○ 기자 연결하겠습니다." '습니다'라는 형식만 제외하면 구어적 활력은 찾기 어렵다. 시사 다큐멘터리 역시 문어에 가까운 스타일을 유지해 왔다. 다큐멘터리 내레이션을 떠올려 보자. "○○○ 씨는 오늘도 회사에 출근합니다. 그의 출근길은 마을버스와 지하철 그리고 버스를 갈아타는 기나긴 여정입니다. 회사에 출근해서는 먼저 출근한 동료들과 인사를 나눕니다." 교양 프로그램의 진행 멘트 역시, 형식은 구어로 보이지만, 실질적으로는 문어에 가깝다. "오늘도 무더위가 기승을 부린 하루였습니다. 이 프로그램과 함께 더위를 잊으시고 건강한 여름 나시기 바랍니다." 형식은 구어지만, 실질적으로는 문어에 가깝다. ChatGPT의 대답처럼 구어적 활력을 찾아보기 어렵다.

월터 옹은 자신의 책 『구술문화 문자문화』에서 입말의 중요성을 역설하였다. 히브리어의 'dabar'라는 단어가 '말'과 '사건' 두 가지를 의미하는 만큼 말은 단지 사고를 표현하는 기호가 아니라, 그 자체가 행동양식이라는 것이다. 말이 스스로 하나의 사건이라는 지적은 말이 갖고 있는 힘을 보여 준다. 구술문화 속 사람들은 말에 위대한 힘이 깃들어 있다고 생각하지만, 활자문화에 익숙한 사람들은 말이 목소리이고, 사건이며, 필연적으로 힘에 의해서 발생하는 것이라는 사실을 잊어버린다. 옹은 구술문화의 여러 특성을 제시하였다. 그중 대상과 밀접하고 공감적이며 일체화를 이룬다는 것과 추상적이기보

다 상황의존적 또는 맥락적이다라는 부분이 눈에 띈다. 일체화란 그
것과 하나가 된다는 것이다. 쓰기는 알고자 하는 대상에서 아는 주
체를 끊어 냄으로써 '객관성'의 조건을 세우며, 객관성이란 알고자
하는 대상에 개인적으로 관여하지 않고 거리를 둔다는 것을 뜻한다.
쓰기는 추상을 기르며 추상은 사람들이 서로 논쟁하는 곳으로부터
지식을 분리해 낸다. 따라서 쓰기는 아는 주체를 알려지는 객체로부
터 떼어 놓는 반면, 구술성은 지식을 인간 생활세계에 파묻힌 채 놓
아둠으로써 사람들의 투쟁 상황에 위치시킨다(홍경수, 2022. 11. 9.).

〈꼬꼬무〉는 그동안 방송이 방기해 둔 '구어적 활력'을 최대한 살
려 냈다. 이 활력이 시청자에게 개인 간 커뮤니케이션처럼 인식되
고, 콘텐츠에 대한 수용성을 높인 것임에 틀림없다.

〈꼬꼬무〉의 텍스트 특성

〈꼬꼬무〉의 제작진이 기존의 시사·고발 장르와 교양 장르를 가
로지르는 나름의 '탈경계적인(boundary-crossing)' 시도를 모색한 방
식이 상당 부분 관찰된다. 이런 시도와 함께 기성의 탐사보도가 주
력해 온 공적 쟁점이나 사회문제를 일부 다루지만, 〈꼬꼬무〉의 제작
진은 새롭게 사건과 인물군을 발굴하면서, 이슈를 좀 더 유연한 구
성으로 '다원화'하려는 노력도 도모한다(이기형 외, 2023).

내용을 먼저 숙지한 화자와 그러지 못한 청자는 엄격한 위계를 형
성하는데, 이 불평등한 소통 구조에 놓인 '이야기 친구'들은 자기가
쥔 유일한 무기가 경청과 공감이라는 사실을 잊지 않는다. 손님으로
온 이야기 친구들이 그 무기를 휘두르기 시작할 때, 〈꼬꼬무〉는 비
로소 팟캐스트나 다큐멘터리가 아니라 쌍방향 대화를 창출하는 토

크쇼 지위를 회복한다. 이야기 친구들은 MC들의 이야기에 울고, 웃고, 깜짝 놀라고, 이해되지 않는 순간을 멈춰 세운다. 〈꼬꼬무〉가 TV 토크쇼로 성립할 수 있는 단 하나의 조건은 경청과 공감이다(남지우, 2022. 2. 25.).

차별화의 기제로, 〈꼬꼬무〉의 제작진은 과거 속 특정 사건이나 '실화'를 기반으로 삼지만, 나름의 세밀한 검증과 '팩트체크'가 반영된 노력을 투영한다. 언론 자료에 따르면, 대본과 취재를 담당한 작가들은 개별 에피소드를 위해 "A4 용지 1만 2,500장, 서류 상자 다섯 개 분량"의 방대한 자료를 구현한다(남지우 외, 2021. 7. 30.). 이를 기반으로, 작중에서 이야기꾼은 누군가의 사진이나, 불합리한 희생 또는 고난을 상징하는 다양한 소품과 일기, 편지, 수사기록, 판결문, 그 외 공문서 등 신뢰성이 반영된 기록물을 주요 대목에서 활용한다. 이런 구성은 다루는 사안의 전모와 관련된 함축적인 정보의 제공을 원활하게 구현하면서, 수용자의 몰입이 진전되게 해 준다는 것이다(이기형 외, 2023)

기성의 역사 관련 방송 콘텐츠에서 조명이 많이 되지 못했던 주체들의 개별적 행적과 엇갈린 운명을 상세하게 복원하면서, 〈꼬꼬무〉는 현재 기억의 층위에서 상당 부분 스러졌던 평범하고 억울한 이들에게 재조명의 기회를 제공한다. 이와 함께 공감과 감응, 분노, 비판, 회한, 연민, 슬픔, 억울함, 먹먹함 등의 상당히 다채로운 감정적인 효과와 곱씹음이 소환되는 구성으로, 이 프로그램은 대중적 망각에 대한 일정한 문제 제기와 특정한 과거 사안을 되짚는 성찰의 힘을 복원하려는 노력을 보이기도 한다(이기형 외, 2023). 종합하면, 〈꼬꼬무〉가 기존의 시사 고발 콘텐츠와는 달리, 현대사의 사건과 관련된 미시사에 초점을 맞추며 공감을 불러일으켜 왔다는 것이다.

하지만 〈꼬꼬무〉의 방향성에 대해서는 염려하는 목소리도 제기되었다. 미시사에 초점을 두고 있는 한계로 볼 수도 있지만 역사 속에 기원을 두며 여전히 해결이 이루어지지 않는 역사적 쟁점이나, 특정 사건에서 지금까지 복잡하게 똬리를 틀고 현실에 작용하는 집요한 정치적 쟁점에 관한 논의는 이 텍스트에서 밀도 있게 다루어지고 있지 못하다는 것이다(이기형 외, 2023).

이러한 지적들은 〈꼬꼬무〉의 원천 콘텐츠라고 할 수 있는 〈그것이 알고 싶다〉에 대한 지적들과도 상통한다. 하지만 이러한 비판에도 불구하고 〈꼬꼬무〉가 이룬 성취는 적절하게 평가받아야 한다. 〈그것이 알고 싶다〉는 수사학적 전략을 통해 시청자의 관심을 유지하는 데에 성공했고, 그 대중성을 확보한 토대 위에 심도 깊은 시사 고발 방송을 적절하게 혼융함으로써 공론장을 유지하는 데 이바지했다. 〈꼬꼬무〉 역시 위기의 지상파를 구하기 위한 대중성 확보라는 최우선의 과제를 해결하기 위해 전달 방식의 혁신을 찾아냈고, 개인의 역사에 초점을 맞추어 공감을 극대화하는 방식을 찾아냈다. 〈꼬꼬무〉와 〈그것이 알고 싶다〉의 한계는 SBS라는 민영방송사의 한계이자 전략의 특성으로 보는 것이 더 적절할 수도 있다. 두 콘텐츠는 OTT의 인기로 인해 지상파에 닥친 위기를 OTT적으로 풀어 낸 시사교양 콘텐츠인 것이다. OTT 시대에 교양의 미래가 궁금하다면 〈꼬꼬무〉를 더 자세히 분석해야 한다.

3. 최삼호 PD 인터뷰

최삼호 PD

출생: 1971년
소속: JTBC 소속 레이블 '스토리웹' 대표
경력: SBS 프로듀서, EBS 프로듀서

작품
〈그것이 알고 싶다〉〈생방송 세븐데이즈〉〈심리극장 천인야화〉〈궁금한 이야기 Y〉〈심장이 뛴다〉〈꼬리에 꼬리를 무는 그날 이야기 시즌 1, 2〉〈세 개의 전쟁〉

수상
2021 올해의 브랜드 대상
제241회 이달의 PD상

읍내에서 초등학교를 마치고 읍내 중학교에 갔을 때 여러 면에서 통학하는 친구들을 만났다. 자전거로 30분 이상 되는 거리를 비가 오나 눈이 오나 통학하는 친구들은 뼈가 굵었다. 팔뚝도 나보다 훨씬 굵었고 힘도 셌다. 기술 시간에 함석으로 쓰레받기를 만들어야 했을 때 끙끙 앓았던 필자와 달리, 친구들은 척척 도구들을 다루며 함석을 다듬었다. 무거운 쌀가마니도 번쩍 들어 올릴 것만 같이 힘이 센 친구들은 어릴 적부터 농사일을 도우며 힘을 키웠을 것이다.

2022년 2월 15일 오후 여의도의 한 카페에서 최삼호 PD를 만나자마자, 중학교 때 헤어졌던 친구들 중 한 명이 떠올랐다. 뼈가 굵은 뚝심 있는 친구. 교양 PD로서는 드물게 공영방송 EBS에서 상업방송 SBS로 이적했고, 그곳에서 뚝심 있게 〈그것이 알고 싶다〉를 연출하였고, 〈꼬꼬무〉를 기획하여 2021년 올해의 SBS인으로 선정되기도 했다. 두 프로그램은 시사 교양 프로그램 중 최고의 브랜드가 된 콘텐츠다. 그는 생존경쟁이 치열한 상업방송사에서 교양이라는 척박한 영토에 오래 기억될 콘텐츠를 만들었다. 뚝심이 가능하게 한 것은 아니었을까?

질문 1
....

홍: PD님 반갑습니다. SBS에 오셔서 만드셨던 프로그램의 궤적을 좀 보여 주시겠습니까?

최: 2004년 5월에 SBS에 와서 최태환 팀장 아래에서 임성훈 씨가 진행한 〈생방송 세븐데이즈〉 연출을 2년 정도 한 것 같아요. 그다음에는 〈순간포착 세상에 이런 일이〉에서 한 1년 정도 있었고요. 〈순간포착 세상에 이런 일이〉가 끝났을 때가 2007년인데 그때 교양에서도 거의 처음으로 새 프로그램 기획 이런 얘기들이 막 나올 때예요. 그래서 "기획하고 싶은 사람 손들어!" 했을 때 그냥 손들었는데 공교롭게 지금 최태환 국장이랑 둘이 짝이 지어져서 새 프로를 기획하자, 뭐 이런 거죠. 아마 거의 공중파에서 기획을 시작한 초창기 시절인 것 같아요. 둘이 머리를 맞대고 "무슨 프로를 하는 게 좋으냐?" 하면서 한참 막 회의하고 어쩌고 했는데 결국 성과를 못 냈어요. 그때 낸

기획안으로 나중에 방송을 했는데 〈심리극장 천인야화〉라는 프로그램이었죠.

원래 그때 기획안 단계에서의 제목은 '잠수함'이었어요. 지금 갑자기 기억이 확 나네. 잠수함. (웃음) '내 마음속에 잠재된 수많은 함정들' 이걸 줄여서 '잠수함' 이렇게 됐었는데 편성에서 까였어요. '시청률 잠수한다'고, 그런 식으로 이름 지으면 안 된다고… 하여간 그랬어요. 그래서 〈심리극장 천인야화〉로 이름을 바꿔서 박해미 씨가 진행하고, 드라마타이즈(재연 드라마)가 있고, 해당 출연자들이 스튜디오에 나와서 같이 토크를 했죠. 이게 생각보다 성과가 안 좋았어요. 점수(시청률)가 잘 안 나와서 20회까지 만들고 프로그램이 없어졌죠. 없어지고 다시 〈그것이 알고 싶다〉로 갔어요. 다시 〈그것이 알고 싶다〉로 가서 2년, 1년 반 정도 한 것 같아요.

〈그것이 알고 싶다〉는 보통 한 번 가면, 요즘은 좀 더 길어졌는데 한 2년 하거든요. 그래서 우리끼리 '군대'라고 표현해요. 〈그것이 알고 싶다〉에서 제대한 게 2009년. 2009년에 제대를 했고, 저는 그때 기획에 관심이 되게 많았는데 새 프로그램을 다시 기획할 기회가 주어져서 만든 게 바로 〈궁금한 이야기 Y〉. 이것을 2009년에 기획했는데, 초창기 이름은 '당신이 궁금한 그 이야기, 큐브' 이런 거였어요. 그러다가 이름이 너무 길다고 해서 지금의 〈궁금한 이야기 Y〉가 됐는데 2009~2011년까지 한 2년 정도 연출을 했었죠.

그 팀장 역할을 한 거죠. 메인을 하고 연수를 갔다 온 뒤에 기획을 해서 〈심장이 뛴다〉를 했네요. 〈심장이 뛴다〉 그것도 20회 정도에 점수(시청률)가 또 잘 안 나왔어요. 그리고 약간 그런 게 있어요. 연예인 다섯 명이 119에 가서 배우고 출동하고 이런 거였는데, 사실은 아류였죠. 그때 〈진짜 사나이〉가 한참 뜰 때였거든요. 그것도 성과가

별로 안 좋아서 한 24회 만에 막을 내리고 노조 전임자로 1년 갔다 와서 그다음으로 10년 특집 세 편짜리 다큐멘터리 〈엄마의 전쟁〉을 했어요. 육아와 경력 단절에 놓여 있는. 이렇게 보니 기획을 많이 하긴 했네요.

그 뒤에 다시 또 기획을 하자고 해서 2016년에 〈상속자〉를 했어요. 수저 계급론에서 모티브를 얻어서 시작된 리얼리티 프로그램이죠. 2017년 봄 대선 직전에 〈대선주자 국민면접〉이라고 후보 5명을 이렇게 면접 형태로, 약간 예능 요소를 가미해서 했던 특집 프로가 있었어요. 대선주자를 불러서 국민을 대신하는 면접관 5명이 면접하듯이 압박 면접하고 이런 형태였어요. 그래서 2017년 봄에 지지율 상위 5명을 섭외하여 진행했고. 그 뒤에는 〈다큐멘터리 스페셜〉(이하 '〈스페셜〉')에 가서 2년 정도 한 것 같네요. 〈스페셜〉 연출을 2년 하다가 2020년 거의 말쯤, 그때 교양에서 고민했던 것 중 하나가 '단발성의 다큐멘터리가 어느 정도나 유효기간이 남아 있을까? 과거처럼 다큐멘터리 시대가 계속 이어질 거냐, 아니지 않냐?' 이런 고민이 많아서 '조금 더 실험적인 걸 해 보자. 스페셜 안에서.'라는 생각을 했어요. 그래서 〈꼬꼬무〉에 있는 PD 두 명과 함께 셋이 모여서, 그러면 〈스페셜〉을 하되, 우리는 좀 실험적인 걸 해 보자 해서 〈꼬꼬무〉가 나오게 된 거예요. 〈꼬꼬무〉가 맨 처음엔 지금의 장트리오가 아닌 다른 3명이서 했어요. 스타일은 비슷했어요. 3명이 지금보다 약간 초반 단계로 〈꼬꼬무〉를 만든 거죠. 그래서 제목을 '꼬리에 꼬리를 무는 3월' 이렇게 해서 3월에 일어난 사건 중 두 개를 정해서 〈스페셜〉 두 편으로 했어요. 근데 점수(시청률)가 애매하게 나온 거예요. 망한 것도 아니고, 그렇다고 되는 것도 아니고 7%. 요즘은 다 2049로 하니까 2049 시청률은 한 1.5% 내외. '실험적이긴 한데 정말 애매하다, 그래서 어떡하지?' 하고 있었는데, 그때 최태환 국장이 CP였거든요. '그러면 출연자를 조금 센 사람으로 바꿔서 한 번 더 해 보자, 정식 파일럿으로 한 번 더 해 보자.' 해서 그때 지금의 장항준, 장성규, 장도연을 섭외해서 같은 형태로 한 번 더 했죠. 세 편짜리로. 바로 그게 반응이 좋아서 〈꼬꼬무〉 시즌 1, 2. 그다음에 지금 레귤러까지. 여기까지가 현재예요.

SBS 교양은 스토리텔링에 지독하게 천착

질문 2

홍: 이렇게 많이 만드셨네요! 그런데 저는 〈꼬꼬무〉가 최삼호 PD님의 연출 경력의 결과물이라고 생각하거든요. 꼬꼬무가 MBC, KBS와 다른 SBS만의 교양의 성격을 그대로 담은 프로라고 생각하는데 어떻게 보시나요?

최: MK(MBC, KBS)하고 다른 것까지는 잘 모르겠고… 제가 그쪽 환경에서는 제대로 안 해 봤으니까. (웃음) 하여간 교양 파트에서만 놓고 보면 어쨌거나 차이가 나는 지점으로 얘기하는 게, 〈그것이 알고 싶다〉와 〈PD수첩〉 혹은 〈추적 60분〉하고 비교해 보면 스토리텔링에 훨씬 더 무게를 둔 게 〈그것이 알고 싶다〉잖아요. SBS 교양 안에서는 스토리텔링에 관한 얘기를 굉장히 많이 해요. 그러니까 '똑같은 사건이나 똑같은 팩트를 놓고도 이걸 어떻게 전달하느냐, 어떻게 이야기를 짜느냐.' 이것에 대한 고민이 굉장히 많아요. 제가 〈그것이 알고 싶다〉 팀의 팀장을 할 때에도 회의의 상당 부분이 거기에 집중되어 있었어요. 팩트 자체는 당연히 중요하지만 이걸 어떻게 전달

하느냐, 결국 중요한 건 가공이죠. 〈꼬꼬무〉도 사실은 거기서 나오는 거죠. 〈그것이 알고 싶다〉는 '김상중'이라는 약간 탐정 이미지의 전문 MC가 끌고 간다고 치면, 그 방식 말고 다른 스토리텔링 방식은 뭐가 있을까 고민한 거죠. 내용이야 짤 수 있는 거예요.

〈그것이 알고 싶다〉처럼 한 명의 MC가 진행하는 형태 말고 사실을 전달하는 방식은, 제가 보기에는 세 가지밖에 없는 것 같거든요. 크게 보면 두 가지죠. 하나는 한 명이 전지적 시점으로 전달하느냐, 아니면 떼 토크라고 부르는 시스템으로, 여러 명의 패널이 같은 주제를 놓고 뛰어들면서 얘기를 할 거냐. 그거 말고 다른 건 뭐 없을까 한참 고민하다가 "그럼 1대1로 얘기를 해 볼까?" 한 거였어요. 스토리텔링이라는 건 기본 요소이고, 그걸 외형적으로 전달하는 형태죠. 그래서 "1대1로 해 보자." 거기서 출발했던 것 같아요.

등산길 이정표만 보게 하고 산 정상에서 풀샷을 볼 수 있게 하는 게 스토리텔링

홍: SBS 교양의 특성이 MBC나 KBS하고는 좀 다른데 그러한 특성이 반영된 결과라고 볼 수 있는 거죠. 그래서 제가 〈그것이 알고 싶다〉에 대한 논문도 썼는데요. 〈그것이 알고 싶다〉는 말 그대로 철저하게 시청자 입장의 프로그램이죠. 제목에서도 나와 있듯이. 그래서 어떤 소재, 어떤 깊이로 하느냐도 물론 중요하지만 어떻게 하면 잘 전달할까가 중요했을 것 같은데 어떻게 생각하세요?

최: 맞아요. 그냥 저 혼자만의 생각인데 스토리텔링이 뭐냐 하면서 옛날에 한참 후배 PD나 선배들하고 논쟁하고 할 때도 저 개인적으로

는… 등산을 하잖아요. 이렇게 산으로 들어가서 꼭대기를 찍고 하산을 하잖아요. 옆에는 바다가 있는데 쫙 펼쳐져 있어요. 숲으로 들어가면 오솔길이 이렇게 쭉 나오고, 가다 보면 이정표가 있어요. '어디로 가는 길'이라는 화살표가 적혀 있죠. 그냥 스토리텔링은 그런 것 같아요. 그냥 오솔길을 따라가요. 제작진, 연출진이 이정표를 제시해 주는 거예요. 다른 건 볼 수가 없어요. '시청자로 하여금 들어오게 한다.' 바로 이게 프롤로그겠죠. 왜냐하면 재밌어야 들어올 테니까. 그럼 앞에서 재밌는 것, 궁금한 것을 제시해서 '오솔길로 들어오게 만든다.' 그다음은 '철저하게 주변을 못 보게 한다. 내가 낸 이 작은 길만 보게 한다.' 그래서 이 사람은 어디로 가는지 몰라요. 가다가 이렇게 거꾸로 하면 꺾을 수밖에 없어요. 내가 이정표를 여기다 세웠으니까. 가다가 다시 이쪽으로 오라고 제시를 해요. 나머지는 보지 못하도록. 그럼 시청자는 이렇게 오솔길을 따라오게 되죠. 따라서 어느 순간 꼭대기에 올라오면 태양이 펼쳐지고 풀샷이 보이죠. 그게 저는 스토리텔링이라고 생각하는데….

홍: 정의가 아주 뛰어나네요.

〈그것이 알고 싶다〉는 철저하게 좁은 부분에서 시작하는 궁금증 유발 전략

질문 **3**

홍: 제가 생각할 때 특히 〈추적 60분〉 같은 경우에는 취재 순서에 따라서, 예를 들면 오늘 취재를 했더니 안 됐다, 그러다가 나중에 누구를 만났다 이런 식으로 연대기적으로 편집하는 경우가 대부분이죠.

3. 최삼호 PD 인터뷰 **073**

〈그것이 알고 싶다〉는 취재를 다 한 다음에 다시 재조립한다고 할까요? 그 재구성하는 부분을 좀 설명을 해 주십시오.

최: 그 말씀에 다 들어 있는데, 한 사건이든 어떤 아이템이든 취재를 하잖아요. 그럼 기본적으로 여기 나와 있는 팩트들이 다 있죠. 물론 이 팩트가 정확하게 여기 이렇게 비어 있는 부분도 있어요. 취재의 한계 때문에 여기 메워지지 않는 부분은 당연히 있고, 그런 팩트들이 쭉 있으면 그냥 재조립이라고 밖에는 표현할 수 없어요. 여기에 팩트들이 이렇게 쭉 이렇게 있으면 이걸 취재 순서가 아니라 시청자에게 전달할 때 어떤 순서로 재배열을 하는가? 아까 오솔길로 비유하면 그것에 맞게 시청자를 오게 할 수 있는가? 뭐 그거죠.
그래서 요즘은 잘 모르겠는데 예전에는 프롤로그가 서로 굉장히 달라요. 그러니까 〈추적 60분〉이나 〈PD수첩〉은 앞에 풀샷을 보여 주고 그다음에 이렇게 가는 스타일이고, 〈그것이 알고 싶다〉는 철저하게 아주 좁은 부분에서 출발을 하죠. 물론 궁금증이 생길 만한 것, 취재하는 것 중에 그걸 자극하는 요소가 무엇인가? 그럼 그게 바로 1번으로 오는 거죠. 그러면 그다음은 조금 더 자연스러워요. 왜냐면 이렇게 하나가 먼저 와서 여기서 제시되는 궁금증이 하나 있으니까. 제가 신봉하는 논리 중 하나가 '한 장면에는 한 가지 의미밖에 없다.' 예요. 여기서 두 가지를 설명하는 순간 다 무너진다. 그래서 여기 프롤로그에 오는 팩트가 있으면 여기서 끄집어내는 궁금증은 한 가지로 그게 아까 그 이정표 같은 거죠. 그럼 여기서 궁금증이 생기기 때문에 그다음은 자연스럽게 따라와요.
그 대신 계속 이정표를 궁금증이라고 표현하는 거예요. 여기서는 그럼 어떤 궁금증을 만들 것인가? 이 논의를 계속하는 거죠. 그렇게 해서 두 번째 장면이 오면 또 여기서 제시되는 이정표, 즉 궁금증이 있고. 그러면 자연스럽게 3번이 또 따라올 수밖에 없죠. 우리는 끝을 알고 있기 때문에, 우리가 보여 줘야 되는 풀샷이 뭔지를 알기 때문에, 중간중간에 주는 거죠. 그래서 이렇게 자연스럽게 "그냥 궁금하다. 저런 거였구나." 근데 이게 궁금한데 이렇게 따라오다 보면 결국은 풀샷을 보게 되는 그 구성에 대해서 굉장히 많이 고민을 하죠.

아이템 회의의 핵심, "무엇이 가장 궁금한가?"

홍: 그래서 〈그것이 알고 싶다〉의 제목들을 보면 의문문이 굉장히 많군요. 기본적으로 프로그램 자체가 질문이라고 하는 걸 계속 트리거하는 과정이라는 걸 보여 주는 것이기도 하네요. 그런가요?

최: 네, 맞아요. 요즘도 그런지 모르겠는데 예전에 〈그것이 알고 싶다〉에서는 아이템이 결정되기 전에 PD가 항상 기획안 제일 앞에 원포인트 질문을 쓰게 돼 있어요. '무엇이 가장 궁금한가?' 그다음에 '이 궁금증을 해결하기 위해서 현재 알고 있는 팩트가 무엇인가?' 그다음에는 '취재를 통해 해결해야 하는 요소가 무엇인가?' 이런 것을 적게 되어 있어요. 한 장짜리 기획안이에요. 그래서 취재를 통해 그 부분을 파는 거고, 취재하다 보면 또 궁금증이 생기잖아요. 그럼 거기에 대해 또 취재하고… 이런 식으로 거의 질문으로 시작해서 질문으로 끝난다고 봐요. 〈PD수첩〉이나 다른 곳은 약간 당위로 잡는 아이템들이 있죠. 그런데 〈그것이 알고 싶다〉는 '그래서 무엇이 궁금해?' 이게 없으면 잘 안 던져요.

홍: 그러다 보면 〈그것이 알고 싶다〉가 가지고 있는 한계도 분명히 있을 것
　　같은데 어떻게 생각하세요?

최: 그러니까 이건 연출론하고 결부된 것 같아요. 팩트가 10가지가 있
　　으면 사이에 비어 있는 영역이 있잖아요. '이것을 빈 채로 놔둘 것인
　　가?' 아니면 '어떤 합리적인 논거에 따라 이것을 일정 부분 채울 수
　　있는가?' 이것을 다 채울 수 있다고 생각하면 드라마 쪽에 가까운 거
　　고, 이것을 채울 수 없다고 생각하면 뉴스에 가까운 거죠. 연출자
　　별로 어느 정도까지 수용할 수 있느냐에 대한 의견이 갈립니다. 꽤
　　많은 부분을 채워야 한다는 게 제 생각인 거죠. 그런데 또 어떤 PD
　　는 '그러면 그건 다큐가 아니다.'라고 생각하기도 해요. 그런 면에서
　　SBS에 있는 교양 프로들이 연출적으로 보면 그 부분을 좀 더 채우는
　　쪽에 있는 것 같아요. 그런데 이것을 채우다 보면 사실은 주관이 개
　　입되잖아요. 그런 부분에서 시사프로라는 관점에서 보면 논란이 있
　　을 수 있고, 경우에 따라서는 비난할 수도 있고… 그런 부분이 있긴
　　한 것 같아요.

질문 5

홍: 지금 〈꼬꼬무〉도 일단 이름 자체가 너무나 산문적이라고 할까요, 약간 기존의 TV 프로그램 같지 않은 제목인데, 제목은 어떻게 결정하셨나요?

최: 기억을 한번 더듬어 볼게요. (웃음) 〈꼬꼬무〉의 출발은 1:1 대화였거든요. 우리는 술자리 토크를 지향하자는 입장이었어요. '술자리에서 이렇게, 영화 본 얘기를 친구한테 해 줄 때 어떻게 얘기하는가?' 이 관점에서 출발한 건데, 이렇게 얘기를 하다 보면 이건 또 픽션이 아니고 과거에 있었던 사건이기 때문에 시대 배경이 들어가잖아요. 얘기를 하다 보면 상대방은 모르는 시대적 배경 얘기를 해 줘야 돼요. "1983년도에 일어났던 사건이다." 그러면 그걸 이해하려면 "야 잠깐만! 너 그거 알려면 이거 하나 알아야 돼. 그때 대통령이 누구였냐면 전두환이었어. 그때 시대 분위기가 이랬어. 그래서 이렇게 된거야. 이해됐어? 자, 그다음에 어떻게 됐냐면…." 이렇게 이야기하는 방식이거든요. 이걸 우리가 '꼬리'라고 부르기로 했어요. 예를 들면, 요즘 애들은 중정(중앙정보부)을 잘 모르잖아요. 그러면 "아, 중정을 설명을 해 줘야 하는구나." 그러면 잠깐 자투리 팁으로 설명해 주죠. 그걸 우리끼리 꼬리라고 불렀어요. "꼬리를 하나 펼쳐야 돼." 이렇게 표현을 했죠. 지금은 주로 단일 사건을 한 아이템으로 쭉 하는데 초창기 파일럿만 해도 약간 통시적으로 보는 것도 있었어요.

홍: 예를 들면 어떤 게 있었나요?

최: '카사노바 박인수 사건'이 그런 경우인데, 그때가 파일럿 성격이었

어서 1회였던 지강헌은 한 사건을 통으로 가는 거였죠. 2회였던 카사노바 박인수 때는 우리나라의 성차별과 관련된 재판이 어떻게 이어져 왔는지 이야기하자고 해서 단일 사건이 아니라 쭉 연대기적으로, 통시적으로 끌어오자고 한 거죠. 그건 실험이었으니까. 그때는 "어떤 게 더 나은가?" 그래서 그게 결국은 "꼬리를 무는 거다." 이 사건에서 이 사건으로 이렇게 궁금증이 꼬리를 물어서 간다. 그러니까 팁도 꼬리라고 불렀어요. 사건이 연결되는 것도 꼬리라고 표현했기 때문에 우리끼리 그냥 '꼬리를 무는 이야기'로 하자고 한 거죠. 근데 '꼬리를 무는 이야기'보다는 '꼬리에 꼬리가' 더 낫겠네 하면서 '꼬리에 꼬리를 무는 이야기'라고 했죠. 그래서 우리의 〈꼬리에 꼬리를 무는 그날 이야기〉는 자연스러웠고, 사건을 다루는 것이었습니다. 이름을 짓느라고 그렇게 힘들었던 것 같진 않아요.

기획의 절반은 술, 술자리에서 발견한 3:3의 이야기 전달 구조

질문 6

홍: 이 프로가 약간 새롭다고 하는 건 말하는 방식인 것 같아요. 그러니까 TV가 구어 매체이긴 하지만 사실상 다 문어를 쓰고 있잖아요. 그런데 〈꼬꼬무〉는 정말 내가 누군가에게 직접 옛날이야기 하듯이 약간 구어적 전환(oral turn)이라고도 볼 수 있겠는데 그 생각을 어떻게 하신 건가요?

최: 아까 잠깐 말씀드렸는데 저는 기획의 절반은 술이라고 생각하거든요. (웃음) 왜냐하면 회의실에서 얘기를 해 봤자 경직돼 있어요. 그

래서 사무실에서 회의 잠깐 하다가 "야, 됐다. 술이나 먹으러 가자." 라고 하죠. 그리고 술자리에 오면 잠깐 딴 얘기 하다가 결국은 우리는 기획하는 사람들이니까 기획 얘기로 가요. 그럼 막 이게 무장해제 돼서 서로 막 계급장 떼고 얘기를 하게 되잖아요. 이것도 마찬가지로 술자리에서 한참 얘기하다가 그 얘기가 나온 거죠. "전달 방식에서 이렇게는 안 될까?" "만약에 내가 알고 있는 어떤 사건을 내 친구한테 얘기해 준다면 어떻게 하겠냐? 1:1로 내가 알고 있는 걸 가장 친한 친구에게 전달한다." "그럼 반말로 해야 되겠네요." 이렇게 나온 거죠.

"만약에 혼자 60분을 혼자 1:1로 얘기한다면 지루하지 않을까?" "그럼 두 명이 할까? 아니면 네 명이 할까?" 하다가 "균형은 세 명이 맞지 않아요?" "그럼 세 명이 같은 주제로 얘기하면 자기가 갖고 있는 경험도 다르고 듣는 사람도 자기 환경에 따라 소화하는 방식도 다르니까 좀 특이한 반응들이 나오겠다. 그러니 세 명으로 해 보자." 그렇게 된 거죠.

질문 7

홍: 일종의 약간 패치워크라고 하나요. 옷감들을 이렇게 엮어서 천을 하나 만들어 낸 것 같은 서사를 구축해 냈잖아요. 굉장히 자연스러워요. 처음에 머릿속으로 상상한 게 어떻게 영상으로 나올지, 예상은 어떻게 하셨나요?

최: 제일 힘들었던 건 3명을 교차시키는 거에 대한 거였어요. 머릿속에 안 그려지잖아요. 그래서 3명을 가지고 녹화하고 편집을 했어요. 편집을 하고 시사를 하는데 최 국장이 그러더라고요. "야 이거, 내 머

3. 최삼호 PD 인터뷰 **079**

릿속에 없는 게 나왔다, 상상이 안 됐던 건데 머릿속에 없는 게 나왔
는데 하여간 특이하다.”

몰입감에 대한 부분에서는 일부만 보완하면 굉장히 새로운 방식의
전달법이겠다 싶었죠. 출발은 같은 사건을 서로 다른 배경을 가진
사람이 1:1로 얘기하자고 해서 출발을 한 거죠. 저는 그러면 10분씩
나눠서 얘기를 할 수는 없고 결국 교차시킬 수밖에 없다고 생각했
죠. 어떻게 결과물이 나올지는 사실은 해 봐야 알지 않냐고 해서 시
도해 봤는데 그렇게 된 거죠.

홍: 만들었는데 생각보다 결과가 잘 나온 거잖아요? 그때 기분이 어떠셨
어요?

최: 사실 기획하는 PD한테 제일 큰 찬사는 ‘독특하다’ ‘새롭다’ ‘기존의
전달법과 다른 방식을 만들어 냈다’죠. 그러면 사실은 뭐 비할 바가
없이 행복하죠. 행복감. (웃음) 이게 잘 나오고 못 나오고는 그다음
문제고. 어쨌거나 기존에 없던 방식의 전달법을 만들었다, 근데 다
행히 반응도 좋다. 그러면 뭐….

꼬꼬무의 원래 기획은 취재하지 않고 아카이브로만 만들기

질문 8

홍: 세 명이 세 명에게 이야기하는 게 어떻게 보면 재미도 있지만 지루
할 수도 있을 것 같은데, 텔레비전이기 때문에 인터뷰나 인서트나
이런 자료들로 보완할 계획은 어떻게 세우셨어요?

최: 교양 영역이 갈수록 축소되고 있잖아요. 그래서 교양에 많이 투자도 안 해요. 처음에 출발할 때는 '아카이브를 최대한 활용하자.' SBS 교양은 한 30년밖에 안 됐으니까, 〈그것이 알고 싶다〉와 같이 한 30년 역사를 가진 프로도 있고 그러니까 그 아카이브를 활용하자고 생각했죠. 그래서 이게 되게 웃긴 건데, 처음에 모토는 뭐였냐면 '취재를 하지 않는다'였어요. 교양은 항상 나가서 취재를 하잖아요? 저희는 공부는 하고 자료는 모으되, 나가서 인터뷰나 현장을 찍는 취재는 절대 하지 말자고 했죠.

꼬꼬무는 말로 하는 드라마

홍: 그 이유가 뭐였어요?

최: 우리는 취재에 강조점이 있지 않아요. 취재물이 들어오는 순간 또 그냥 VCR… 이렇게 막 섞여지는 것 같아요. 우리는 온전히 그냥 전달하고 싶은 거죠. 그러니까 재미에 초점을 맞춰서 저희끼리 농담으로 "말로 하는 드라마다." 이렇게 표현하거든요. 그러니까 그것을 하는 사람은 장트리오고, 우리는 이 팩트를 확인하기 위해 그 사람들한테 전화는 하되, 인터뷰를 녹화하지는 말자. 그것도 갑론을박이 되게 많았죠. 그래서 파일럿 세 편을 보시면 그때 지강헌이 있고 카사노바 박인수가 있고 그다음에 다중인격 살인 사건이 있어요. 지강헌은 유혜성 PD가 만든 건데 거기는 증언자들이 나와요. 그래서 우리가 세 편 안에서 실험을 해 본 거예요. 거기에 있는 증언자들을 어렵게 찾아가서 육성을 딴 거고, 카사노바는 조금 전 말씀드렸듯이 연대기적으로 하는 걸 실험해 본 거죠.

그때 제가 세 번째 편, 다중인격 살인 사건을 연출했는데, 저의 모토
는 절대 그런 인터뷰 같은 걸 하지 않는다, 아카이브만 가지고 만든
다였어요. 그래서 인터뷰가 하나도 안 나와요. 그런데 해 보니 역시
나 증언자가 있는 게 훨씬 더 소구력이 있더라고요. 당시 인질로 붙
잡혔었던 사람들의 실제 육성이 나오는 거는 "아, 이건 따라올 수가
없다. 어떤 드라마도 이것보다 극적이고 사실감을 부여할 수 있는
건 없다." 그다음부터는 '그럼 증언자를 발굴하자.' 이게 매력적인
포인트라는 걸 알고 나니까 그러면 증언자를 더 부각시키는 방법은
무엇인가? 단순히 인터뷰만이 아니고.

질문 ⑨

홍: 네, 〈꼬꼬무〉에 들어가는 수많은 영상 자료들은 어떻게 찾나요?

최: 수단과 방법을 가리지 않고 다 뒤지죠. 사건이면 기본적인 판결문부
   터 시작해서 당시에 보도됐던 뉴스까지 다 찾아 봐요. 증언자라고
   부르는 사람들 인터뷰를 다 하고, 방송에 나오고 안 나오고는 상관

없어요. '어떻게든 찾는다.' 그냥 최선을 다해서 있는 거 없는 거 다 긁어모은다. (웃음)

질문 10

홍: 근데 재밌는 게 '그날 이야기'인데 '오늘의 의미'라고 하는 거를 아까 얘기하신 오솔길을 따라 올라가서 바다를 보는 느낌이 사건에 대해 이런 얘기를 하려고 했구나라고 하는 게 느껴졌어요. 그런 것을 의도하신거죠? (웃음)

최: 마지막에 항상 저희가 자막으로 넣는 것도 "그날 이야기를 들은 오늘 당신의 생각은?"이에요. 사실 그 부분의 비중을 조금 더 늘려야 되는데 근데 아시는 바처럼 어차피 TV라는 매체가 점수(시청률)를 먹고 자라잖아요. 근데 거기가 길어지면 점수에 영향을 미쳐요. 그러니까 지금 굉장히 압축해서 하고 있는데, 원래 의도는 옛날에 있었던 사건을 내가 지식으로 아는 건 큰 의미가 없다. 예를 들어, '독재 정권 타도하자!' 이걸 지금 하는 게 아무 의미가 없잖아요. 그럼 그 사건에 연루된 그 사람의 삶에서 그냥 오늘 나는 커피 먹을 때 프림은 넣지 말아야 되겠다. 이런 걸 얻을 수도 있고 이게 더 소중한 게 아닐까 그런 거죠. 거대 담론이 아니라 오늘의 내 행동 작은 거 하나를 바꿀 수 있는 얘기를 맨 뒤에 해 보자. 근데 사실은 이 부분이 중요한데 점수 때문에… 점수 때문에, (웃음) 이렇게 길게 할애를 못하고 있죠.

홍: 저는 〈꼬꼬무〉가 역사에 대한 교육의 효과가 있는 프로그램, 대중에게 역사를 통해 왜 이 역사를 알아야 되는지에 대한 약간 작은 해답

을 주는 프로라고 생각해요. 소재 면에서 엽기적이고 또 약간 기억에 날 만한 그런 독특한 사건들에 대해서 재밌게 듣다 보면 '오늘의 생각' 부분에 대한 아쉬움이 있는 거죠. 지금 가짜 뉴스 얘기도 많이 나오고 또 이런 팩트 체크에 대한 얘기가 나오고 있어서 시대적으로는 뭔가 중요한 역할을 맡으신 것 같습니다. 이런 얘기를 드리고 싶은데 어떻게 하실 겁니까? (웃음) 추궁하는 것은 아니고요!

최: 그냥 잘해야죠, 뭐. (웃음)

교양이라 하더라도 더 많은 시청자가 보게 하는 것이 절대 선

질문 ⑪

홍: 교양 PD이신데 드라마나 예능과 같은 굉장히 다양한 장르적 기법을 많이 차용하고 있으시잖아요. 이런 장르의 혼합이라고 하는 방식에 대해서 어떻게 생각하시나요?

최: 뭐, 어떻게 생각하고 말고 하는 문제가 아니죠. 어쨌거나 콘텐츠라는 건 소비자가 있어야 하잖아요. 소비자가 많을수록 좋은 거잖아요. 시청자가 더 많이 보게 하는게 절대 선이라고 생각하거든요. 물론 장르적으로 교양이기 때문에 팩트를 왜곡하면 안 되죠. 그렇지만 그것을 지킨다는 전제하에 수단 방법을 안 가리고 더 많은 시청자가 몰입감 있게 봐야 한다는 건 저는 절대 선이라고 생각해요. 절대 명제, 그러니까 거기에 예능적인 장치가 들어오든 아니면 드라마적인 요소가 들어오든 그거는 그렇게 해서 시청자가 더 유입될 가능성이 있다면 뭐라도 해야 된다!

홍: 그러면 PD님은 인풋을 얻기 위해서 트렌드를 파악한다든지 그런 걸 어떤 식으로 하시나요?

최: 예능은 주요 프로를 다 보는데, 그걸 어떤 장치로 활용하려고 보거 나 그런 건 아니고, 그냥 요즘 사람들이 뭘 좋아하는지 알기 위해서 죠. 예를 들면, 〈스트릿 우먼 파이터〉는 왜 좋아할까? 〈스트릿 우먼 파이터〉를 봐야만 저도 알 수 있죠. 〈술꾼 도시 여자들〉이 화제라 면 봐야 되지 않아요? 〈술꾼 도시 여자들〉은 저에게는 잘 안 맞았는 데, (웃음) 〈스트릿 우먼 파이터〉는 되게 재밌게 봤어요. 〈술꾼 도시 여자들〉이 저한테 좀 잘 안 맞았다면 문제가 저한테 있는 거잖아요. 제 감각에 문제가 있는 거죠. 왜냐면 사람들이 많이 본다니까. 그것 때문에 보는 거고, 드라마는 좀 다른 것 같아요. 〈꼬꼬무〉의 경쟁력 은 결국은 드라마틱하게 전달할 수 있느냐에 달려 있기 때문이죠. 드라마는 굉장히 중요해요. 틈날 때 드라마도 봐야 하고, 추리 소설 도 봐야 되고, 아까 오솔길 이정표론의 대표가 추리 소설이죠. 그런 걸 계속 틈틈이 봐야 내 머릿속에서 계속 스토리텔링 감각이 계발되 고 더 재미있게 드라마적으로 나오잖아요. 그 부분은 굉장히 중요한 것 같아요.

질문 12

홍: 내 프로그램을 통해서 수용자들인 대중이 어떤 내 목소리를 좀 들었 으면 좋겠다 하는 그런 목소리가 있나요?

최: 목소리는 아니고요, (웃음) 그거예요. 저희가 제일 염두에 둔 느낌 중 한 장면인데, 제 큰애가 군대 가 있고 둘째가 2003년생인데 얘네

들은 사실 얘기를 잘 안 해요. 근데 〈꼬꼬무〉가 TV에서 방송될 때는 아빠가 만든 거니까 집에서 같이 본방송을 봐요. 집에 있으면 애들은 방에 있다가 "아빠가 목숨 걸고 만들었는데 봐야지." 해가지고 끌려 나와요. 우리가 다루는 사건은 저한테 익숙한 사건이거든요. 1970~1990년대에 애들은 갓난아기였으니 아무것도 모르는 상태죠. 아이들이 말을 해요. "아빠 근데 저건 어떻게 된 거야? 왜 저게 저런 게 있어?" 그럼 제가 방송에 다 담지 못한 시대 배경 같은 것들을 이야기해 주거든요. 방송을 보고 나면 식탁에 앉아서 이야기를 하게 돼요, 술도 한잔 먹고. 그것이 되게 재밌는 경험이었어요. 저는 그거를 시청자도 했으면 좋겠다. 뭘 알았으면 좋겠다가 아니고 그냥 집에서 서로 다른 세대 사이의 대화의 매개체가 되면 좋겠다는 거죠. 그게 거의 유일한 바람이죠. 저희 인스타그램이나 SNS의 댓글을 보면 그런 얘기들이 종종 나와요. 그게 사실은 가장 큰 보람이고, 지향점은 그거밖에 없는 것 같아요.

질문 13

홍: PD분들이 꽤 많잖아요. 팀이 어떻게 구성돼 있고 PD들은 어떤 간격으로 프로그램을 제작하나요?

최: 연출은 12명이 12주 간격으로 돌아가고, 작가는 7명이 7주로 돌아가요. 이게 정말 특이한 시스템인데, 교양 프로그램 중에 이런 시스템이 없었는데, 사실은 이 시스템이 말로 하는 드라마하고 연관되어 있어요. 드라마는 대본을 먼저 쓰잖아요. 그다음에 대본에 기초해서 촬영을 하잖아요. 드라마적으로 대본이 먼저 나와야 되기 때문에 스타트를 작가가 먼저 끊어요. 그러니까 두 아이템이 이렇게 디졸브(두 화면이 겹쳐지는 효과)되죠. 되게 골 때리는 시스템이에요. (웃음) 편집하는 PD도 5명 있어요. 그래서 녹화가 끝나면 후반 작업을 5주 동안 하거든요. 5주 동안 하는데 편집하는 PD 1명이 더 붙어서 2명이 함께 편집하죠. 조연출이 7명이고 자료를 조사하는 막내 작가가 6명. 사이클이 굉장히 복잡해요. 서로 누구와 짝이 되는지 표를 보지 않으면 몰라요. 총 인원은 한 40~50명이 되는 거죠.

PD 12명이 12주 만에 1편 완성하는 시스템은 디테일을 위한 설계

홍: 그분들의 인건비가 상당하겠네요?

최: 40명의 제작진 중 직원은 6명밖에 없어요. 나머지는 다 프리랜서예요. 사실 제작비를 줄이려면 그 인원을 줄이면 돼요. 그러니까 12주 만에 만들지 않고 그냥 한 7주만 해도 할 수 있거든요. 그러면 제작

비를 더 줄일 수 있죠. 그런데 PD가 내용을 완벽하게 파악하지 못한 가운데 녹화하면 누수가 꽤 많아요. 물론 제일 좋은 건 기간을 더 많이 주면 더 많이 몰입해서 하겠죠. 근데 그건 제작비가 감당이 안 되니까 타협점이 12주로 결정된 거죠. 이것도 내부적으로는 굉장히 말이 많았어요. "옛날에 있던 사건을 PD가 12주 만에 만드는 게 말이 되냐?" 예를 들면, 예능적인 시스템을 결부시키면 예능은 보통 녹화하고 여러 명을 동시에 붙여서, 예를 들면 한 일주일 만에 PD가 한 4명이 붙어서 가편집하고 메인 PD가 보고 한 주 만에 막 수정하면 한 2~3주면 한 편이 끝나요. 그 시스템을 도입할 수도 있죠. 근데 해 보니까 〈꼬꼬무〉 같은 경우에는 디테일이 생명인데 그걸 PD가 알고 있는 것과 모르고 있는 건 굉장히 다르더라고요. 그래서 12주를 보장하고, 적은 인원을 더 오래 붙이는 방식을 선택한 거죠.

홍: 그 디테일에 대해서 좀 더 자세히 설명해 주세요.

최: 그러니까 드라마의 생명은 디테일에 있다고 생각하거든요. 그러니까 이게 한 사건인데 이걸 그냥 굵직한 팩트만 가지고 갈 수는 없죠. 주인공이 될 증언자의 디테일도 있고, 별로 안 중요할 것 같지만 이걸 어떻게 우리가 부각시키느냐에 따라 굉장히 큰 장치가 될 수도 있거든요. 이거는 더 많이 파고 들어갈수록 더 많은 디테일을 알게 돼요. 그러니까 그 시간이 필요하죠. 그걸 하려면 작가만 알면 되지 않느냐 하면 그것도 아니에요. 후반 작업을 하다 보면 장트리오가 한 말이 있고, 이미지 재현을 하는 게 있어요. 그런데 그 사건에 대한 자료가 흡인력을 꽤 좌우하잖아요. 자료를 내가 어디까지 찾을 수 있느냐는 절대 시간에 달려 있어요. 보통 90년에 있었던 사건은

SBS 보도 아카이브부터 시작해서 보죠. 시간이 없으면 그걸 다뤘던 〈그것이 알고 싶다〉에 나왔거나 그 주변부밖에는 몰라요. 굉장히 별거 아닌 것 같지만 '이거 여기에 쓸 수 있겠네.'와 같은 생각을 할 시간이 있는 거죠. 그러니까 그럼 거기에 돈을 써야 된다.

질문 14

홍: 회사에서는, 아무래도 경영자 입장에서는 제작비에 대한 압박이 있을 것 같은데요. 광고라든가 콘텐츠 판매라든가…. 유튜브도 꽤 잘 되어 있죠?

최: 광고는 잘 되는 편인 것 같아요. 그다음에 OTT 웨이브에서 다시보기 조회수가 어느 정도 나오는가? 그다음에는 부가적으로 케이블 채널 한 13개에서 콘텐츠를 사 가서 자기 채널에 트는 거죠. 그렇게 해 보면 나쁘지 않죠. 웨이브 다시보기에는 드라마를 포함해서 TOP 5위 안에 있는 것 같아요. 한 번 조회하면 단건 결제 시 천오백 원 정도니까. 자체가 아주 크다고 볼 수는 없는데, 지상파 OTT 웨이브를 지탱하는 중요 프로인 거죠. 그다음에 다음 주 예고가 나갈 때 가상 광고를 하잖아요. 그런 게 들어와서 수지에 영향을 미치죠.
유튜브도 저희가 '달리'라는 유튜브 채널에 올리는데 교양 유튜브거든요. 저희 〈꼬꼬무〉 프로그램을 시작하기 전에 제가 그때 들었을 때 달리 구독자 수가 5천 명에서 만 명 사이였대요. 〈꼬꼬무〉가 방송되기 시작하고 계속 늘어서 지금 한 70만 정도 됐어요. '달리 보라'라는 의미에서 달리인데, 거기는 〈꼬꼬무〉한테 진짜 큰절해야죠. (웃음) 채널 자체를 부활시켰어요. 거기에도 보통 100만 조회수를 그냥 기본으로 넘기니까.

아무래도 교양 안에서 제작비가 많다고 치지만 다른 거에 비하면 굉장히 적은 거죠. 드라마 한 번 하면 보통 적으면 6~10억까지 쓰는데, 아주 단순하게 쳐 보면 웨이브 다시보기가 한 5위잖아요. 드라마가 예를 들면 1위라고 해도 〈꼬꼬무〉는 드라마의 10분의 1 정도의 예산이 드니까 저비용인 거죠. 예능도 〈꼬꼬무〉보다는 1~2배는 되겠죠.

질문 15

홍: 시청률을 매우 중요하게 생각하시는데, 시청자의 반응은 어떻게 확인하세요?

최: 일단은 방송 나가면 시청률 점수를 확인하죠. 점수는 다 2049 시청률 기준으로 보기 때문에…. 참 슬픈 건데, 저는 아침에 눈 뜨면 맨먼저 하는 게 시청률을 확인하는 거거든요. 〈꼬꼬무〉가 목요일에 방송이 나가면, 금요일 아침에 잠을 잘 못 자요. 계속 자다 깨다 하다가 6시 55분쯤 시청률 '데일리 탑 20'이 떠요. 그러면 〈꼬꼬무〉는 목요일에 방송된 프로그램 중에는 항상 1위거든요. 가구 시청률은 무시하고 2049 시청률은 항상 1위여야 돼요. 그게 기본값이 됐어요. 반응의 첫 번째는 그거 같아요. 그다음에 그래프. 처음 시작해서 시청자들이 계속 몰입감을 유지하면서 끝까지 가느냐, 아니면 중간에 빠졌다고 한다면, 여기 스토리텔링 방식에 뭔가 문제가 있었던 거예요. 그다음은 방송에 나갈 때 네이버 톡 같은 곳에, 예를 들면 '아빠랑 식탁에서 같이 보았다' 이런 게 나오면 정말 행복하죠. 또 비판적인 게 나오면 또 생각을 해 보게 돼요. 그다음은 팀이 거의 40명 되니까 각자가 주변에서 들은 얘기죠. 우리 단체 톡방 같은 데 쭉 어쨌다 저쨌다 이렇게 올리고. 그다음은 출연했던 사람들이 어떻게 봤느냐, 혹

시 그분들의 기대에 못 미치는 요소가 있으면 또 그 부분도 이야기
해 봐야 하죠. 그다음에 종종 이 프로그램에 대한 기사나 전문가들
의 비평이 있으면 그것을 읽어 보면서 여기서 맞나 싶은 거 혹은 이
런 거 무시하자 싶은 것들, 그런 것들을 체크하고… 그 정도죠.

질문 16

홍: 팀원이 40명 정도 되니까 그 구성원들을 잘 이끌어 가는 데 도전적
인 부분이 있잖아요. 어떤 게 가장 어려운가요?

최: 꼰대 안 되는 거? (웃음) 〈꼬꼬무〉뿐만 아니라 모든 프로가 다 그런
것 같아요. 프로그램만이 아니라 모든 일터가 다 비슷하지 않나요?
지금 막 치고 나오는 애들, 흔히 MZ세대라고 부르는 애들이 있고 결
정권을 행사하는 사람들, 386 혹은 약간 밑 세대, 저희 정도 세대일
텐데 힘들죠. 일하는 방식에 대한 게 가장 큰 것 같아요. 그리고 저
희 때만 해도 선배들이 제시하는 게 정답이었잖아요. PD라면 당연
히 한 이틀 밤을 샐 수 있어야 하고, 뭐 이런 거잖아요. 일 앞에서는
다른 거 하나도 없다. 가정이건 뭐건 다 2순위로 해라. 저만 봐도 그
냥 자연스럽게 저의 일하는 방식으로 굳어져 있었는데 요즘 애들에
게 그렇게 하면 바로 꼰대가 되더라고요. 그래서 강요하면 안 되더
라고요. 존중해 주려고 애를 쓰는데, 저는 존중한다고 생각하는데
그 기대치에 못 미치죠. 술 먹을 때 맨날 물어 봐요. "나는 그래도 좀
덜 꼰대 아니냐?" 그러면 애들이 웃어요. 먼 산 봐요. (웃음)

질문 17

홍: OTT 시대에 지상파 PD로서 교양 프로그램을 어떻게 만들어야 하나요?

최: 참 어려운데요. OTT 시대에 교양의 미래가 밝을 수 있냐는 질문 자체가 성립이 안 된다고 봐요. 오히려 언제까지 버틸 수 있을까 걱정이죠. OTT 시장은 결국은 철저한 자본의 시장이잖아요. 교양이 OTT 시장에서 차지하는 비중이 가면 갈수록 줄어들 수밖에 없을 것 같아요. 돈의 논리니까요. 그래서 SBS의 한참 어린 PD들도 약간 우울해 해요.

교양에서, 제 개인적인 견해일 수도 있지만 어쨌거나 OTT에서는 최우선이 드라마 그 다음에 일부 예능이 있고, 예능도 많지도 않잖아요. 교양은 사실은 거의 없죠. 의무방어전처럼 넷플릭스도 한국에서 제작한 다큐를 틀기는 하는데 거의 의무방어전이죠. OTT 시대니까 저희도 넷플릭스에 의사 타진을 하면 올해 편성은 이미 끝났어요. 교양은 예산이 이미 제한돼 있죠. 이를테면 다큐멘터리 3부작짜리 두 편 정도 할 예산밖에는 배정이 안 되는 거죠. 아주 냉정하게 따져 보면 지상파로 나가는 것들은 점점 본방 사수를 안 하잖아요. 사람들은 다 OTT로 찾아서 보죠. 그럼 이쪽으로 옮겨 갈 수밖에 없는데 저는 정년이 얼마 안 남았으니까 그때까지는 살아 있겠죠. 그런데 아래 MZ세대 교양 PD들이 주축이 되는 나이에 지금처럼 교양을 제작할 수 있는 환경이 될까, 사실은 조금 두려워요.

홍: 새로운 방식을 만들겠죠?

최: 그렇죠. 뭐가 또 나온다면.

홍: 긴 시간 너무나 좋은 말씀 해 주서서 감사합니다.

최: 도움이 되실지 모르겠습니다.

4. 인터뷰 요약 및 정리

① SBS 교양은 철저히 스토리텔링에 천착한다

SBS 교양 안에서는 스토리텔링에 관한 얘기를 굉장히 많이 한다. '똑같은 사건이나 똑같은 팩트를 놓고도 이것을 어떻게 전달하고, 어떻게 이야기를 짜느냐'에 대해 고민한다. 팩트 자체는 당연히 중요하지만 어떻게 전달하느냐가 중요하고 이런 분위기에서 〈꼬꼬무〉가 탄생했다. 〈그것이 알고 싶다〉의 스토리텔링 방식이 아닌 다른 어떤 방법을 찾다가 발견한 것이 〈꼬꼬무〉다.

② 등산길에 이정표만 보게 하고, 산 정상에서 풀샷을 보게 하는 것이
   스토리텔링의 정의

스토리텔링은 등산길 이정표와 같다. 연출자가 이정표를 제시해 주고 다른 거는 보지 못하게 하는 거다. '시청자로 하여금 들어오게' 하고, '철저하게 주변을 못 보게 하고 내가 낸 이 작은 길만 보게' 한다. 시청자는 어디로 가는지 모르고, 가다가 이정표대로 꺾을 수밖에 없다. 시청자는 이렇게 오솔길을 따라오게 되고, 어느 순간 꼭대기에 올라오면 대양이 펼쳐지고 풀샷이 보인다. 그것이 스토리텔링이다.

③ 〈그것이 알고 싶다〉은 철저하게 좁은 부분에서 시작해서 궁금증 유
   발하는 전략

〈추적 60분〉이나 〈PD수첩〉은 앞에서 풀샷을 보여 준 다음 시작하는 구성 스타일인데 비해, 〈그것이 알고 싶다〉는 철저하게 아주

좁은 부분에서 시작한다. 시작점은 궁금증이 생길 만한 것이다. 궁금증을 화두에 두고, 취재하는 것 중에 그걸 자극하는 요소가 무엇인지 찾는다. 그 궁금증이 프로그램 가장 앞에 1번으로 온다. 그다음은 궁금증을 해소하는 답을 제시하면 된다. 한 신은 하나의 의미밖에 없으므로, 두 가지를 설명하는 순간 구성은 망가진다.

④ 아이템 회의의 핵심은 '무엇이 가장 궁금한가?'이다

SBS 교양국 기획안에서 제일 앞에 쓰는 원포인트 질문은 '무엇이 가장 궁금한가?', 그다음에 '이 궁금증을 해결하기 위해서 현재 알고 있는 팩트가 무엇인가?', 그다음에는 '취재해서 해결해야 하는 요소가 무엇인가?'이다. 이 기획안을 가지고 취재하다 보면 또 궁금증이 생기고, 그럼 또 취재하고, 이런 식으로 궁금증과 해답을 찾아가는 방식으로 제작한다. 〈그것이 알고 싶다〉에서 '그래서 무엇이 궁금해?'에 대한 답이 없으면 섣불리 제작하지 않는다.

⑤ 기획의 절반은 술, 술자리에서 발견한 3:3 이야기 전달 구조

사무실 회의는 경직되기 쉽다. 회의가 끝나고 술자리에서 이야기하다 보면 다시 기획 이야기를 하게 된다. 무장해제 돼서 직위와 관계없이 자유롭게 이야기하다 보면 새로운 아이디어가 떠오르기도 한다. 〈꼬꼬무〉의 3:3 전달 방식도 이렇게 생겨났다. "전달 방식에서 이렇게는 안 될까?" "만약에 내가 알고 있는 어떤 사건을 내 친구에게 얘기해 준다면 어떻게 하겠냐?" "일대일로 내가 알고 있는 걸 가장 친한 애한테 전달한다." "그러면 반말로 해야 되겠네요." "만약에 60분을 혼자 일대일로 얘기한다면 지루하지 않을까?" "그럼 두 명이 할까? 아니면 네 명이 할까?" "균형은 3명이 맞지 않아요?"

6 꼬꼬무의 원래 모토는 취재하지 않고, 아카이브로만 만들기

〈꼬꼬무〉는 다른 교양 콘텐츠와 다르게 만들고자 했다. 따라서 인터뷰 등 취재에 강조점을 두지 않고 온전히 이미 존재하는 영상자료 아카이브와 출연자의 대화로만 구성하고자 했다. 취재한 VCR을 넣는 순간 다른 교양 콘텐츠와 비슷해진다. 〈꼬꼬무〉가 지향하는 바는 '말로 하는 드라마'다. 하지만 실제 제작해 보니 증언자의 인터뷰가 소구력이 매우 컸고, 어떤 드라마도 이것보다 극적일 수 없었다. 그래서 인터뷰를 넣기 시작했다.

7 〈꼬꼬무〉는 교양과 드라마의 결합이다

〈꼬꼬무〉는 교양의 생존을 위한 시도의 결과물이다. 교양 프로그램으로서는 상상하기 어려운 '말로 하는 드라마'를 만들려 한 것이다. 팩트를 가지고 출연자들이 이야기를 나누는 부분이 드라마의 영역일 수 있다. 팩트와 팩트 사이의 빈틈을 채우는 것이다. 기획자는 요즘 사람들이 뭘 좋아하는지 파악하기 위해 예능과 드라마를 봐야 한다. 화제의 드라마인 〈술꾼 도시 여자들〉이 자신에게 잘 안 맞았다면 자신에게 문제가 있을 수 있다. 사람들이 많이 보고 좋아하기 때문이다. 〈꼬꼬무〉의 경쟁력은 결국은 드라마틱하게 전달하는 것에 달려 있다. 드라마도 보며 스토리텔링 감각을 유지해야 한다.

8 SBS 교양의 철학은 더 많은 시청자가 보게 하는 것이 절대 선

OTT 시대에 교양은 자본의 선택을 받지 못했다. 모든 콘텐츠에는 소비자가 있어야 하고, 소비자는 다다익선이다. 더 많은 시청자는 절대 선이다. 교양 장르에서 팩트를 왜곡하면 안 되지만, 팩트를 지킨다는 전제하에 수단 방법을 가려서는 안 된다. 예능적인 장치를

사용하든, 드라마적 장치를 사용하든 시청자가 몰입할 수 있게 하기 위해서는 모든 방법을 사용해야 한다. 콘텐츠를 만드는 사람에게 이 것은 절대 명제다.

⑨ 디테일을 담보하기 위해 12명의 PD가 12주 만에 1편을 만드는 획기 적인 시스템 채택

사실 제작비를 줄이기 위해서는 12주 만에 1편이 아니라, 7주 만 에 1편을 만들게 할 수 있다. 하지만 PD가 내용을 완벽하게 파악하 지 못한 가운데 녹화하면 부족한 부분이 생긴다. 사건에 대한 자료 가 흡인력을 좌우하고, 자료를 어디까지 찾을 수 있느냐는 절대 시 간에 달려 있다. 〈꼬꼬무〉의 생명은 디테일에 있고, 이를 가장 잘 살 리는 방법은 PD에게 더 긴 제작 시간을 보장하여 더 섬세한 자료를 찾는 것이다. 그래서 〈꼬꼬무〉는 여기에 제작비를 쓴다.

● REC

STORY 3.

피지컬: 100

4K I 1920 x 1080
60FPS I 80 Mbps

3..2..1.. |..1..2..3

1. 〈피지컬: 100〉은 어떤 콘텐츠인가

100명의 피지컬이 좋은 사람들을 대상으로 극강의 서바이벌 퀘스트를 거쳐 가장 완벽한 신체를 가진 사람을 뽑는 상금 3억 원의 오디션. 국가대표 운동선수, 소방관, 보디빌더, 모델 등 다양한 사람들이 참가하여 오래 매달리기, 공 뺏는 일대일 데스매치, 팀 대항 모래 나르기, 팀 대항 배 끌기, 아틀라스의 형벌 등 고대 신화 콘셉트 경기, 무한 루프 달리기에 도전했다.

〈피지컬: 100〉은 MBC 소속의 PD가 루이웍스 미디어와 넷플릭스 오리지널로 제작한 작품으로, 지상파와 글로벌 OTT와의 협업의 산물로 기획되었다. 넷플릭스에 방송을 납품하는 지상파의 도전에 미디어 업계의 관심이 주목되었다. 이러한 움직임이 방송계에 어떤 파급 효과를 미칠지 궁금했기 때문일 것이다.

시청자들은 산업적 변동과는 관계없이 콘텐츠 그 자체에 반응했다. 〈피지컬: 100〉에 대한 대중의 관심은 〈오징어 게임〉의 실사판이라는 점과 밀접한 관련이 있다. 개인의 삶에 밀어닥친 신자유주의의 파도가 어떻게 한 개인의 삶에 영향을 미치는지 보여 준 드라마는 또 다른 현실을 보여 주는 듯했다. 벼랑 끝에 선 사람들에게 456억 원의 생존게임의 미끼는 거절하기 쉽지 않은 힘을 가질 수 있다. 상금은 100분의 1로 줄었지만, 만에 하나 생명을 걸어야 하는 위험을 누락시킨 피지컬 대항 게임은 매력적이다. 그것도 영상을 통해서 지켜보는 것은 더욱 그렇다.

〈피지컬: 100〉에 세계의 시청자들이 즉각 반응했다. 2023년 1월 24일부터 2023년 2월 21일까지 넷플릭스에 공개되었으며, 2023년

2월 8일 OTT 순위 집계 사이트 넷플릭스 패트롤에서 TV쇼 부문 정상을 차지했다. 넷플릭스에서 서비스한 한국 예능이 글로벌 정상에 오른 것은 〈피지컬: 100〉이 처음이다.

또한 한국 오리지널 예능 작품으로는 최초로 넷플릭스 비영어 TV 부문 1위에도 올랐다. 〈피지컬: 100〉은 아시아뿐만 아니라 미국과 유럽 등 전 세계 시청자의 사랑을 골고루 받아, 2023년 상반기 총 누적 시청 시간 2억 3,500만 시간으로 15위에 올랐다.

2. 〈피지컬: 100〉 분석: 넷플릭스가 K 오리지널을 만드는 방식

〈피지컬: 100〉의 텍스트가 대중적 인기를 끈 데에는 어떤 요인이 작용했을까? 무엇보다 몸에 대한 대중의 관심과 밀접한 연관이 있다. 2023년의 체력에 관한 관심은 2000년대 초반 한국에 불었던 몸짱 열풍과는 사뭇 다르다. 과거 2000년대 초반 불었던 '몸짱 열풍'은 외관상 큰 근육이 많은 몸을 최고의 피지컬로 인식하는 경향이 있었다. 당시 인기 트레이너 '숀리'를 중심으로 보디빌딩식 몸매 가꾸기가 큰 인기를 얻은 것이 대표적이다. 2023년 한국에 불고 있는 피지컬 열풍은 그때와 결이 다르다. 대중이 동경하는 강함은 우락부락한 근육질 몸매가 아니라 투쟁심, 근성을 끌어내는 정신력 혹은 생존과 직결된 실질적인 수행 능력이기 때문이다(이상우, 2023. 3. 29.).

피지컬이 무기가 되는 시대의 넌버벌 예능

이러한 생존형 피지컬에 대한 욕망은 이미 다양한 콘텐츠를 통해서 검증되었다. MBC 〈진짜 사나이〉, 왓챠 〈가짜사나이〉, 채널A와 스카이라이프의 〈강철부대〉, tvN 〈푸른 거탑〉 등 이른바 군부대 예능은 군대라는 소재를 바탕으로 강력한 피지컬에 의한 생존 과정을 중계했다. 특히 '제2의 가짜사나이'로 불리는 유튜브 채널 '진용진'의 웹 예능 〈머니게임〉은 상금 4억 8,104만 원을 얻기 위해 8명의 참가자가 실제 밀실에 갇혀 14일간 생존하는 과정을 그린 리얼리티 프로그램으로, 〈피지컬: 100〉과 매우 흡사한 포맷을 갖고 있다. 결국 〈피지컬: 100〉은 사회적 트렌드 변화에 예민하게 반응해 온 콘텐츠의 자연스러운 진화 과정의 산물이라 할 수 있다.

맨몸으로 벌이는 원초적 대결이 주는 긴장감 속 승자와 패자의 대결 구조도 흥미로울뿐더러 보여 주는 방식도 흥미롭다. 인간의 한계를 시험하는 미션을 수행하는 과정 중 참가자들의 거친 숨소리와 투지, 근성을 담백하게 보여 주는 방식이 시청자의 호응을 받았다. 자연 다큐멘터리를 연상케 할 만큼 자막이나 내레이션 없이 사람들의 경쟁을 그대로 보여 주는 것은 언어적 장벽을 쉽게 넘을 수 있게 했다. 넷플릭스는 다양한 언어별로 자막을 제공하고 있지만, 자막 없이 영상을 중심으로 시청할 수 있는 특성은 글로벌 시청자의 편의를 향상시켰음에 틀림없다. 심도 깊은 감정의 교류를 웃음의 질료로 삼는 대신, 그저 바라보는 것만으로 즐거움을 얻을 수 있게 설계된 몸싸움, 흡사 자연 다큐멘터리 속 동물들이 먹잇감을 두고 경쟁하는 듯한 모습이 언어의 경계, 문화적 경계를 뛰어넘어 글로벌한 팬덤을 형성한 것이라 볼 수 있다. 이러한 점에서 한 번도 예능을 만들어 보지 않았던 장호기 PD가 만든 〈피지컬: 100〉은 넌버벌(nonverbal) 예능이라는 장르로 K-콘텐츠에 흔적을 남겼다.

성별과 체급 없앤 원초적 생존경쟁

〈피지컬: 100〉이 게임을 진행하며 보인 중요한 원칙 중 하나는 남녀노소 구분 없이 온전히 자유롭고 공정한 경쟁인 듯하다. 계급장을 떼고 누구나 자신의 피지컬 능력만으로 경쟁하고 최고의 피지컬을 뽑는다는 생각이 콘텐츠 곳곳에 담겨 있다. 〈피지컬: 100〉을 보고 "언뜻 보기에 공정해 보이는 규칙과 협동과 연대가 돋보이는 콘텐츠"라는 평가가 나왔지만, "우리는 성별, 나이, 인종의 구분 없이 가장 완벽한 피지컬을 탐구하기 위해 여러분을 이곳으로 초대했습니다."라는 내레이션이 보여 주듯, 협동과 연대는 설계되지 않은 것이다. 단지 가장 완벽한 피지컬이 궁금하고, 그것을 찾아내는 것이 목표라는 것이다. 여기에는 남녀 구분도 없고, 체급의 구분도 존재하지 않는다. 스포츠 게임이 채택한 구분을 무화하고 모든 사람이 상금을 두고 경쟁하는 게임 구조를 두고 많은 이의가 제기되었다.

특히 박형근이 춘리의 가슴을 무릎으로 누르며 압박한 것을 두고 남녀의 대결이 적절했는지 논란이 되었다. 춘리는 박형근 선수와 운동인으로서 정당하게 대결했고 자신은 이 대결에 대해 아무런 문제나 불만이 없다고 입장을 밝혔다. "여성 참가자들이 가슴을 외친 것은 가슴을 왜 만지냐는 말이 아니라, 숨을 못 쉬니 빨리 빠져나오라는 것을 제게 인지시켜 주려 소리 지른 것이다. 왜 남녀가 서로 페미니 한남이니 싸우는지. 이건 예능이다."(춘리 입장문). 당사자도 괜찮다고 하는데, 왜 시청자들은 이것을 불편하게 보았을까? 출연자들이 괜찮다는 것과 시청자들이 느끼는 불편함은 차원을 달리한다. 출연자는 제작진과 출연 계약을 맺고 그에 따른 보상(출연료, 홍보의 효과, 상금 획득의 가능성)을 얻게 된다. 하지만 시청자는 출연자와 다른 위치에 서 있다. 그 자체는 지상파 방송 콘텐츠는 아니지만, 지상파 방송사가 넷플릭스를 위해 만드는 방송 콘텐츠에 대한 기준을 넘어설 때 시청자는 불편함을 느끼게 된다.

더 중요한 것은 확실한 승리를 위해 상대적 약자를 선택하는 것은 게임의 규칙에서 옹호된다는 것이다. 다만, 남성과 여성의 대결에서 허용되는 부분과 그렇지 않은 부분에 대한 게임의 규칙이 명료하게 제시되지 않은 것이 한계라고 할 수 있다. 남녀노소가 벽을 허물고 완전경쟁을 할 수도 있다. 하지만 만약 그럴 의도였다면, 완전경쟁이라는 조건과 이 조건을 충족시킬 디테일한 가이드라인이 마련되고 출연자 및 시청자에게 공유됐어야 한다. 하지만 〈피지컬: 100〉에는 이런 부지런함이 발견되지 않았다.

'예능은 예능이다.'라는 말은 예능이 대중의 상식을 뛰어넘거나 윤리적 한도를 넘어설 때 전가의 보도처럼 활용하는 수사학이다. 예능은 예능이지만, 항상 그런 것은 아니다. 예능이 대중에 미치는 영향력이 점점 커지고 있고, 예전과 같은 심심풀이 '오징어땅콩'이 아니기 때문이다. 넷플릭스 역시 점점 영향력이 커지고 있다는 점에서 책임감도 마찬가지로 커지고 있다. 이것을 잊고 싶겠지만, 잊어서는 안 된다.

콘텐츠의 주도권을 둘러싼 플랫폼들의 경쟁

〈피지컬: 100〉이 한국 미디어 종사자들에게 관심 대상이 되었던 것은 지상파 MBC가 제작하고 글로벌 OTT 넷플릭스가 유통하는 독특한 방식 때문이었다. 지상파가 콘텐츠를 제작해서 넷플릭스에 공급하는 게 과연 맞는지, 특히 IP를 포기하면서까지 공급하는 것이 맞는가(유건식, 2023. 2. 13.)라는 비판이 제기되었다. 실제로, MBC 내부에서도 〈피지컬: 100〉의 흥행에 대해 긍정적 평가만 있었던 것은 아니다. 연출을 맡은 PD부터 목소리 출연의 아나운서까지 MBC 인력이 투입된 MBC의 제작물이지만, MBC TV 채널을 통한 별도의 편성은 받지 않고 넷플릭스에 바로 콘텐츠를 제공하는 '턴키(turnkey)' 방식에 대해 비판 의견이 나왔다. 또한 예상보다 좋은 흥행 성적을 거뒀더라도, 기존에 계약한 소정의 계약금 이상의 수익에 대해 정작 제작사인 MBC는 아무 권리가 없으며, 화제를 몰고 흥행하면 할수록 이상하게 손해 보는 것 같다는 내부 평가(이선영, 2023. 2. 11.)가 그것이다. 하지만 기존 채널이 아닌 새로운 환경에서도 인정받는 콘텐츠를 만들어 내는 소중한 경험이 남았으며, 시청자들 눈에 'MBC' 로고가 보이지 않아도 MBC를 떠올리는 강력한 브랜딩 효과를 얻었다는 것이다(이선영, 2023. 2. 11.).

실제로 MBC 경영진은 넷플릭스와의 협업의 경험이 조직 내부에도 변화의 바람과 활력을 넣을 수 있다고 판단했다. "지상파 시장이 어려운 상황에서 PD들에게 비전을 심어 줄 수 있다. 포스트 지상파에 대한 비전이 있어야 하는데 특히 교양 부분 PD들은 이직이 상대적으로 쉽지 않다. 이런 상황에서 지상파에 비전이 있다고 붙잡든, 넷플릭스 진출 욕구를 해소해 주든, 영향력 있는 OTT를 만들어 주든, 뭐라도 해야 한다."라는 것이다. "MBC의 PD가 글로벌 감각을 익혀 넷플릭스 콘텐츠를 제작하고 돌아온다면, 장기적으로 MBC 안에도 글로벌 감각의 노하우가 반영된다. MBC 프로그램에 반영된다면 좋은 영향을 미치게 되는 것"이라는 것이 MBC 경영진의 판단이다(박서연, 2023. 2. 3.). 이러한 주장은 박성제 사장이 2022년 창사기념일에, 우리는 단지 '지상파 채널'이 아니라, 지상파 채널을 가진 '콘텐츠 그룹'이라고 회사 비전을 정의한 것과 밀접한 관련이 있다.

"지상파의 콘텐츠 제작역량이 후퇴하고 있다는 우려 속에서 〈피지컬: 100〉과 같은 콘텐츠를 통해 전통적인 방송 사업자가 글로벌 제작역량을 갖출 수 있는 모멘텀이 되었다는 점은 긍정적인 부분"이라는 이성민 교수의 지적은 〈피지컬: 100〉 효과를 잘 설명하고 있다. 이 교수는 더 나아가 "스튜디오 모델이 어느 정도 정착된 드라마 분야와 달리 예능은 인하우스 PD가 제작하는 것이 일반적이었는데 그 구조가 점점 깨어지고 있다."라며 "경험 있는 제작진의 독립이 보편화되는 상황에서 제작 기회만 늘릴 것이 아니라 지상파가 제작역량을 유지하는 방법이 무엇인지 장기적 사업 모델에 대한 고민이 있어야 할 것"이라고 주장했다(임경호, 2023. 2. 15.). 미디어 격변의 시대에 지상파를 위협하는 새로운 플랫폼과 지상파가 어떠한 관계를 맺어야 하는지를 두고 다양한 의견이 제기되는 것은, 미디어의 진화 과정에서 필연적으로 거쳐야 하는 과정이다. 어떤 의견이 더 타당하고 적절했는지는 얼마 지나지 않아서 자명하게 드러날 것이다. 인터넷이 등장할 때도 유튜브가 등장할 때도 마찬가지였다.

3. 장호기 PD 인터뷰

장호기 PD

출생: 1986년
소속: 갤럭시코퍼레이션 Studio 27
경력: MBC 프로듀서, 채널A 프로듀서

작품
〈채널A 다큐스페셜〉, 〈논리로 풀다〉, 〈먹거리 X파일〉, 〈갈 데까지 가보자〉, 〈신년특집 신혁이〉, 〈신문이야기 돌직구 쇼+〉, 〈PD수첩〉, 〈당신이 믿었던 페이크〉, 〈피지컬: 100〉

수상
대한민국 콘텐츠 대상
Asian Academy Creative Awards
부산국제영화제 베스트 리얼리티&버라이어티상

영상 크리에이터라면 누구나 한 번쯤 넷플릭스에 자신의 콘텐츠를 업로드하고 싶은 욕망을 가질 만하다. 전 세계의 시청자를 만날 수 있는 플랫폼을 누가 마다할 것인가? 하지만 지상파 제작자 입장에서는 경쟁적인 플랫폼이어서 두 가지 감정 사이에서 번뇌하기 쉬울 것이다. MBC가 글로벌 콘텐츠 그룹으로 포지셔닝을 정하고 넷플릭스와 협업을 하기로 했다. 누가 참여할 것인가? 결국 용기 있는 제작자의 몫이 될 수밖에 없었고, 〈나는 신이다〉의 조성현 PD와 〈피지컬: 100〉의 장호기 PD에게 기회가 주어졌다. 결과는 알려져 있다시피 상상을 넘어선 대중성의 확보였다. 장 PD는 자신의 욕망을 숨기지 않고, 과감하게 넷플릭스의 문을 두드렸고 큰 기회를 잡았다.

2023년 5월 10일 여의도의 카페에서 만난 장 PD에게서는, 입사 10여 년 만에 갑작스럽게 스타덤에 오른 탓인지 다소 상기된 표정이 느껴졌다. 콘텐츠 한 편으로 전 세계적 관심을 받았고 화제의 주인공이 되었다. 물론 제작과정에서 발생한 수많은 논란들(남녀 성 대결, 결승전 재녹화 등)에 대처해야 하는 어려움도 겪었을 것이다. 하지만 이러한 유명세도 주저하지 않고 담대하게 도전한 용기의 산물이었다.

홍: 오늘 귀한 시간을 내 주셔서 감사드리고요. 우선 간단하게 자기소개 좀 부탁드리겠습니다. 지금까지 만드신 필모그래피를 중심으로….

장: 원래 제 목표는 MBC에서 다큐멘터리를 만드는 PD였는데, 그때 MBC가 수년 동안 교양 PD를 채용을 하지 않았어요. 대학교 4학년 때 마침 종편이 개국해서 채널A에 지원했고, 채널A의 교양 PD로 들어갔어요. 채널A에서 〈먹거리 X파일〉이나 〈다큐 스페셜〉과 같은 그런 시사 교양물을 제작했고요.

그러다가 2015년에 MBC 교양 PD 채용이 오랜만에 재개가 돼서 경력사원 채용이 열려서 경력직으로 이직을 했습니다. 그래서 2015년도에 이직해서 그때부터 〈PD수첩〉이나 뭐 〈다큐 스페셜〉, 몇 가지 파일럿이나 잔잔한 프로그램을 하고 2021년에 〈피지컬: 100〉(이하 '피지컬')을 기획하여 올해 론칭을 한 거죠.

홍: 그러면 채널A에서는 아무래도 이영돈 PD님과 일을 많이 하셨겠네요?

장: 그렇죠. 〈먹거리 X파일〉 같은 거, 상무님이셨을 당시에 많이 배웠죠.

홍: 뭘 배웠습니까? (웃음) 영향을 굉장히 많이 받았을 텐데요.

장: 진짜 근데, 제가 공채 1기이기도 하고 당시 이영돈 상무께서 공채 1기를 좀 특별하게 케어를 해 주셨어요. 빨리… 잘 성장해야 한다. 제가 입사한 지 거의 6개월 만에 입봉을 했어요, 60분짜리로. 그래서 되게 혹독하게 트레이닝을 했고, 그렇게 진짜 빨리빨리 배웠어요. 모든 걸 다 압축해서 배웠고, 특히 교양 탐사나 이런 쪽의 취재 윤리나 일반인 상대로 하는 그런 프로그램에 대해서 많이 혼나면서 배웠죠.

질문 **1**

홍: 2012년도에 아마 제가 (이영돈 PD를) 인터뷰한 거 같아요. 벌써 이렇게 이영돈 상무가 키운 1기 채널A PD님하고 인터뷰를 하게 됐네요. 채널A에서 일하시는 건 어떠셨어요?

장: 일단은 채널A가 개국하기 전에 입사를 했어요. 그래서 어떻게 보면 한 방송사를 론칭하는 과정을 체험한 거고, 신입으로 많이 채용하다 보니까 전체적으로 조직이 되게 젊었어요. 젊고 되게 재미도 있었고. 모든 게 백지 상태였기 때문에, '어떻게 해야 된다'라는 게 없었기 때문에 새로운 경험도 많이 할 수 있었고, 좋은 기회도 빨리 왔던 거 같아요. 그런 것들이 되게 좋았어요. 한편으로는 그래서 힘든 것도 있었지만. 저도 연차가 적었을 때는 에너지가 넘치잖아요. 그런

것들이 되게 괜찮았던 것 같아요. 그런데 한편으로는 시사교양 PD
이다 보니까 그런 정치적인 영향을 받잖아요. 종편 채널이라는 것
때문에 사실 고생을 많이 했고. 채널 인지도가 아예 없었던 상황이
라, 예를 들어 거리 인터뷰를 하더라도 채널A가 뭔지 설명해야 하는
것부터 시작하니까 섭외가 쉽지 않았죠. 정말 스타트업 하는 심정으
로 시작해서… 그래도 나름 편성표를 꽉꽉 채우는 데까지 그런 경험
을 했던 거죠. 그런 건 도움이 많이 됐던 것 같아요. 맨땅에서 시작
한다라는 그런 게 저한테는 되게 재미있고 도전할 수 있는 일이라는
걸 체득했던 기회였죠.

홍: MBC 경력직으로 입사를… MBC에서 또 비교가 많이 되잖아요. 두
조직이 어떻던가요?

장: MBC는 굉장히 큰 조직이라서, 너무 시스템이 잘 갖춰져 있어서 놀
랐죠. 채널A는 시스템이 구축되는 과정이었기 때문에 하다못해 어
디 촬영을 가더라도 제가 차를 직접 운전해서 갔지만 여기는 그런
시스템이 다 잘 갖춰져 있고, 그런 안정적인 면…. 그다음에 MBC라
는 걸 설명할 필요 없다는 것, 연출에 집중할 수 있다라는 것들이 가
장 크게 와닿았어요.
한편으로는 또 너무 갖춰져 있어서 제가 할 수 있는 역할이 되게 제
한된다는 느낌을 많이 받았고. 또 다른 의미로서 정치적인 많은 비
판과 그런 것들을 안고 가야 되는… 또 되게 새로운 경험이 됐던 것
같고요. 기회 잡기도 쉽지 않고.

홍: 〈피지컬〉을 론칭할 때 그런 얘기들이 있었잖아요. MBC가 이렇게 하는 게 맞는 길인가라는 것에 대해서…. 그래서 아마 사직을 할 때 도 고민을 많이 하셨을 것 같아요. 어떠셨나요?

장: 그렇죠, 고민을 많이 했죠. 고민을 진짜 지금도 계속 하고 있어요. 회사에서 조직이, 그러니까 이게 사기업이 아니잖아요. 오너의 리더 십으로 한 방향으로 쭉 가는 게 아니고 공적인 부분도 공적인 부분 인데, 그냥 이게 화살표가 향하는 곳으로 모이기가 쉽지 않은 거죠. 그러니까 누구는 해야 된다고 하고 누구는 하면 안 된다고 하는데 결론이 나야 되잖아요? 결론이 나지 않는 거…. 그러니까 제 입장에 서 사표를 내는 것도 계속 이렇게 어떻게 해야 될지가 결정이 나지 않은 상태로 지지부진하다는 그런 게 사실 영향을 많이 미쳤죠. 빨 리 시즌 2나 다른 걸 제작하고 싶고 저의 성과를 정당하게 인정받고 싶은데 그런 것조차도 잘 안 되고. 그 정도로 혼란스러워요 지금. 지 상파 MBC에서는 OTT라는 것 때문에… "우리가 왜 넷플릭스랑 해 야 돼?"라는….

홍: 그래서 어쨌든 이걸 하실 때도 직접 회사에 먼저 기획안을 냈고 그 기획안이 잘 받아들여지지 않아 넷플릭스에 직접 이렇게 제안하신 거라고 들었는데, 그 과정을 좀 설명을 해 주시죠.

장: 제가 〈PD수첩〉을 굉장히 오래 했어요. 하다가, 원래 저는 원래 OTT 를 해야 된다고 생각을 하고… 저는 집에 TV가 없어요. 솔직히 저는 MBC 프로그램을 잘 안 봐요. 저만 그런 건 아니고요. 처음엔 제가

이상하다고 생각했는데….

보니까 주변에서도 마찬가지라서 이건 잘못된 거다, 뭔가 잘못됐다라는 생각을 많이 했고, OTT를 무시할 수 없고. 제가 〈PD수첩〉때 만민중앙교회라는 사이비 종교 아이템을 한 적이 있어요. 그게 성과가 되게 좋았어요. 그래서 사이비 종교라는 아이템을 가지고 뭔가 해 보면 좋겠다라고 해서 MBC 조성현 PD와 팀을 꾸려서 OTT용 다큐멘터리를 기획했는데… 부서에서 "이건 너무 돈도 많이 들고 하기 힘들고 너무 오래 걸리니까 쉽지 않겠어." 해서 저를 〈PD수첩〉으로 다시 튕겨 내보낸 거예요, 그 프로젝트에서.

지상파도 OTT 콘텐츠를 제작해야 하고 할 수 있다

홍: 다시 돌아가라, 〈PD수첩〉으로….

장: 제가 당시에 최승호 사장님실까지 가서 피티도 하고 다 했는데, '오케이 만들자!'까지 했는데, 회사는 또 어쨌든 누군가는 〈PD수첩〉을 잘 만들어 내야 하니까…. 전 〈PD수첩〉으로 가고 메인으로 하고 있던 조성현 PD는 회사와의 약간의 의견 차이로 인해서 다른 부서로 가게 되었어요. 그게 지금의 〈나는 신이다〉가 됐고 그게 넷플릭스에 론칭이 되었을 때 제가 거기로 돌려보내 달라고 요청했는데 그게 잘 안 되더라고요. 거기서부터 시작이에요, 사실은. "OTT를 합시다, 해야 합니다, 할 수 있습니다." 했던 PD들과 조직에서 '그럼 누가 〈PD수첩〉을 만들고 이건 누가 하느냐?'가 충돌의 시작점이 된 거죠. 저는 그때부터 계속 또 〈PD수첩〉을 해야 한다라는 게 큰 압박이었어요. 그러다가 2년이 또 지나고 교양 본부에서 기획안 공모를 한다 해

서 이젠 나도 정말 하고 싶은 걸 해야겠다라는 생각을 가지고 〈피지
컬〉을 기획했죠. 그러나 두 차례 정도 거절을 당했고, 이유는 "이거
는 교양 프로가 아니다." 그다음에 "지상파 플랫폼에 맞지 않는다."
그다음에 "재미가 없다." 여러 가지 이유로 리젝트가 돼서 제가 "넷
플릭스에 내보게만 해 주십시오." 그래서 "내보는 건 해 봐라."해서
냈는데 된 거죠. 그래서 시작이 됐어요.

홍: 당황스러웠나요, 아니면 기뻤나요?

장: 너무 기뻤죠. 이메일을 보내고 나서 한 2~3주 정도 지나서 답장이
와서 만나자고 했고, 구체적인 설명을 한 뒤에 그 자리에서 "오리지
널 시리즈로 한 번 제작해 봅시다."라는 말이 나와서 그날부터 시삭
이 된 거죠.

질문 ③

홍: 그렇군요. 어떻게 보면 이게 예능이라고 보기보다는 리얼 다큐잖아
요. 본인은 그걸 어떻게 보고 계세요?

장: 저는 사실은 장르에 대한 아이디어는 없어요. 이게 예능인지 교양인
지에 대해서는 저는 생각을 안 하고요. 그렇기 때문에 외부에서 봤
을 때 분류하기에 편한 거죠. 그렇지만 저는, 애초에 제가 하고자 했
던 게 장르의 어떤 한 카테고리에 딱 분류되는 게 아니라…. 저는 예
능을 해 보지 않은 사람이고 다큐를 해 본 사람이니까 제가 할 수 있
는 새로운 형태의 문법이 있을 거라고 생각을 했고 그거를 강화해서
살려 보겠다고 설득을 했고요. 그래서 말씀하신 것처럼 어떻게 보면

휴먼 다큐적이거나 자연 다큐적인 요소가 굉장히 강하게 묻어 있을 수밖에 없었고. 그래서 저는 〈피지컬〉을 어떤 콘텐츠다, 어떤 포맷이다라고 정의하고 싶지도 않고 정의할 수도 없어요. 그런데 넷플릭스나 편성 또는 심사하시는 분들 입장에서는 "이거는 예능이지."라고 보시는 것 같아요. 근데 또 이렇게 막판에 논란도 있고 이슈도 있고 하다 보니까, 사람들이 댓글 단 거나 저한테 연락해 오시는 분들 표현 중에 재밌는 거는 "이건 뭐 예능도 아닌데 이렇게 만드셨어요?" 이런 표현도 되게 재밌었어요.

저는 사실은 속으로는 '예능이긴 한데?' (웃음) 이런 생각을 하면서도 '시청자들이 우리 프로를 그렇게 봐 주셨구나.' 이런 생각을 많이 하게 됐죠.

홍: 아마 예능도 마찬가지일 거예요. 예능에도 뭔가 좀 더 결함이 없는 경쟁을 원하는 건 사실이니까….

장: 그렇죠. 그런데 넷플릭스는 필름이냐 TV쇼냐 그냥 이렇게만 큰 틀로 구분하더라고요. 아니면 스크립트냐 논스크립트냐 이렇게만 하니까 사실 우리가 예능과 교양의 장르를 구분하는 것도 다시 봐야죠.

질문 4

홍: 그러면 처음에 이걸 기획을 하셨을 때 이 프로그램을 통해서 어떤 이야기를 담고 싶었는지 궁금해요. 대중에게 콘텐츠를 통해서 어떤 애기를 좀 환기하고 싶었나요?

장: 코로나19 이슈도 있었고, 몸이나 건강에 대한 사람들의 관심사가 굉

장히 뜨거웠던 타이밍이었고, 그로 인해 다양한 주제와 이야기들이 나오는 그런 상황이었어요. 그런데 그 와중에도 뭔가 획일화되는 것 같은 느낌을 많이 받았어요. "좋은 몸은 이런 몸이지." "강한 몸은 이렇게 생긴 몸이어야지." "이런 몸은 안 되지." "이런 몸은 약하지." 다양한 토론이 활성화됨과 동시에 그 토론이 뭔가 다양화된다기보다는 하나의 답을 향해 가는 것 같은 느낌이 들었어요. 결정적인 게 제가 헬스장을 다니는데, '베스트바디'라고 해서 굉장히 많은 지원자의 다양한 몸이 걸려 있는데 그중에 1등을 뽑는 거예요. 근데 그게 저는 굉장히 황당하게 느껴졌고 동의할 수가 없었어요. 그럼 이런 것들을 다시 한 번 볼 수 있는, 다시 한번 얘기해 볼 수 있는 프로그램을, 그런 큰 메시지를 던져 보자.

홍: 몸에 대한 새로운 다양성 말인가요?

장: 우리가 얘기하는 좋은 몸, 완벽한 몸이라는 게 정말 맞는가? 그래서 제가 그때 한 줄 정리한 게 '가장 완벽한 피지컬이란 무엇인가?'라는 한 줄을 가지고 프로그램을 만들어서 이 논쟁에 대해서 얘기하고 칭찬하고 욕하다 보면 우리가 가지고 있던 많은 편견이나 추측들이 맞기도 하고 틀리기도 하구나라는 거를 전 세계인이 이야기할 수 있지 않나? 그런 생각을 했고 그런 생각을 시청자들도 하면 좋겠다 생각했어요.

홍: 본인이 생각하는 것들이 프로그램을 통해서 잘 이루어졌다고 생각하시나요?

장: 아쉬운 점도 많았는데요. 그래도 많은 대화거리가 나왔다고 생각하고 특히 여성 참가자들이 남성과 동등하게 경쟁한 거죠. 몇 가지 체급을 나누어 주지 않았다라든지 저희가 어떻게 보면 과감한 도전 같은 부분들, 그런 부분들로 인해 다양한 대화가 시작됐다라는 것들은 어떻게 보면 나름의 의미 있는 부분이라고 생각을 하고, 전 세계적으로 반응이 있었다라는 것도 나름의 제 꿈, 희망대로 된 부분이 있지 않나 그렇게 생각해요. 그런데 어쨌든 이게 저희가 어느 정도의 각본을 가지고, 예상을 가지고 갈 수 있는 포맷이 아니다 보니까 솔직히 방송쟁이 입장에서는 "이렇게 결과가 나왔으면 더 좋았을 텐데." "이 사람이 살았으면 더 좋았을 텐데." 그런 것들은 계속 있었죠. 근데 또 그런 것들이 파괴되는 과정들이 어떻게 보면 우리 프로그램을 더 살린 것도 있는 것 같아요. "저 사람이 떨어진다고?" "어떻게 저 사람이 붙지?" 이런 것들이 오히려 더 좋은 의미가 됐던 것 같아요.

넷플릭스는 최고의 퀄리티 위해 지원을 제공하는 플랫폼 기업

질문 5

홍: 넷플릭스 매니저가 인터뷰한 걸 보니까 넷플릭스하고 계약이 이루어져서 일을 하게 될 때 굉장히 다양하게 지원한다고 하던데, 어떻던가요?

장: 넷플릭스는 다양한 아웃소싱을 많이 하니까. 내부에 크리에이터들이 있는 게 아니라서… 어쨌든 다 외부에 있는 크리에이터들과 협업을 하는 거잖아요. 투자를 하는 투자사의 개념인 거고, 그러다 보니

까 어떤 크리에이터가 오더라도 상당 수준의 퀄리티의 콘텐츠를 제
작할 수 있게끔 그리고 그들이 필요로 하는 규격에 맞는 콘텐츠를
납품할 수 있게끔 굉장히 시스템이 잘 갖춰져 있어요. 그러니까 저
를 특정해서 개인에게 맞춰줘서 뭘 잘해 준다는 게 아니라, 이미 굉
장히 좋은 시스템이 갖춰져 있어서 제가 그냥 그 안에 들어가서 착
착 진행할 수 있게끔 한다는 거죠. 제가 마치 넷플릭스에 5년, 10년
다녔던 사람인 것처럼 바로 시스템을 이용할 수 있게끔 하는 노력들
을 굉장히 많이 하고 있습니다. 그런 부분들이 굉장히 세세한 파트
별로 다 적용이 되고, 콘텐츠를 만드는 데 제가 집중할 수 있게끔 시
간과 비용을 보장해 줌과 동시에 이런 시스템을 적용해 주기 때문에
굉장히 지원을 많이 받았다라고 느낄 수가 있죠.

홍: 지금 말씀하신 것 중에 좀 더 구체적인 사례 하나만 말씀해 주세요.
가장 크게 와닿았던 것은 무엇인가요?

장: 콘텐츠를 만드는 과정이 같이 만드는 개념에 가까워요. 이 프로그램
을 보통 우리가 투자사나 제작사, 배급사의 입장에서 보면 투자사들
입장에서는 어떻게든 타이트하게 운영을 시키고 감시하는 성향이
많이 강할 수밖에 없는데, 넷플릭스는 투자자인 동시에 공동 제작사
의 느낌도 강해요. 그래서 정말 이 콘텐츠가 잘 나오기를 바라는 마
음이 있어서 촬영 단계부터 그렇다고 막 통제하거나 필터링한다기
보다는 더 좋은 시스템을 소개해 주고 더 좋은 벤더들을 소개해 주
죠. 그다음에 퀄리티를 높이기 위해서 많은 개선 아이디어를 제시해
주고, 스케줄 안에서 뭔가 합리적인 제작을 할 수 있게끔 그런 것들
에 대한 의견을 많이 주고, 그다음에 좋은 퀄리티를 만들기 위한 선

진 시스템에 대해서도 많이 알려 줘요. "이런 카메라를 사용하면 좋다." "이렇게 수정하면 좋다." "보정할 때 이렇게 하면 어떨까요?" 의견을 많이 주고요. 특정한 어떤 점이라기보다는 그냥 같이 물을 타고 가듯이 스르륵 지나가는 것 같아요. 그래서 약간 전우애 같은 그런 게 많이 생겨요.

홍: 그러니까 그런 얘기 많이 하잖아요. 〈오징어 게임〉이 나왔을 때 KBS에서 그걸 못 만든 이유는 "심의 때문에 그렇다." "예산 때문에 그렇다." 이런 얘기를 많이 하는데 지금 들어 보면 그보다도 더 중요한게 제작의 서포트라든지 뭐 이런 체계, 시스템이라고 하는 게 지상파하고 다른 거네요. 그런가요?

장: 완전히 다르고요. 일단은 KBS, MBC에서 왜 〈오징어 게임〉을 못 만들었냐는 질문은 진짜 다각도로 봐야 되는 거예요. KBS, MBC 입장에서는 〈오징어 게임〉 같은 극본은 재미없는 거예요. 그냥 모든 게 다 해석이 필요해요. 이 기획안을 할지 말지를 판단하는 시스템부터 그 기획안을 빛나게 할 수 있는 투자에 대한 마인드, 실제로 투자할 수 있는 여력, 그다음에 완성도를 높일 수 있는 시스템까지 지상파에는 전혀 없죠.

홍: 그러니까 심의만 풀어 주면 된다고 하기도 하는데…. (웃음)

장: 심의는 (웃음) 문제가 아니라고 생각해요.

홍: 좋은 지점을 제가 확인했습니다.

장: 이게 정말 많은 차이가 있어요. "이거는 왜 KBS에서 못 했지?" "이거
는 왜 MBC에서 못 했지?" 이거는요, 정말… 너무 많은 이야깃거리
가 되고 있는데요. 마치 "이거 하나만 있었으면….." 그런 차원이 아
니에요. 이미 태생부터가 완전히 다른 길을 지향하고 있고 있어요.
아예 프로젝트의 시작점부터 지상파와 OTT가 지향하는 바가 다르
고 요구하는 바가 다르고 바라는 바가 다른 상태에서 시작됐죠. 이
미 완전히 다른 길로 향해 가는 거라서 그렇죠.

OTT 시대에 지상파는 개념 재정의하고 구성원의 내재화 필요

질문 6

홍: 그러면 종편에도 계셨고. 지상파 또 넷플릭스에서도 일을 해 보셨는
데 지상파가 바뀌어야 될 것들이… 가장 시급하게 바뀌어야 될 게 뭐라
고 생각하세요?

장: 가장 중요한 거는요. '지상파가 도대체 무엇인가?'에 대해 정의해야
되거든요. 지상파 안에서도 '지상파가 도대체 무엇인가?'에 대한 정
의가 조직원마다 다 달라요. 그리고 밖에서 보는 지상파, 공영방송
혹은 지상파 내부에서 보는 지상파, 실무자가 본 지상파, 관리자가
본 지상파, 사장이 보는 지상파가 모두 달라요. 그러니까 한 방향으
로 발전할 수가 없는 거예요. 여기서부터 사회적인 합의가 이루어
져야 되는데…. 〈오징어 게임〉을 KBS에서 만들었다고 했을 때, 누
군가는 "KBS에서 〈오징어 게임〉을 왜 만들었냐?" 〈피지컬〉만 봐도
그렇잖아요. 글로벌 1위 했고 좋은 성과가 많이 나왔고 화제도 많이

됐는데도 지금도 MBC 안에서는 "〈피지컬〉을 우리가 왜 만드냐?" "뭐가 남냐?"라는 얘기가 나와요. 근데 그게 틀린 말이라고 생각하진 않아요. 저는 그런 주장에 대해서 충분히 할 수 있는 주장이라고 생각해요.

그러니까 이게 사실은 앞으로 지상파가 매년 〈피지컬〉, 〈오징어 게임〉, 〈더 글로리〉 같은 콘텐츠를 만들 수 있느냐라는 질문을 하기 전에, 만들어야 되느냐부터 시작해야 된다고 생각하는 거죠. 그게 합의가 돼야죠. 그래서 만약에 "〈아침마당〉 같은 것도 만들고 누군가는 〈오징어 게임〉도 만들어야지."라고 하는 이 정도라도 합의가되어야 '지상파가 어떻게 하면 그런 걸 만들 수 있는가?'라는 질문으로 넘어갈 수 있는 거라고 생각해요. 지금 그 질문을 하기도 훨씬 전이에요, 제가 볼 때는.

"KBS, MBC가 왜 필요하죠 지금?" 거기서 시작되는 거죠. KBS, MBC를 제가 비하하고 싶은 마음은 없지만 1조 원, 10조 원을 갖다 줘도 〈오징어 게임〉은 못 만들어요, 제가 생각했을 때는. 왜냐하면 10조 원을 어떻게 쓰느냐, 이걸로 어떤 타깃팅을 할 건지부터가 〈오징어 게임〉의 시작점이 되는 겁니다. KBS, MBC, SBS는 뭐 돈이 문제라고 생각할 수 있는데, 물론 중요한데, 1년 예산이 크잖아요. 그 돈을어떻게 쓰느냐의 문제인 거지, 돈이 없다는 거는… 저는 비전의 문제라고 생각해요. 돈은 솔직히 넷플릭스보다 더 많을 거예요.

질문 7

홍: 그런데 이번에 제작하시면서 제작비, 스태프, 제작 기간 이런 것들을 어떻게 짜셨나요?

장: 일단은 기획안을 놓고 이 기획안을 잘 만들기 위해 어느 정도의 예산과 어떤 스태프, 어느 정도의 기간이 필요할지를 넷플릭스랑 협의를 먼저 하죠.

그다음에 그 협의된 내용을 바탕으로 어느 정도 예산을 짜고 팀을 꾸려서 진행을 하다가 "이거 좀 더 필요하네요." 하면 또 합의를 통해서 조금 더 늘릴지 말지를 합의하고 이런 식으로 가요. 처음에 큰 틀을 짜긴 하는데 이게 또 쉽지는 않더라고요.

드라마면 대본이 다 나와 있고, 만약 제가 하던 교양 다큐 영역이면 대충 보면 감이 오는데, 또 새로운 포맷이고 새로운 형태로 하겠다라고 하니까 새로운 만큼 예상이 안 되는 거죠. 그런 부분이 조금 어려웠던 것 같아요. 넷플릭스도 이런 논스크립트? 쉽게 얘기했을 때 예능 형태의 장르의 콘텐츠에 이렇게 많은 투자를 해 본 적이 없어요. 그래서 그 부분이 좀 쉽지는 않았어요.

홍: 스태프들은 어느 정도의 규모였죠?

장: 스태프 수는 거의 드라마, 영화 수준으로 팀이 꾸려졌기 때문에 제가 마지막에 한번 세어 봤는데 한 400명 정도 되더라고요. 키 스태프는 적지만 그래도 촬영에 참가하시고 다양한 형태로 도움을 주신 분들은 다 합치면 400명.

홍: 거의 영화 스태프네요. MBC의 기술 스태프들도 참여했습니까?

장: 몇 명이 참여했고, 저는 최대한 MBC 인프라나 인력들과 많이 같이 협업하기를 원했죠.

홍: 그런 질문들이 있었잖아요. 만약에 이거를 IP(Intellectual Property, 지적재산)도 다 주고 예산 지원받는 것뿐인데 "MBC에 남는 건 무엇인가?" 하는 얘기가 있었는데… 제작 경험 같은 게 남는 건가요?

장: 제작 경험이 남고요. 제작 경험은 당연히. 글로벌한 가장 고퀄리티의 콘텐츠로 평가받는 넷플릭스 오리지널 시리즈를 제작해 보고 그들의 시스템을 같이 경험해 볼 수 있다라는 거는 굉장히 무형의 자산이 될 수 있는 거고 실제로도 적지 않은 영업이익이 나오고요.

MBC는 킬러 콘텐츠를 만들 수 있다는 무형의 가치 획득

홍: 그래요?

장: 뭐 어떻게 보면 적을 수도 있는데 어떻게 보면 또 클 수도 있는 거죠. 순수 영업이익금도 있는 거고. 그다음에 저는 되게 무형의 가치가 있다고 생각하는 게 MBC라는 올드한 플랫폼에서 이런 콘텐츠를 만들 수 있다는 거죠. 그 당시에 박성제 사장의 비전은 지상파 플랫폼을 소유한 글로벌 미디어 그룹이잖아요. 그런 비전을 당연히 가질 수가 있고, 실제로 〈피지컬〉이 론칭됐을 때 iMBC 주식이 연초 대비한 40% 올랐었어요.
그런 것들은 "뭐가 남았어?"라는 질문에서 잘 안 보일 수 있는 것들인데 저는 그게 되게 중요하다고 생각했거든요. 사람들이 MBC를 보는 시선이 달라진 거고요. 사양 산업이었던 지상파의 주식이 상승했다는 것이 시사하는 바가 크다고 생각해요. 다만, 당장 봤을 때

"그래서 우리 곳간에 쌀가마니가 몇 포대가 들어 왔고 몇 자루가 들어왔는가?" 그런 질문에 대해서는 취약할 수밖에 없는 거죠. 적어도 막판까지 계속 비교한 거예요. "〈나 혼자 산다〉는 일 년에 얼마를 버는데 너는 얼마를 벌었어?" 그런 비교죠. 그게 발전을 막는 거라고 생각해요.

홍: MBC의 인프라와 스태프들을 참여시켰다고 그러셨는데 구체적으로는 어떤 분들이 MBC에서 들어갔나요?

장: 일단 PD가 들어갔고 그다음에 운영 부서에 있는 직원분이 이런 행정적인 부분이나 예산 부분을 도와주었죠. 그다음에 영상부 쪽의 영상부 선배가 사실은 카메라 촬영하는 분이었던 걸로 알고 있는데, 〈먹보와 털보〉라는 이전의 프로젝트에서 테크니컬 프로듀서 역할을 맡았어요. 넷플릭스에서 요구하는 그런 규격이라든지 어떤 절차, 이런 것들이 굉장히 까다로워서 그분이 한 번 경험을 하셨기 때문에 똑같이 테크니컬 프로듀서로 오셔서 그 일을 했죠. 어떻게 보면 되게 소수예요. TF 팀을 꾸렸는데 TF 팀이 7명인가밖에 안 됐어요. 그런데 만약에 MBC에서 OTT와 그런 콘텐츠 제작이 중요하다라고 했으면 훨씬 더 많이 투자했겠죠. PD도 더 많이 붙었고 더 많은 분야에서 후반 포스트 팀이라든가 다양한 분야에서 더 많이 할 수 있었겠죠. 그런데 그런 부분에서 합의가 안 됐죠.

홍: 다소 소극적으로 진행된 거네요.

장: 왜냐하면 또 실제로도 바쁘고, MBC를 운용해야 하는 편성표를 채워

야 하는 역할도 굉장히 중요하고. 제가 뭐 "왜 사람 안 줘요?" 할 수
는 없는 거잖아요.

질문 9

홍: 어쨌든 조성현 PD님하고 두 분의 프로가 굉장히 화제가 됐고 사회적
으로 이렇게 큰 이슈가 됐는데, 동료 교양 PD들 사이에서는 어떤 반
응이었나요?

장: 되게 좋게 보는… 그러니까 연차별로 다른 것 같아요. 저보다 훨씬
선배 분들은 제가 또 퇴사하기까지 했으니 "정말 이거 하는 게 맞
나?"라는 회의적인 의견이 많았을 수 있을 것 같아요. 다만, 저나 저
보다 후배들은 "하나의 희망을 보았다." "지상파의 위기를 극복할 수
있는 어쩌면 하나의 옵션이 될 수 있는 그런 것 같다." 특히 교양 PD
입장에서는 더더욱. 교양 PD가 가지고 있는 한계가 많은데 그런 어
떤 새로운 옵션이 될 수 있는 거에 대해서 긍정적으로 보는 평가가

많았어요.

홍: 간부들하고 젊은 PD들 사이에 의견 차이가 있군요. IP를 구체적으로 어떻게 계약을 한 건가요?

장: 그냥 모든 IP는 넷플릭스에서 가지고 있어요. 어떻게 보면 저는 그냥 IP의 영혼을 제가 가지고 있는 거고, 법적으로 실질적인 IP는 넷플릭스에 있어서 제가 어떤 요구할 수 있는 건 없어요. 그렇다고 강압적으로 모든 걸 다 가져가겠다는 서명을 요구하고 그런 것은 아니지만, 어쨌든 IP는 넷플릭스에서 가져갈 수밖에 없게 되어 있죠.

단순한 방송 콘텐츠를 넘어 올림픽과 같은 문화로 발전하길 기대

홍: 근데 또 비슷한 콘텐츠 〈사이렌〉도 이번에 다른 PD가 만드시는 것 같고 또 시즌 2를 기획을 하고 계시는 거죠? 다른 버전으로 어떤 걸 기획하고 계십니까?

장: 〈피지컬: 100 시즌 2〉를 넷플릭스와 협의하고 있어요. 원래 최초 기획안 자체가 〈피지컬: 100 시즌 1, 2〉를 하면서 피지컬 아시아, 피지컬 월드… 글로벌한 확장을 하자는 것이 최초의 기획입니다. 만약 협의가 잘 마무리되고 성과도 잘 나와 주면 그런 식으로 좀 확장하고 싶어요. 아시아인들이, 전 세계인들이 모여서 새로운 형태의 올림픽 같은 그런 문화로까지 발전했으면 해요. 단순한 콘텐츠를 넘어서 전 세계가 공유할 수 있는 어떤 하나의 경험과 새로운 체험과 문

화를 만드는 게 제 꿈이에요. OTT가 현재 가장 메이저 플랫폼이지만, 제가 생각하는 차세대 플랫폼은 그냥 문화 같은 거예요. 사람들과 사람들 사이에 온오프라인으로 다 이야기가 될 수 있는 어떤 하나의 문화 자체가 되는 거죠. 미래의 플랫폼이 될 수 있고. 피지컬을 잘 확장시키면 가능할 수 있다고 생각하거든요.

홍: 그럼 시즌 2 이후로는 어떻게 보면 IP에 대해서는 또 어느 정도 확보를 하실 계획인가요? 어떤가요?

장: 그거는 정말 쉽지 않은 영역인 것 같고요. 그래도 넷플릭스가 성과를 내기 시작했기 때문에 넷플릭스도 아마 고민이 많이 있을 거예요. 〈오징어 게임〉부터 시작된 고민들이. 저도 조금씩 뭔가 요구할 수 있는 부분이 있거나 서로 윈윈할 수 있는 부분이 있으면 끊임없이 의견을 던지려고 해요. 갑자기 저도 너무 제 목소리만 내고 싶은 마음은 없고요.

질문 10

홍: 기획이 다 끝나고 제작하실 때 또 연출자로서 가장 내가 이 프로를 연출할 때 중요하게 생각하는 것, 이것에 대해 정말 연출의 콘셉트으로 꼭 가야겠다라고 하는 게 있었나요?

장: 기존에 보던 예능 프로그램과는 완전히 다른 시청각 경험을 선사해야 된다. "이거는 정말 리얼리티 같기도 하고 영화 같기도 하고 드라마 같기도 하고, 이건 뭐지 대체?" 이런 충격을 주고 싶었어요. 그래서 모든 걸 다 백지로 놓고 시작을 했고, 저희 프로젝트에 참여해 주

신 의상 감독님, 미술 감독님, 음악 감독님… 다 이런 예능 프로가 처음이에요. 다 영화, 공연, 뮤지컬, 드라마 이런 쪽에서 오신 분들이어서 뭔가 도전을 하신 거죠.

홍: 학생들에게 중간고사 과제로 〈피지컬: 100〉, 〈더 글로리〉 두 개의 콘텐츠를 보고 비평을 해 보라고 했어요.

장: 영광이네요. (웃음)

좋은 콘텐츠란 다양한 대립되는 의견이 나오고 방향성을 띠는 콘텐츠

질문 **11**

홍: 학생들은 여성주의 관점에서 여성의 비율이 너무 적다. 남녀 구분이 없다면 좀 더 많은 비율을 해야 되고, 또 미디어에서 많이 보도됐던 것들… 퀘스트 자체가 여성들이 우승하기 쉽지 않은 그런 얘기들을 하던데 거기에 대해서는 어떻게 생각하세요?

장: 그런 질문들을 사실 저도 많이 받았어요. 근데 저도 되게 많은 생각을 가지고 있지만 물리적인 평등은 좀 다르게 해석해야 한다고 생각해요. 원초적인 부분이잖아요. 가장 강력한 피지컬을 뽑는 데 우리가 내세운 나름의 기준을 통과한 사람의 비율이 실제로 이 정도 됐던 거죠. 만약에 우리가 정말 평등이라는 이유로 50 대 50으로 갔다면, 저는 그게 정말 진정한 의미의 평등에 해당될까라는 생각을 또많이 했었어요.

엄밀히 봤을 때 이 여성분과 이 남성분이 피지컬로만 놓고 봤을 때 정말 50대 50으로 동등하게 볼 수 있는지도 저희가 무시할 수 없는 거고. 그러니까 여성이 왜 숫자가 적죠? 실제 우리는 피지컬을 놓고 비교하고 경쟁시켜 봤을 때 통과한 사람의 숫자가 정말 그랬던 겁니다. 그냥 이거는 실질적으로 저희의 평가가 그랬던 것입니다. 그냥 이렇게 말씀드릴 수밖에 없을 것 같아요. "여자분을 왜 섭외해야 되냐?" 그런 의견도 많았어요. 솔직히 말해서 "A 씨, B 씨가 이 프로에 낄 피지컬이 됩니까?" 그런 질문도 많이 받았죠. 한편에서는 또 "왜 여성은 이렇게 적습니까?" 하지만 어쨌든 저희가 생각할 때 다양한 피지컬, 완벽이라는 주제에 대해서 이야기를 해 볼 수 있는 형태의 어떤 특성을 가진 피지컬만 놓고 정말 냉정하게 평가했을 때 자연스럽게 이런 비율이 나오는 거죠.

또 근본적으로 저는 이런 질문도 담아 봤어요. "누가 남자고 누가 여자야? 그러면 트랜스젠더는 나오면 안 되나요?" 사실 그런 질문까지도 올라갈 수 있다라고 생각해요. 인간의 몸이라는 소재가 단순히 남성, 여성을 놓고 보기에는 이미 훨씬 더 윗단에서 우리가 던질 수 있는 질문들이 많다 보니, 이런 걸 다 생각했을 때 너무 많은 제약과 문제가 있기 때문에 저희는 그냥 딱 그 한 줄만 생각하기로 했어요. 다양한 피지컬을 모아 놓고 가장 완벽한 피지컬을 탐구해 보는 프로다. 거기에 맞는 피지컬을 굳이 성별을 생각하지 말고 모아 보자 했을 때 나온 것이 저희가 내놓은 결과물이죠.

아무튼 저희가 이걸 했을 때도 그런 생각을 많이 했어요. 분명히 논란이 나올 거고 여성이 적다는 사람도 있을 거고 많다는 사람도 있을 거고, 이 사람이 여자 맞느냐라는 사람도 있을 거고, 실제로 그런 논의가 나왔고 저희가 노이즈를 하려고 하는 건 아니지만, 제가 생각할 때 그런 다양한 의견이 나오고 그 의견들이 대립하면서 좋았던 점 나쁜 점들이 얘기가 되고 어떤 방향을 제시하는 게 저는 의미 있는 콘텐츠라고 생각을 해요. 모두가 동의하고 모두가 불만 없는 콘텐츠는 오히려 큰 의미가 없다고 생각해요. 이야깃거리가 있어야 된다.

가상의 운영자가 제안할 것 같은 무대와 퀘스트를 상상하며 제작

질문 12

홍: 그러면 그 참가자 100명을 뽑는 그 과정은 어땠나요?

장: 정말 다양한 피지컬을 상상해서 카테고리를 만들었고요. 큰 몸, 작은 몸, 날씬한 몸, 유연한 몸, 딱딱한 몸. 표현이 부적절할 수 있지만 검은 몸, 하얀 몸, 노란 몸. 정말 원초적으로 접근했을 때 털이 많은 몸, 적은 몸. 정말 다양한 카테고리를 만들어 놓고, 이 다양한 몸에 부합하는 사람들, 다양한 형태의 직업, 다양한 성과를 가진 사람들을 최대한 많이 모아 놓은 다음에 좁혀 들어가는 거죠. 뭔가 몸이 할 수 있는 말이 많다, 이 몸은 몸만으로도 이야기가 나오는 몸이다, 설명이 필요 없다 싶은 분들로 좁히면서 추려 나간 거죠.

홍: 처음 모집 단위라고 할까요? 처음에 뽑은 1차 몇 명에서 이렇게 그 과정을 거친 건가요?

장: 그렇죠. 일단은 말씀드린 것처럼 정말 동물적인 분류를 통해서 천 명 가까이 리스트 업을 해 놓은 다음에 좁혀 나가고, 최종적으로 면

접도 하고 그래서 더 좁힌 다음에 저희가 나름 출연자를 검증하는데, 도덕적인 부분이나 이력에 대한 이슈들 검증을 또 하고 또 하고 해서 최종 100명을 선발을 했죠.

홍: 아무래도 그래서 통과한 여성이 적은 것이네요.

장: 그 과정을 하다 보니까 저희가 "우리는 여성은 20명만 합시다." 그런 게 아니에요. 그냥 다 열어 놓고 진행했더니 최종적으로 딱 그 정도가 되더라고요.

질문 13

홍: 그리스 로마 신화라고 하는 포맷 콘셉이 들어가 있는 게 굉장히 독특하고, 이게 정말 약간 문화적인 고려가 있는 고민을 많이 했겠구나라는 생각을 했었거든요. 퀘스트도 그렇고, 어느 분의 아이디어죠?

장: 일단은 개인의 아이디어라기보다는 회의를 통해 나온 거예요. 최초의 기획을 할 때 어떤 그런 원초적인 몸의 아름다움과 원초적인 몸의 강함, 몸의 완벽함을 추구하는 어떤 운영자가 있다라는 걸 제가 콘셉트로 잡아 놨거든요. 그러면서 그 가상의 캐릭터를 제가 상상하면서, 이 사람이라면 이런 게임을 제안할 것 같다, 이 사람이라면 이런 모양을 설계해 놨을 것 같다라는 걸 제가 상상을 많이 했고, 그 상상을 뭐 미술 감독님이나 PD님들과 상의하면서 조각상의 형태, 그다음에 그거로부터 시작된 여러 가지 아이디어들을 하나의 콘셉트로 구체화해 나간 거죠. 제가 그리스 신화를 되게 좋아해요. 시지포스라든지 아틀라스라든가 이런 것들을 꼭 어떻게든 이용하고 싶었죠.

그런 것들이 반영이 돼서 하나의 큰 테마를 가지고 모티브를 가진 그런 퀘스트들을 만들어야 된다라는 게 가장 중요한 또 하나의 기획 포인트였어요. 어떻게 보면 그런 장애물 돌파하는 프로그램 많잖아요, 〈출발 드림팀〉 같은. 그냥 뭐 누가 인위적으로 만들어 놓은 것 같은 게임물, 오락물 같은 느낌이 아니라 어떤 철학을 가진 운영자가 하나의 큰 콘셉트를 가지고 가는 하나의 드라마 같은 그런 걸 유지해야 된다는 게 또 가장 중요한 포인트였어요. 그게 자연스럽게 그리스 시대의 어떤 당시의 시대상이라든가 그런 것들과 잘 맞는다라는 생각을 해서 그랬던 거 같아요.

홍: 시청자의 반응을 어떤 식으로 확인하나요?

장: 너무 많아서…. 시청률이 나오는 건 아니다 보니까 가장 기본적인 데이터는 넷플릭스에서 쉽게 하는 주간 시청 시간을 기반으로 하는 순위, 플릭스패트롤에서 내는 나름의 순위들… 그런 것들을 또 보게 되더라고요. 기사도 많이 나오고 그래서 그런 것들이 시청자의 반응이 되는 거고 각종 커뮤니티나 기사 그다음에 유튜브라든가 다양한 댓글들… TV에 콘텐츠를 냈을 때랑 또 다르더라고요. 정말 다양한 곳에서 피드백이 오고 평가가 나왔어요. 다 체크할 수 없을 정도로. 정말 똑같은 걸 가지고 누구는 너무 좋다고 하고 누구는 너무 싫다고 하고 그런 다양한 경험을 하게 되죠. 문화권에 따라서 또 다르게 평가하고. 유럽에서는 너무 좋아하는데 아시아권에서 너무 싫어하고. 연령대별로 다르고 세대별로 다르고….

홍: 만약 다음 시즌을 하게 된다면 그런 피드백이 어떤 영향을 주겠죠?

장: 영향을 줄 수밖에 없겠죠. 그런데 포괄적으로 봤을 때 큰 방향이 성립이 되는 의견들은 저도 최대한 수렴을 할 거고. 왜냐하면 어쨌든 글로벌 시청자를 대상으로 만든 프로그램이다라는 게 중요한 포인트니까 그거는 반영할 거예요. 그렇지만 말씀드린 것처럼 너무 달라요. 그래서 이 모든 의견을 제가 다 수렴하다 보면 이도 저도 안 될 것 같아요. 정말 중요한 거는 그냥 제가 하고 싶은 대로, 제가 믿었던 방식으로 고수를 하고… 그게 저희의 프로그램이라고 생각하고. 그렇지만 정말 전 인류적인 차원에서 봤을 때 모두가 일치하는 큰 방향이 있다면 그건 반영을 해야 되겠죠.

질문 14

홍: 결승전 때문에 마음고생 좀 많이 하셨죠? 준비 부족이라고 얘기를 하셨는데, 연출자로서 진솔한 마음은 어떠신가요?

장: 결승전에 올라간 두 분을 다음 주에 만나요. 결과적으로는 잘 해결하려고 노력을 했어요. 본질적으로 저희는 결코 조작을 하지 않았고, 누군가를 밀어 주기 위한 것도 없었고, 기사에 나간 것처럼 누군가가 부당하게 경기를 중단시키고… 그건 사실 팩트는 아니에요. 저희 입장에서는 팩트가 아닌 부분은 명확히 팩트가 아니라는 정정이 필요해요. 근데 결과적으로 봤을 때 중요한 거는 출연자의 정서, 그의 기억, 그것도 중요한 거라서 그 부분은 그 부분대로 접근해야 될 것 같고. 저희가 어쨌든 녹화를 완벽하게 준비를 못한 건 맞아요. 그 부분에 대해서 저희가 사과드릴 부분은 사과드리면 되고요. 아무튼 되게 복잡한 시선들이 뭉친 것 같아요.
방송 사고, 녹화 사고거든요. 오디오를 쓸 수 없을 정도의 굉음이 많

아서 저희가 이건 쓸 수 없다고 판단해서 다시 촬영을 하게 된 건데, 근데 그건 사실은 예능 촬영장에서 있을 수도 있는 일이잖아요. 그런데 시청자 입장에서는, 우리 프로를 관심 있게 봐 주시는 분들 입장에서는 그런 모든 과정도 사실은 다 방송에 들어갔어야 된다는 거고… 그게 다 안 들어갔기 때문에 어떠한 의미에서는 조작이 맞고… 저는 그런 비판도 받아들였고 그런 비판도 가능하다고 생각을 해요. 그런 것들이 다… 혹시 다른 프로그램을 만들 때, 시즌 2를 만들 때 어느 정도 반영이 돼야 되는 게 바로 그런 거라고 생각을 하고요. 그렇지만 저희는 절대 조작하지 않았고 처음 나간 기사는 잘못됐고 저는 지금 언론 중재를 하고 있습니다. 정정보도를 요청하고 있어요. 정정보도 요청을 계속하고 있고 지난주에도 있었고 다음 주에도 있고…. 음모론 같은 게 유튜브를 통해서 많이 나가는데 유튜브는 언론 중재의 대상이 아니에요. 그런 게 괴롭더라고요.

홍: 그러니까 이게 경쟁인 거잖아요, 오디션 프로그램. 근데 거기에 묘하게 약간 협동이라든지 이런 느낌도 좀 있었잖아요. 의도하지 않으셨다고 하셨는데 그거 정말 의도를 안 한 건가요?

장: 사실은 강력한 서바이벌을 예상했고, 서로가 다 죽일 듯 달려들 것 같았어요. 근데 그게 참 묘하더라고요. 스포츠 정신이라는 게 뭔지 참. 팀을 짜서 생긴 것도 있고 그냥 사람들 자체가 패배나 승패를 바로 인정하고 그 승패에 대해 존중하고, 내가 지더라도 승자를 존중해 주고 인정해 주고 그리고 뭔가 내 승리와 나의 이익을 위해 동료들을 배신하거나 깎아내리거나 이런 것들을 극도로 배제하고, 그런 모습들이 예상보다 훨씬 더 크게 나오더라고요. 제가 뭐 "이렇게 하면 쟤네들이 팀을 짤 거고 자기들끼리 서로 협심할 거야."라든지 이런 걸 예상하고 의도하지는 않았어요.

홍: 철저히 경쟁을 할 거라고 생각을 한 거군요.

장: 정말 승리를 위해서라면 무슨 짓이라도 할 것 같았어요. 그랬는데 물론 그런 사람도 있었지만 그 이상의 어떤 새로운, 예상치 못한 모습들이 나와서 외국에서 반응이 되게 좋더라고요. 그 부분에 대해서 어떻게 보면, 그런 서바이벌 하면 가장 기본적인 게 갈등인데 저희가 그런 갈등을 계속 만들어 내기 위해 어떤 장치를 만들지 않았기 때문에… 방에 밀어 넣으면서 "저 방에 가서 얘기 좀 해 보세요." 이런 것을 전혀 하지 않았기 때문에…. 주선하고 그런 것들을 하는 프로그램도 있으니까. 저는 그런 게 저희 프로그램에 맞지 않다고

생각을 해서 그런 것들을 배제하고 정말 그냥 승부만 던져 주게 되는…. 그래서 어떻게 보면 그런 예상 밖으로 서로 박수 쳐 주거나 포옹하거나 자기가 희생하고 그런 게 나오는 게 아닌가 생각해요.

홍: 학생들의 비평 중에 그 얘기가 있었어요. "일종의 자기 개발의 담론, 자기 자신을 스스로, 이렇게 몸을 가꾸지 않으면 생존 경쟁에서 뒤처진다라는 그런 이데올로기 때문에 사람들이 자기 몸이 약한 거를 제 탓으로 자기 탓으로 개인 탓으로 돌린 거다." 이런 얘기를 한 학생도 있었어요. (웃음) 연출자로서 그 말씀에 대해서 어떻게 생각하시나요?

장: 그런 다양한 이데올로기가 있다고 생각해요. 그런데 좀 더 구체적으로 비평을 제가 알면 의견을 드릴 수 있을 것 같은데….

홍: 자기 몸을 깨는 거나 이런 거, 그것도 결국은 자기가 자기를 무너트려야 되는 그런 걸로 해석을 한 거죠.

장: 그런 장치를 만들어 놨죠. 되게 심혈을 많이 기울였던 거예요. 자기 몸을 파괴하게 하는 거는 기본적으로는 드라마나 영화에서 보면, 어쨌든 실패는 죽음이잖아요. 그런 거에 익숙해져 있는 시청자들에게 그에 준하는 자극을 줘야 되는데 그렇다고 저희가 출연자를 해할 수는 없잖아요. 그것에 준하는 게 뭘까 했을 때 이 사람들에게 가장 중요한 것을 빼앗고 "그게 뭐야?" 했을 때, 이 사람의 몸이잖아요. 그 몸을 빼앗자.

홍: 아, 박탈요?

장: 박탈하자. 그럼 더 자극적으로 더 의미를 부여할 수 있는 게 뭘까 하면 그걸 스스로 파괴하자. 제가 인터뷰 때 많이 하는 거는 도자기 굽는 장인들이 자기 도자기를 깨 버리잖아요. "이거는 완성되지 않았어", 그런 걸 모티브로 가져간 거죠. 그 한 장면에서 굉장히 많은 서사가 나왔다고 생각해요. 그래서 실제 녹화할 때 차마 내가 이걸 못 깨겠다고 하는 사람도 있었어요. 그래서 1시간 정도 시간을 달라고 해서 마음을 정리하고 와서 자기 토르소와 포옹하고 나서 깨고 갔어요. 그 정도였어요. 그래서 이 장치가 잘 된 장치구나라고 확신했죠.

홍: 그런 게 방송에 나왔으면 좋았을 텐데 아쉽네요.

장: 아, 좀 나오기는 했어요. 나름 담기는 했는데 카메라 왼쪽에 있는 데서 걸어서 잡고 하다 보니까 한계가 있었죠. 나름 그래도.

홍: 보면서 '굉장히 세련된 연출을 했구나.'라는 생각을 했습니다.

장: 그게 어떻게 보면 저희의 시그니처가 됐고 시즌이 이어진다면 계속 그거는 핵심으로 가져가야죠. 자기가 생각하는 완벽한 몸이 있고, 자기가 도전했던 완벽한 몸이 있었을 거고, 저희는 그걸 탐구해 보는 거고. 거기에 이르지 못했을 때 그걸 자기가 어떻게 받아들일 것인가, 그걸 보는 거죠.

질문 16

홍: 아까 처음에 얘기하셨던 몸의 다양한… '좋은 몸에 대한 다양한 정
   의를 탐색해 보자.' 이거하고 또 '누가 제일 센 몸인가? 치열한 경쟁
   을 통해서' 이 두 개가 어떻게 연결이 될까요?

장: 처음에 제가 기획안을 쓸 때 제일 고민한 게 그거였어요. 가장 강력
   한 피지컬로 할 거냐. 그래 놓고 보니까 결국에는 그냥 근육맨들을
   위한 프로가 될 것 같은 거예요. 그거는 너무 많이 봐 왔던 거고 너
   무 예측이 가능한 거고. 새로운 담론이 필요하다 했을 때 두 글자만
   바꾸니까 새로운 담론이 완성되었어요. 가장 '강력한'을 가장 '완벽
   한'으로. '완벽하다'라는 질문은 너무 많은 정의가 가능한 거예요. 거
   기서 재밌겠다라는 생각이 들었어요. 거기에 모인 다양한 100개의
   피지컬들이 다 스스로는 '내 몸 정도면 완벽에 가깝지.'라고 생각하
   는 사람들이었어요.
   그러면 그렇게 생각하는 사람들이 모였을 때 "정말 완벽한 몸은 무
   엇이 되겠느냐?" 다양한 얘기가 나올 수 있겠다 생각을 해서 저는 가
   장 완벽한 피지컬이 무엇인가라는 주제를 던져 보겠다. 그렇게 가서
   출연자들도 그렇고 저희가 짰던 퀘스트도 그렇고 다양한 능력치를
   요구하는, 무조건 힘 센 사람만 살아남을 수 있는 게 아니라 충분히
   여성 캐릭터들도 이길 수 있고 작고 마른 사람도 이길 수 있는 다양
   한 루트를 만들어 놓은 거죠.

몸은 번역이 필요 없는 방송소재

질문 17

홍: 한국뿐만 아니라 전 세계 시청자들이 이 프로그램에 열광한 이유에 대해서도 생각을 해 보셨을 텐데 어떤 거라고 생각하세요?

장: 열광이라고 제가 동의하면 되게 민망한 거 같긴 한데. (웃음)

홍: 1위를 차지한다는 게, 이게 대단한 일이죠. (웃음)

장: 아무튼 뭐 반응이 있었던 거고. 제가 작전을 세웠던 게 '몸이라는 소재는 번역이 필요 없다.'라는 게 제 의견이고 생각이었어요. 그렇다면 전 세계인이 볼 수 있다. 제가 넷플릭스를 처음에 설득할 때 한 말이 있어요. 지구 반대편 칠레에 있는 할머니, 할아버지들이 와인을 마시면서 볼 수 있을 정도의 그런 프로그램을 내가 만들어 보겠다라고 얘기를 했어요. 실제 만들면서도 계속 그런 생각을 했고. 이거 칠레 할머니가 이해할 수 있나? 그게 되게 좋은 장치가 되더라고요. 그래서 어쨌든 원초적인 설명이 필요 없어야 되는 거잖아요. 그러기 위해서 제가 중요한 결단을 해야 했던 게 자막이었어요. 저는 자막을 전부 다 제거했어요. 저희 프로는 정말 핵심적인 자막, '자막이 없으면 한국 사람들이 이해 못 해.' 그런 것만 자막을 넣었어요. 아니면 전부 다 뺐어요. 자연 다큐처럼. 왜냐면 자막이라는 게 되게 많은 문화적인 백그라운드가 필요하잖아요.
〈먹보와 털보〉는 자막이 너무 많이 나와요. 그 자막이 주는 킬링 포인트가 있지만 동해 서해를 건너면 이해할 수가 없죠. 또 그게 다 번

역이 달려요. 그리고 화면을 너무 많이 가려요, 물리적으로. 저는 그게 싫었어요. 그래서 누구나 이해할 수 있는 몸이라는 소재와 누구든 시청에 방해되지 않는 무자막. 그 두 가지의 작전이 어느 정도 성과가 있었다고 생각해요. 그리고 유명인에 집착하지 않은 것. 유명 MC, 유명 출연자… 사실 그건 우리나라에서만 통하는 거죠. 해외에서는 전혀 관심 사항이 아니거든요. 그냥 100명의 특이한 사람들, 그게 더 중요하다고 생각했어요. 이름만 들어도 알 만한 국민 MC가 나오는 것보다.

홍: 저도 보면서 약간 자연 다큐를 보는 느낌이 있었어요.

장: 그래서 정말 자연 다큐를 촬영할 때 사용하는 카메라를 대거 동원했어요. 자연 다큐를 촬영할 때 사용하는 초고속 카메라. 자연 다큐를 촬영하던 감독이 와서 찍었어요. 자연이잖아요. 동물이잖아요. 되게 쉽더라고요. 그렇게 생각하고 나니까.

홍: PD님께서 2011년도에 방송을 시작한 다음에 K-콘텐츠가 세계적으로 확 떴잖아요. 그 후에 한 십몇 년이 흘렀는데 그 사이에 한국 드라마나 예능 등 K-콘텐츠에 세계인이 환호하는 이유가 무엇이라고 생각하세요?

장: 일단 저희는 경쟁이 치열하잖아요. 국내 콘텐츠 산업 자체가 굉장히 치열하고 거기서 완성도가 높아지는 것 같아요. 자연스럽게 한국 시장에서 살아남기 위해 치열한 경쟁을 겪으면서 한국 콘텐츠 산업의 인프라라든가 노하우 같은 것들이 굉장히 많이 성장했고, 눈

이 높아지다 보니까 잠재되어 있던 그런 능력들이나 이런 것들이 폭발하는 게 아닌가 그렇게 생각해요. 그리고 우리도 그런 것들을 만들 수 있는 투자를 받게 되고 시스템이 완성되고, 그런 것들이 맞물리고 글로벌 플랫폼이 결합되면서 정말 퍼즐 조각들이 채워지게 된 거라고 생각해요. 최근에 〈기생충〉이나 〈오징어 게임〉 같은 영화, 드라마에 이어서 K-pop, 음악 그리고 논스크립트 장르에서는 〈피지컬: 100〉까지 나름의 성과가 있었다는 것에 저도 굉장히 뿌듯하게 생각해요. 이번에 윤석열 대통령이 넷플릭스 CEO를 만났을 때 넷플릭스 CEO가 〈오징어 게임〉과 〈더 글로리〉, 〈피지컬: 100〉을 언급하더라고요. 그게 되게 뿌듯했어요. 어떻게 보면 유일하게 남아 있던, 막혀 있던 하나의 포맷에서도 나름의 반향이 왔다라는 거. 우리가 안에서 정말 생존 경쟁하면서… 어떻게 보면 우리가 서바이벌하고 있잖아요, 콘텐츠 제작자들도. 이 서바이벌의 성과가 어떻게 보면 나오는 거고…. 한국 콘텐츠 제작자들도 소재를 다양하게 넓혀가고 있으니까 전 세계 시청자들이 공감할 수 있는 소재에 관심을 갖기 시작했고, 그다음에 한국 베이스라는 소재들 자체에 대해서도 해외에서도 관심이 많아지고. 그것이 함께 맞물리지 않았나 싶어요.

질문 18

홍: 마지막 질문은 이거예요. 당신의 연출 철학은 무엇이고 어떤 연출자가 되고 싶으십니까?

장: 전 세계의 사람들과 소통하면서 재밌게 볼 수 있으면서도 동시에 그걸 다 보고 났을 때 어떤 유의미한 사회의 변화로 이어질 수 있는, 그런 기능을 할 수 있는, 문화가 될 수 있는, 어떤 하나의 체험이 될 수

있는 콘텐츠를 기획하고 연출할 수 있는 그런 연출자가 되는 게 제 새로운 꿈인 것 같아요. 그냥 재밌게 딱 끝나는 게 아니라 끊임없이 토론거리나 이야깃거리를 생산할 수 있는 그리고 그것이 정말 실질 적으로 유의미한 변화를 줄 수 있고. 꼭 다큐멘터리나 시사프로가 할 수 있는 역할이 아니라 새로운 형태의 포맷으로 새로운 형태의 콘텐츠도 할 수 있고. 그것이 꼭 국내에 국한되는 게 아니라 전 세계 로 영향을 줄 수 있다고 생각을 하고 있고 그렇게 해야 한다고 생각 하고 있어요.

홍: 네. 감사합니다. 인터뷰는 이 정도로 마무리하면 될 것 같습니다.

장: 도움이 됐을지 모르겠습니다. (웃음)

홍: 제가 많은 걸 배웠고 또 새로 알게 된 것도 되게 많습니다.

4. 인터뷰 요약 및 정리

① 지상파도 OTT 콘텐츠를 제작해야 하고, 할 수 있다

집에 TV가 없고 지상파를 잘 보지 않고 OTT를 즐겨 보는 입장에서 내가 만든 프로그램을 OTT에서 만들고 싶은 욕망은 자연스럽다. OTT가 큰 흐름이고 이것을 무시할 수 없다면 함께 사는 방안을 고민해야 한다. 당시 MBC 경영진들 역시 MBC를 종합콘텐츠 회사로 포지셔닝하고 넷플릭스와 협업을 결정한 것이다. 조성현 PD의 〈나는 신이다〉와 〈피지컬: 100〉은 이러한 변화에 대한 대응의 산물이다.

② 넷플릭스는 최고의 퀄리티 위해 지원을 제공하는 플랫폼 기업

넷플릭스는 어떤 크리에이터가 오더라도 상당 수준의 퀄리티의 콘텐츠를 제작할 수 있게 돕는 시스템을 갖고 있다. 넷플릭스는 투자자인 동시에 공동 제작사로서 콘텐츠가 잘 완성되는 것을 목표로 지원한다. 촬영부터 편집까지 세세한 의견을 제시하며 시스템을 소개해 주어서 퀄리티를 높이도록 돕는다.

③ OTT 시대에 지상파는 개념 재정의하고 구성원의 내재화 필요

OTT 시대에 지상파의 위기는 지상파의 본질에 대한 이해가 나눠지기 때문일 수 있다. 내부 구성원끼리는 물론이고, 외부에서 보는 지상파의 정의도 다르기 때문에 합의된 대응이 나오기 어렵다. 지상파가 〈피지컬: 100〉, 〈오징어 게임〉, 〈더 글로리〉 같은 콘텐츠를 만들 수 있느냐는 질문보다 지상파가 만들어야 하느냐는 질문이 더 먼저 와야 한다.

④ MBC는 킬러 콘텐츠를 만들 수 있다는 무형의 가치 획득

IP를 넷플릭스에 다 주고 예산을 지원받는 것뿐인데 "MBC에 남는 건 뭐냐?"는 이야기가 있지만, 제작 경험이 남는다. 글로벌 OTT 넷플릭스 오리지널 시리즈를 제작해 보고 그들의 시스템을 같이 경험하는 것은 지상파에 무형의 자산이 될 수 있다. MBC라는 올드한 플랫폼에서 이런 콘텐츠를 만들 수 있다는 자신감도 중요하다. 실제로 사람들이 MBC를 보는 시선이 달라졌고, iMBC의 주식이 상승했다는 것이 시사하는 바도 크다.

⑤ 단순한 방송콘텐츠를 넘어 올림픽과 같은 문화로 발전하길 기대

최초 기획안 자체가 〈피지컬 1, 2〉를 하면서 피지컬 아시아, 피지컬 월드 등 글로벌 확장을 담았다. 아시아인들과 전 세계인들이 모여서 새로운 형태의 올림픽 같은 그런 문화 행사로까지 발전하기를 기대한다. 단순한 콘텐츠를 넘어서 전 세계가 공유할 수 있는 경험과 체험과 문화를 만드는 게 목표다. OTT는 현재 가장 메이저 플랫폼이지만 차세대 플랫폼은 그냥 문화 같은 것이 될 것이다. 사람 사이에 온오프라인으로 다 이야기가 될 수 있는 문화 자체가 미래의 플랫폼이 될 수 있다.

⑥ 좋은 콘텐츠란 다양한 대립되는 의견이 나오고 방향성을 띠는 콘텐츠

〈피지컬: 100〉을 두고 남녀 간의 불공정한 게임이라는 의견 등이 나왔다. 좋은 콘텐츠에 대한 정의는 다양할 수 있다. 콘텐츠를 둘러싸고 다양한 의견이 나오고 그 의견들이 대립하면서 좋았던 점, 나쁜 점들이 이야기되는 콘텐츠가 좋은 콘텐츠 아닐까. 모두가 동의하

고 모두가 불만 없는 콘텐츠는 오히려 큰 의미가 없으며, 수많은 이
야기를 만들어 내고 결국 자연스럽게 어떤 방향을 제시하는 게 의미
있는 콘텐츠다.

7 가상의 운영자가 제안할 것 같은 무대와 퀘스트를 상상하며 제작

가상의 캐릭터가 존재한다면 이런 게임을 제안할 것 같다, 이 사
람이라면 이런 모양을 설계해 놨을 것 같다는 걸 상상했다. 미술 감
독님이나 PD님들과 상의하면서 조각상의 형태, 여러 가지 아이디어
들을 하나의 콘셉트로 구체화시켰다. 인위적으로 만들어 놓은 것 같
은 오락물 느낌이 아니라 어떤 철학을 가진 운영자가 하나의 큰 콘
셉트를 가지고 가는 하나의 드라마를 지향했다. 자연스럽게 그리스
신화와 시대상이 잘 맞아떨어졌다.

8 몸은 번역이 필요 없는 방송 소재

몸이라는 소재는 번역이 필요 없다는 생각으로 세계인이 볼 수 있
는 콘텐츠를 기획했다. 넷플릭스를 설득할 때 지구 반대편 칠레에
있는 할머니, 할아버지들이 와인을 마시면서 볼 수 있는 프로그램을
만들겠다고 했다. 〈피지컬: 100〉을 만드는 과정에서도 계속 그런 생
각을 했다. "이거 칠레 할머니가 이해할 수 있나?" 그래서 자연 다큐
처럼 자막을 전부 없앴다. 자막은 나라에 따라 번역도 다르고, 화면
도 가린다. 누구나 이해할 수 있는 몸이라는 소재와 누구든 시청에
방해되지 않는 무자막이라는 전략을 선택했다.

● REC   ▭▭

K-콘텐츠
어떻게 만드나요?

⚡🔲   4K | 1920 x 1080
          60FPS | 80 Mbps

● REC

STORY 4.

유 퀴즈 온 더 블럭

4K I 1920 x 1080
60FPS I 80 Mbps

3..2..1..|..1..2..3

1. 〈유 퀴즈 온 더 블럭〉은 어떤 콘텐츠인가

〈유 퀴즈 온 더 블럭〉은 2018년 8월 29일에 tvN에서 처음 방영된 프로그램으로, 유재석과 조세호가 사람들의 일상 속으로 직접 찾아가 담소를 나누고 퀴즈를 내는 토크쇼 & 퀴즈쇼이다. 시즌 1, 2는 길거리 토크쇼 형식을 취했으나, 코로나19 이후 시즌 3, 4는 미리 섭외된 인물들과 실내에서 진행하는 형태로 바뀌었다.

〈유 퀴즈 온 더 블럭〉(이하 '〈유퀴즈〉')는 유재석의 입버릇 중 하나인 "시청자 여러분께 찾아갑니다."를 충실히 실현한 예능으로 볼 수 있다. 〈무한도전〉에서 유재석은 시민들과 길거리 인터뷰를 즐겼으며, 특집에서 '잠깐만'이라는 길거리 인터뷰 코너를 만든 적이 있다. 시청자들은 친근한 이웃이 주인공으로 등장한 것에 호응했고 〈유퀴즈〉는 tvN을 대표하는 토크 프로그램이 되었다.

홈페이지에서는 다음과 같이 기획 의도를 설명한다.

> "큰 자기 X 아기 자기. 자기들 마음대로 떠나는 사람 여행! 자기님의, 자기님에 의한, 자기님을 위한 〈유 퀴즈 온 더 블럭〉. 길 위에서 만나는 우리네 이웃의 삶, 저마다 써 내려 간 인생 드라마의 주연들, 어쩌면 당신의 이야기…! 일상 속 선물 같은 순간, 'You Quiz?'"

〈유퀴즈〉는 2021년 제57회 백상예술대상 예능 작품상 후보에 올랐고, 유재석이 TV 부문 대상을 받았다. 2022년 4월, 5월에는 한국갤럽에서 매달 조사하는 한국인이 좋아하는 TV 프로그램에서 1위를 차지했다. 2.3%의 시청률로 시작한 〈유퀴즈〉는 2023년 초 부침을 겪었으나, 2023년 12월엔 4~5%의 시청률을 기록했다.

2. 〈유 퀴즈 온 더 블럭〉 분석: 훼손된 정서적 공론장, 또는 예능과 산업의 윤리[1]

대통령 당선자의 출연으로 CJ ENM에서 제작하는 〈유퀴즈〉에 시청자들이 매섭게 눈을 뜨고 있다. 당선자뿐만 아니라 진행자, 연출자, 방송사도 모두 얻은 것이 없는 게임이 됐다.

문제는 전패의 게임으로 인해 우리 사회가 모처럼 만난 썩 괜찮은 예능 프로그램 하나를 어쩌면 잃을지도 모른다는 것이다. 이런 중차대한 시기에 〈유퀴즈〉가 갖고 있던 콘텐츠적 의미를 분석하고 이번 사태의 구조를 새롭게 바라보는 시각을 제시하고자 한다.

〈유퀴즈〉는 쉽게 기획하기 어려운 프로그램이다. 만약 어떤 PD가 "제가 유재석 씨를 섭외해서 길거리에서 일반인들을 만나 퀴즈를 맞히면 상금을 주는 프로그램을 만들고 싶습니다."라고 회사에 제안했을 때, 흔쾌히 환영받기 어렵다는 이야기다.

첫째, 섭외가 쉽지 않다. 한 방송사에서 한 프로그램 정도만 진행할 수 있는 유재석의 스타성을 고려한다면 납득이 간다.

둘째, 아무리 유재석이라 하더라도 일반인을 대상으로 한 시간을 재미있게 꾸려갈 수 있을지에 대한 의문이다.

셋째, 〈유퀴즈〉가 하늘에서 뚝 떨어진 독창적인 포맷이 아니라는 비판도 제기될 수 있다. 〈유퀴즈〉의 아이디어 원천을 MBC 〈무한도

---

1) 홍경수, 정서적 공론장 '유퀴즈', 어떻게 훼손됐나, 〈PD저널〉 2022. 4. 27. 수정 게재.

전〉의 '길거리 토크쇼 잠깐만'에서 찾기도 하지만, 2002년 MBC 〈느
낌표〉의 '책책책 책을 읽읍시다'로 거슬러 올라갈 수 있다. 진행자인
유재석, 김용만이 길거리에서 일반인을 만나 근황 토크를 한 뒤 "이
책 읽으셨습니까?"라고 묻고는 맞히면 선물로 책꽂이에 있는 책을
가져갈 수 있게 했다. 공동 진행자와 선물이 바뀌었을 뿐 포맷은 큰
차이가 없어 보인다.

넷째, "토크가 주를 이루면 시청자들이 지루해할 텐데 시청자의 주
의를 어떻게 끌 것인가?"라는 메이킹에 대한 질문이 이어질 것이다.

네 가지 의문을 해결한 〈유퀴즈〉

하지만 〈유퀴즈〉는 네 가지의 의문을 일소에 해결하며 '인생 예
능'의 경지에 올랐다. 홈페이지에 있는 기획의도는 다음과 같다.

"길 위에서 만나는 우리네 이웃의 삶, 저마다 써 내려간 인생 드라마의 주연
들, 어쩌면 당신의 이야기…!"

실제 〈유퀴즈〉는 초창기에는 길거리에서 만난 이웃들을 주인공
으로, 코로나19 이후에는 묵묵히 자신의 세계를 일구어 온 생활인들
에게 정중하고 섬세하게 말 걸기를 시도하며 인기를 모았다. 다른
프로그램에서 보기 어려운 도시의 풍경을 담아내거나, 가슴을 먹먹
해지게 하는 자막은 큰 역할을 했다.

무엇보다 〈유퀴즈〉가 여타 예능 프로그램과 달랐던 지점은 상업
적인 이해관계나 의도를 담지 않고 순전히 시청자의 이야기에 집중
했다는 점이다. "예전에는 가난하고 어렵지만 열심히 살아가는 사람

들의 장애를 치료해 주거나 집을 고쳐 주는 방송도 있었다. 요새는 연예인들이 방송사 돈으로 국내외 여행가고 먹고 마시거나 준재벌 3세의 수십 억대 아파트를 소개하거나 가난하지 않은 연예인들의 집 정리를 도와주는 방송들이 나온다. 방송들이 낯설다." 2021년 온라인에 떠돌던 한 네티즌의 한탄이 공감을 사던 시기에 〈유퀴즈〉가 예전 예능의 역할을 떠맡았다.

과도한 PPL과 홍보방송의 범람으로 피로감을 느끼기 시작하던 대중은 '우리들의 이야기'를 담아낸 〈유퀴즈〉에 마음을 주었다. 특히 코로나19 시기에 〈유퀴즈〉를 통해 시청자들의 고립감을 다독여 주며 위로한 것은 주목할 만하다.

그러한 점에서 〈유퀴즈〉는 '정서적 공론장(emotional public sphere)'을 일궈 냈다는 평가를 받기에 부족함이 없다. 공론장이라는 개념이 '사회구성원 간의 합리적 토론을 통해서 보편적 이익에 관한 사회적 합의를 도출하는 담론적 공간'을 의미한다고 할 때, 〈유퀴즈〉는 '우리 사회를 지탱하는 이웃들의 모습을 섬세하고 정중하게 담아냄으로써' 누구도 이의를 제기할 수 없는 일종의 정서적 합의를 이루어 내는 역할을 수행했다고 평가할 수 있다.

정중하고 섬세한 말 걸기

필자는 2022년 초반에 〈유퀴즈〉를 처음 기획한 김민석 PD와 심층인터뷰를 할 기회가 있었다. 김 PD는 〈유퀴즈〉의 핵심 콘셉트로 '정중하고 섬세하게 말 걸기'를 제시했다. "프로그램을 보면서 '이거는 정말 좋은 감각을 갖고 있는 프로다.'라는 걸 느꼈어요. 언뜻언뜻 드러나는 자막을 통해서 '어떻게 저렇게 넘치지 않고 또 부족하지 않게 절묘한 지점들을 글로 풀어내나?' 그런 생각을 많이 하면서."라고 물었더니 이런 답이 돌아왔다.

"유재석 씨가 거리에서 굉장히 정중하고 반갑게 누군가한테 말을 건단 말이에요. 헤어질 때도 저희가 퀴즈를 풀어서 맞히면 상금을 드리고 틀리시면 어떤 상품을 드리고 또 애틋하게 헤어지는데 그런 정중하면서도 섬세한 말 걸기와 그런 장면이 프로그램의 큰 아이덴티티하고도 같이 해야 좋겠다는 생각이 들어서…."

김 PD와 인터뷰를 하면서 놀랐던 점은 두 가지였다. 우선, 연출자의 입에서 '정중하고 섬세한 말 걸기'라는 핵심 콘셉트가 흘러나온 것, 또 한 가지는 인물 섭외에서 PPL이나 홍보 목적으로 들어오는 것은 차단하는 것을 원칙으로 삼고 있다는 것이었다. 필자가 생각하기에 PPL일 수도 있겠다 싶은 책을 쓴 시인이나 불닭 볶음면 개발자, 백화점 디자이너 등은 PPL이 아니라며 〈유퀴즈〉에 "인물 PPL은 없다."라고 단호하게 말했다.

"선 제안(출연 제안)도 되게 많이 들어오는데 선 제안 중에 저희도 한 번쯤 관심이 갈 만한 리스트와 뭔가 겹치거나 하면 연락을 주고받으면서 해 보긴 합니다. 다만, 저희 원칙 중 하나는 이렇게 PPL이나 홍보 목적으로 제안이 들어오는 것들은, 저희가 하고 싶은 사람이더라도 차단을 합니다. 그런 루트로 들어오게 되면 저희가 하고 싶어도 안 하는 쪽입니다. (중략) 저희가 모든 인물 섭외에 관한 PPL은 전혀 없습니다. 받지 않고요. 그리고 저희가 PPL을 안 한 지 지금 거의 1년이 다 돼 가고 있어요."

(2022년 1월 14일 김민석 PD 인터뷰 중)

인터뷰 내용에서 알 수 있듯 〈유퀴즈〉는 '360도 마케팅(상하전후 전방향 마케팅)'으로 대표되는 상업성을 중시하는 tvN에서 PPL의 압력을 이겨 내며 광고와 콘텐츠 판매 그리고 채널 이미지 향상이라는 성과를 내 왔다. 공영 방송사도 해내지 못한 정서적 공론장의 성취에 시청자들도 박수를 보냈다.

하지만 CJ ENM은 당선자를 성급하고 거칠게 출연시킴으로써 콘텐츠에 축적된 대중의 믿음을 정치권과 거래했다는 의혹을 받게 되었다. 더군다나 〈유퀴즈〉는 CJ ENM이 2021년 발간한 ESG 보고서에서 "우리 사회에서 주목받지 못한 다양한 면면을 담아내며, 이야기를 통해 선한 영향력을 발산한다."며 거버넌스(governance)의 사례로 손꼽은 콘텐츠다.

〈유퀴즈〉를 둘러싼 리와 기의 경합

이른바 '유퀴즈 사태'를 리(理)와 기(氣)로 설명할 수 있겠다. 『한국은 하나의 철학이다』의 저자 오구라 기조 교수에 따르면, 한국 사회를 지배하는 철학은 리와 기의 철학이며, 그중 리가 핵심이라고 보았다. 리란 진리, 원리, 윤리, 논리, 심리 등의 총칭으로 보편적인 규범이자 도덕성이고, 기는 물질성으로 우주에 충만하여 운동하는 유기체적 생명력이자 물질의 기초다.

조선시대는 도덕을 쟁취하는 순간, 권력과 부가 저절로 굴러온다고 믿었기에 무력투쟁이 아니라 이론으로 투쟁했으며, 모든 사람 각자가 체현하는 '리'의 많고 적음에 따라 일원적으로 서열이 정해진 것이 한국 사회의 특징이라는 것이다. 오구라 교수는 '리'를 축으로 한 인간관계는 수직적 구조이며, '기'의 세계는 정, 용서, 치유, 혼돈

등으로 엄격성보다는 긍정성이 강조된다고 또 다른 차원에서 주장한다.

정치라는 영역은 엄격하고 굳건한 질서의식이 존재하는 '리'의 세계라고 할 수 있으며, 호방하고 느슨한 예능은 '기'의 영역에 속한다. 당선자와 유재석, 조세호 사이의 버성김은 특성이 너무 다른 두 영역의 특성 때문만은 아닌 것으로 보인다. 두 영역 사이에 새로운 '리(利)'가 '무례하고 거친 방식으로' 끼어들었음이 방송에서 도드라졌다. 시청자들이 방송을 폭력적으로 느낀 것도 이 지점이었을 것이다.

오구라 교수는 한국 사회에 윤리나 도덕을 지칭하는 '리'의 많고 적음이 아니라, 돈의 많고 적음에 의해서 사회적 위치가 결정되는 사회가 도래하려 하고 있으며, '리'를 돈으로 사려는 경향이 강해졌다고 말했다. 이것 역시 새로운 '리(利)'가 아닐까?

종합하면, '유퀴즈 사태'는 '기'라 할 수 있는 예능 프로그램은 얼마든지 권력의 힘으로 출연할 수 있다는 수직적 '리'의 사고방식, 그리고 눈앞의 이익을 위해서라면 얼마든지 자사의 프로그램을 권력과 맞바꿀 수 있다는 천민자본주의적 '리(利)'의 사고의 상호작용으로 볼 수 있겠다. '리'의 세계와 '기'의 세계는 뒤섞여 있지도 않고, 서로 떨어져 있지도 않다(不相雜, 不相離). 표면상 '리'인 세계에도 100% '기'가 있으며, '기'로 보이는 것 중에도 100% '리'가 있다. '기'의 맑고 탁함에 따라 '리'가 드러나는 정도가 달라지기 때문이다.

한 번 '리'가 계속 '리'일 수 없는 이유도 여기에 있고, 한국 사회가 그토록 파란만장하게 변혁을 거듭해 온 이유도 여기에 있다. 중요한 것은 한국 사회에는 여전히 '리'가 중요하며, 예능과 콘텐츠 산업도 예외는 아니라는 사실이다.

3. 김민석 PD 인터뷰

김민석 PD

출생: 1986년
소속: JTBC 프로듀서
경력: CJ ENM 제작 PD, KBS 프로듀서

작품
〈해피투게더 3〉, 〈일말의 순정〉, 〈1박 2일 시즌 3〉, 〈용띠클럽– 철부지 브로망스〉, 〈절찬
상영중–철부지 브로망스〉, 〈개그콘서트〉, 〈유 퀴즈 온 더 블럭〉, 〈난리났네 난리났어〉,
〈손 없는 날〉, 〈택배는 몽골몽골〉

수상
2021월드스타 연예대상 예능 부문 대상
방송통신위원회 이달의 좋은 프로그램상

코로나가 맹위를 떨치던 2022년 1월 14일, 서울 양재의 한 카페에서 만난 김민석 PD는 보통 이상의 키와 풍채를 지녔다. 인터뷰하는 내내 부드러운 솜사탕 같은 속사람이 있다는 것에 감탄할 뿐이었다. 그는 KBS 〈1박 2일〉에서 배우고 갈고 닦은 버라이어티 콘텐츠 제작 경험을 토대로 tvN을 대표하는 예능 프로그램을 만들었다. 상업방송에서 그토록 공익적인 콘텐츠가 탄생한 데에는 콘텐츠를 만드는 사람의 바탕이 자리하고 있다는 것을 다시 확인할 수 있었다.

홍: 반갑습니다. 귀한 시간 내 주셔서 감사드리고요.

김: 네, 반갑습니다. (웃음)

질문 **1**

홍: '유 퀴즈 온 더 블럭'이라는 이름이 뭔가 잘 지은 작명 같습니다. 처음 기획을 어떻게 하셨나요?

김: 작명부터 말씀드리면 저희 이언주 메인작가의 친언니, (웃음) 언주 작가가 프로그램을 기획하거나 고민이 있을 때… 각자 다 뭔가를 상의하는 싱크탱크(think tank)들이 있잖아요? 근데 언주 작가의 언니는 굉장히 감도 좋고 많은 프로그램을 시청하는 시청자의 마인드도 가지고 있으면서 또 제작을 하고 있는 동생에 대한 이해도도 높아서 기획안 내용을 설명을 드렸었대요. '뭐… 거리에서 유재석 씨가 사

람들을 만나고 그분들의 이야기를 듣고 퀴즈를 맞히면 백만 원을 즉시 지급하는 프로그램'이 뼈대 하나였거든요. 그걸 듣고 우리는 제목을 어떻게 지어야 될까 하면서 이거는 유재석 쇼나 다름없으니까 유라든지 이름이 꼭 들어가면 좋겠다. 그리고 거리에서 바깥에서 자유롭게 한다는 느낌이 살았으면 좋겠다. 이렇게 하다 보니까 그 이름을 제안해 주셨고 원래 또 유재석 씨가 '뉴 키즈 온 더 블럭'을 되게 좋아하시거든요. 예전 그 그룹 있잖아요. 그거와 유사하면서 또 유재석 씨의 유도 들어가고 또 퀴즈를 낸다. 그리고 당신의 삶에 대해 묻는다, 거리에서. 그런 여러 중의적인 의미를 나름 포함시킨 제목입니다.

유퀴즈의 기획 아이디어는 전적으로 유재석의 기획

홍: 그러셨군요. 그러면 그전에 이런 프로그램을 해야 되겠다, 일반인도 만나서 얘기하는 토크 프로. 그 생각은 PD님이 하신 건가요?

김: 어… (고민) 근간이 되는 기획은 어떻게 보면 퀴즈보다는 사실 시민들의 이야기를 거리에서 듣는 거잖아요? 이거는 전적으로 유재석 씨의 기획이에요. 왜냐하면 그전에 〈무한도전〉에서 멤버들이 자신이 기획한 코너를 선보이는 그런 기획이 있었는데, 그때 유재석 씨는 '잠깐만'이라는 코너를 기획했었어요. 그냥 마이크 하나만 들고 동네 곳곳을 누비면서 지나가시던 시민, 택배기사 분들에게 잠깐만 시간을 내 달라는 거여서 제목이 '잠깐만'이었어요. 유재석 씨가 그동안 여러 프로그램에서 보여 주셨던 모습들 중 하나가 길거리에서 시민분들을 대면하는 상황이 발생했을 때 그분들의 예상치 못한 대

화의 흐름이나 그런 뜻밖의 모습들에 굉장히 즐거워하는 모습들을 저도 프로그램을 통해서 봤어요. 본인도 실제로 그런 게 너무 즐겁고 또 지나가는 누군가가 어디로 가는지, 저 가방에 무엇이 들어 있는지 이런 게 궁금하다는 생각이 항상 있었고. 저는 그런 콘텐츠에 대한 니즈가 있다는 것을 언주 작가를 통해 듣게 됐어요. 그러면 "한 회를 그냥 유재석 씨가 즐거워할 만한 일들로 꽉 채워 보면 어떨까?" 라고 해서 시작이 된 거예요. 그게 2018년 당시에 퀴즈를 짬날 때마다 푸는 그런 JAM LIVE 어플 같은 것들을 사람들이 굉장히 많이 즐겨 하더라고요. (웃음) 예를 들어, 상금이 있고 내가 몇 단계까지 맞히면 "오늘은 200원 벌었어." "천 원 벌었어." 이렇게 하면서 그걸 소소하게 즐거워하는 걸 보면서 '아, 퀴즈는 굉장히 낡은 장치이긴 한데, 정말 많은 사람한테 너무나 평범하고 더 이상의 설명이 필요 없는 장치겠구나.' 싶었어요. 근데 그게 몇백 원 받는 그 퀴즈도 열심히 하시는데, 만약에 거리에서 유재석 씨, 조세호 씨를 우연히 만난다면 되게 반갑고 당황스럽지 않을까? 여기에 퀴즈를 맞혀서 갑자기 100만 원에 당첨이 되고, 그냥 현금 인출기에 가서 100만 원을 인출하면 얼마나 일상에 서프라이즈가 될까 하는, 이런 생각을 하게 된 거죠.

질문 2

홍: 한 발짝 들어가자면, 그럼 유재석이라는 인물을 섭외해서 같이 해야겠다는 생각은 어떻게 하게 된 건가요?

김: 그런 생각은, (웃음) 저도 평소에도 많이 하게 되고 많은 PD가 하는 일이죠. 하지만 그런 일이 성사된다는 것은 개인의 능력이나 어떤

노력만으로는 (웃음) 조금 불가능한 일이라고 해야 되나? 여러 가지 많은 상황이 그런 방향으로, 우주의 기운이 모이듯이 이렇게 돼야 성사가 되는 부분이라고 생각을 해요. 당연히 유재석 씨는 흥미로운 기획안… 그리고 '이 기획안을 다른 사람이 아닌 내가 했을 때 더 빛을 바랄 기획이다.' 하면 당연히 하시겠지만. 근데 그 당시 저는 KBS에서 tvN으로 이직을 하게 됐고, 마침 또 〈무한도전〉이 끝나서 이언주 작가가 또 새로운 채널에서 새로운 프로젝트를 도모할 타이밍이었어요. tvN이라는 곳에서 제가 소개를 받아서 만날 수 있게 됐고, 마침 또 tvN은 유재석 씨와 한 번도 일을 해 본 적이 없었죠. 유재석 씨는 프로그램을 많이 하시는 분이 아니잖아요? 모든 전력을 쏟아야 되기 때문에 한 3~4개 이렇게 하시는 분인데 그때가 마침 무한도전을 안 하고 있을 때여서 여러 상황이 다 맞아떨어졌던 것 같아요. 그래서 저희가 유재석 씨가 좋아할 만한 기획을 해 보자 해서 한두 달 동안 기획을 한 후에 제안을 드렸더니 수락을 해 주셨고, 그래서 tvN에서 처음으로 하게 된 프로그램이 된 거죠. (웃음) 저한테는 굉장히 많은 운이 따랐던 거 같아요.

홍: 정말 많은 조건이 맞아떨어져야 되는 상황이었네요.

김: 네, 맞아요. 또 이언주 작가처럼 MC에 대해서 굉장히 이해도가 높고, 유재석 씨가 뭘 잘하고 무엇을 좋아하는지, 어떤 걸 또 부정적으로 생각하는지까지 섬세하게 알 수 있는 그런 작가분이 있다 보니까, 기획을 하면서 아예 막막하거나 그러기보다는 좀 더 자신감을 갖고 이것저것 해 나갈 수 있었던 거 같아요.

홍: 유재석 씨에게 자신한테 맞는 프로와 맞지 않는 프로에 대해서 판별
하는 능력, 어떻게 보면 이것도 기획자로서의 능력이라고 볼 수 있
는데, 그런 게 있다고 얘기를 많이 들었거든요. 프로그램을 같이 만
들어 가려고 아이디어를 많이 투여하고 관여한다고 하는데 실제 일
을 해 보니까 어떠셨나요?

김: 네, 굉장히 그렇고요. 그런데 또 그런 것까지 같이 생각하세요. 이게
어쨌든 본인의 위치와 영향력이 있기 때문에 제작진한테 어떤 것을
얘기했을 때 그것이 일종의 강요처럼 들리지 않게끔 정말 그냥 우
리를 일개 PD나 일개 작가로 생각하게 하지 않는 것 같아요. 자신도
이 프로그램에 애정을 갖는 만큼 평상시에 일상생활에서 떠오르는
인물, 떠오르는 주제 그리고 떠오르는 장소, 떠오르는 구성 아이디
어들을 스태프 중 한 명으로서 제안을 해 주세요. 저희도 마찬가지
로 우리가 서로 PD, 작가들이 서로의 얘기를 귀담아 듣는 만큼, 그
냥 그 정도의 비중으로 MC의 이야기도 수용을 하죠. 우리가 구현하
기 힘들 것 같은 거는 못하는 경우들도 있고, 좋은 아이디어는 반드
시 프로그램에 반영을 시켜서 그걸 또 직접 구현하는 거는 촬영 현
장에서 MC가 조정하고요. MC잖아요? 그러면 더 시너지가 나는 것
같아요. MC도 생각하고 있던 거를 저희도 좋다고 생각해서 이걸 구
현하게 되면 현장에서 MC도 더 동기부여가 되고 저희도 확신을 갖
고 만들어 나갈 수 있으니까. 그런 부분들은 꼭 저희도 챙겨 가려고
하는 부분 같아요.

일상을 진부하거나 비루하지 않게 담으려는 영상 전략

질문 4

홍: 제가 프로그램을 보면서 '이거는 정말 좋은 감각을 갖고 있는 프로다.'라는 걸 느꼈어요. 언뜻언뜻 드러나는 자막을 통해서 '어떻게 저렇게 넘치지 않고 또 부족하지도 않게 절묘한 지점들을 글로 풀어내나?' 그런 생각을 많이 하면서, 절묘한 감각 이런 것들은 어떻게 만들어진 건가요?

김: 일단, 그림적인 감각이 있고 자막적인 감각이 있는데 그림에 대한 부분은 제가 후배들한테 많이 의지를 했던 것 같아요. 그때 저도 이직을 하고 7년차 때 〈유퀴즈〉를 했던 거니까. 제가 7년차인데 저보다 후배들이 저희 팀에 와야 되잖아요. 그럼 6, 5, 4, 3, 2, 1년차 이런 식으로 오밀조밀하게 후배들이 있고, 정말 지금 제일 트렌디한 PD들? 특히 tvN은 예쁘게 그림을 찍는 걸로 그 당시에도 업계에서 유명하죠. 그런 경험을 가진 PD들이 여기에 모였을 때 '어, 이들이 찍고 싶어 하는 것들은 효율성을 따지지 않고 추가 촬영을 하는 한이 있더라도 얼마든지 그림을 찍게끔 해야겠다.' 생각했죠. 왜냐하면 우리가 거리에서 시민들을 만나는 건데 자칫 거리는 들여다보면 예쁘지만 너무나 우리의 일상 공간이기 때문에 크게 감회가 남다르지 않잖아요? 그런 그림들이 그냥 방송에 나왔을 때 후킹하는 점들이 없을 거라는 생각이 들어서 그냥 우리가 스쳐 지나가는 담벼락 하나도 예쁘게 찍어 보고 여기에 어떤 애니메이션, 어떤 몽환적인 장면이나 아니면 판타지를 심어 줄 수 있는지 고민하죠. 예를 들어, 유재석 씨와 조세호 씨가 갑자기 풍당 수영을 한다든지 이와 같은 원근

감이나 현실성이 완전 뒤집히는 그런 그림을 구현해서 중간중간 볼거리를 제공하자 그런 게 하나 있었어요.

자막에 관해서는 유호진 선배가 〈1박 2일〉의 메인 연출을 할 때부터 그만할 때까지 한 2년 반 동안 제가 조연출로 있었습니다. 거의 막내 때부터 해서 저도 제 몫을 할 수 있을 때까지 쭉 저는 〈1박 2일〉에서 성장을 했다고 봐도 되는데, 그 프로그램은 많은 희로애락이 담기는 프로그램이고… 특히 유호진 선배가 그런 의미 있는 특집들을 많이 했었어요. 뭐 '서울 시간여행'이라든가. 각 멤버들이 자기 부모님이 젊은 시절에 사진을 찍었던 의미 있는 공간에 나도 모르게 가서 사진을 찍었는데 알고 보니 거기가 우리 부모님이 사진을 찍었던 곳이라는, 한 화면 안에 부모와 자식이 함께 담기는… 저한테는 뭔가 되게 감동적인 기획들이 많았어요. 그런 특집들을 할 때마다 혹은 시골에 가서 어르신들을 만나서 그분들과의 일상을 담으며 1박 2일을 보내면서 있었던 일들이라든지 아니면 하얼빈에서 안중근 의사의 현장에 가서 MC들과 역사 이야기를 하는 여러 가지 기획들을 전체적으로, 유호진 선배가 하는 것을 보고 많이 배웠죠. 어떤 때는 안하다가 그 특집 때만 인트로와 아웃트로가 있는 거예요. 중요한 부분에서 어떤 자막을 쓰고 어떻게 하는지를 저도 보고 배우며 같이 구현해 가는 입장에서 저의 프로그램에 대한 톤앤매너가 생겨났던 거 같아요. 사소하게는 어떤 출연자가 눈물을 흘리고 있을 때 예능에서 강박적으로 자막을 넣게 되다 보면 뭐 '나도 모르게 흘러나오는 눈물'이라든지 '눈물이 왈칵'이라든지 그런 자막들을 무의식적으로 넣게 되거든요, 습관적으로. 그런데 그런 자막들에 시선을 뺏겼을 때 그 출연자의 표정을 보지 못할 때도 있었고 또 자막이 너무 많아서 그걸 다 읽느라고 그림은 정작 보지 못하고 이야기를 따라가지 못할 때도 많았어요. 또 한편으로는 이럴 때는 이야기를 자막으로 짚어 주고 호흡을 줘서 시청자분들한테 생각할 시간을 주고, 이 다음 스텝으로 넘어갔을 때 스토리텔링이 좀 더 원활하게 될 때도 있었어요. 이런 미세한 호흡들 그리고 취사선택 그런 것들을 보면서 "아, 나도 나중에 연출을 하게 되면 이런 부분을 중요하게 생각하면서 해야겠다."고 생각이 들어서 저도 〈유퀴즈〉에서는 매 회차가 특집이라 생각하고, 시즌 1 때는 그렇게 하지 못했지만 그 이후부터는 매 회차 때마다 인트로와 아웃트로를 제가 직접 해 가면서 톤을 잡아 주었어요. 그 이후에는 후배들도 어느 정도 톤앤매너를 아니까 또 "너만의 생각으로 너만의 인트로, 너만의 아웃트로를 만들어 와 달라."라고 피드백을 줘 가면서 그렇게 프로그램의 아이덴티티를 만들었어요. 유재석 씨가 거리에서 굉장히 정중하고 반갑게 누군가한테 말을 건단 말이에요. 그리고 헤어질 때도 저희가 퀴즈를 풀어서 맞히면 상금을 드리고 틀리시면 어떤 상품을 드리고 또 애틋하게 헤어지는데, 그런 '정중하면서도 섬세한 그런 말 걸기와 이별 장면'이 프로그램의 큰 아이덴티티하고도 같이 해야 좋겠다는 생각이 들어서…. 우리 프로그램은 그냥 또 평범하게 시작하는 거지만, '오늘은 이런 생각을 갖고 이런 거에 대해 생각해 보면서 채널을 봐 주셨으면 좋겠다.'가 인트로죠. 아웃트로는 또 한 회를 본 거에 대한 제작자로서의 소회라고 할까? 그러다 보니 프롤로그와 에필로그가 이 프로그램에서 좀 중요한 비중을 차지하게 됐던 거 같아요.

정중하면서도 섬세한 말걸기와 이별이 핵심 콘셉트

홍: 지금 말씀하신 것처럼 '정중하고도 섬세한 말 걸기'라고 하는 게 어

떻게 보면 이 프로그램의 주된 핵심 콘셉트인 것 같기도 하네요.

김: 네네.

질문 5

홍: 생각을 굉장히 깊이 하는 분이 만들 거라고 생각을 했는데 직접 들어 보니까 이게 프로그램의 중요한 톤인 거 같고, 시각적인 여러 가지 장치들이라고 할까요, 접근법이라고 할까요? 이런 여러 가지가 있어서 지루하지 않습니다. 비주얼적으로 일러스트를 쓴다거나 아까 얘기하신 미니어처 등은 처음과 현재를 비교하면 어떻게 변화되고 있나요?

김: 저희 나름의 시즌 구분으로는 2018년에 12부작으로 했던 12회까지가 시즌 1이고요. 그리고 2019년에 13회부터 46회였나, 45회였나? 제주도 편까지가 시즌 2고요. 거리에서 촬영을 하다 보니 겨울이 되면 저희가 겨울방학을 가졌어야 했거든요. 그리고 2020년에 시즌 3로 돌아오려고 했는데 그 사이에 코로나19가 있었고, 코로나19 때문에 포맷이 바뀌기 시작한 게 시즌 3고요. 그리고 지금까지 쭉 이어 오고 있는 상황입니다. 처음에는 동선이 굉장히 자유롭고 복잡했어요. 너무 많은 장소를 하루 안에, 남들 출근하듯이 MC들도 수트 차림으로 출근을 해서 퇴근할 때까지 정말 곳곳을 누비면서 여러 사람을 만나고 촬영을 했어요. 그 사이사이에 공간의 이동을 어떻게 좀 힙하게 스마트하게 표현을 해 줄까 했던 결과가 모션그래픽입니다. 이 프로그램이 계절감을 많이 담고 있는 프로그램이어서 가을에는 낙엽을 타고 다음 장소로 날아간다든지 또 여름에 비가 올 때는

우산을 타고 어딘가로 날아간다든지 그런 식의 표현들을, 처음에는 제안한 PD만 했었죠. 그런데 '우리가 힘을 실어 보자.' 하니까 다들 재미가 붙어서 각자 자기 편집 부분에 어떻게든 그거를 얼마나 기발하게 쓸 수 있을지 고민했어요. 하다 하다 급기야 솔방울까지 타고 날아가고, (웃음) 아니면 갑자기 거인이 되고. 킹콩처럼 거인이 돼서 막 도시를 걸어다니는 그런 여러 가지 생각이 집단지성으로 뻗어 나가면서 자기 색깔이 묻어나는 모션그래픽들을 의뢰했어요. 이거를 보는 재미로 〈유퀴즈〉를 보신다거나, 이걸 너무 좋아한다는 반응도 있었어요. 예전에 박지선 씨가 나오셨을 때도 모션그래픽이 아기자기하고 너무 사랑스럽다고 표현을 해 주셨거든요. 그래서 그런 것들이 쌓여 왔는데, 이게 포맷이 섭외로 바뀌게 되고 어느 한 장소를 대관해서 하게 되면서부터는 그 장소 이동이 무의미해지면서 그 자리를 대체하는 것들로 또 작은 인트로가 생겼어요. 출연자 한 명에 대한 기대감을 주는 아주 작은 인트로. 저희는 '뚜껑'이라고 표현을 하는데, (웃음) 어느 출연자가 나왔을 때 그분의 이야기에 대한 기승전결이 있잖아요. 그랬을 때 작은 인트로들이 그 모션그래픽을 대체하게 됐고, 일러스트 같은 경우에는 아까 말씀드렸던 것과 같이 정중하고 섬세하게 말 걸고 이별할 때, 그 이별의 순간이 방송상으로도 모두에게 좋은 추억으로 남았으면 좋겠다라는 의미로 일러스트를 그리기 시작했는데 그걸 지금까지 쭉 이어 오고 있어요.

다큐 감독의 인터뷰로 출연자의 깊은 이야기 담아내

질문 6

홍: 토크라고 하는 게 어떻게 보면, 사람의 이야기를 주로 담다 보면 시

각적 지루함이라고 하는 것에 대한 염려가 생길 수밖에 없는데, 이 런 것들을 다양하게 잘 해결하신 것 같아요. 저는 프로그램이 두 가 지로 구성된다고 보는데, 토크하고 다큐적인 인터뷰가 있잖아요? 인터뷰를 따로 하는 부분들은 또 어떻게 만들게 됐나요?

김: 저희가 시즌 1을 다시 보면 결이 많이 다르다는 걸 알 수 있는데, 시 즌 1 때는 전반적으로 쿨함을 추구했다고 해야 되나요? 그래서 방송 RT(Running Time)도 굉장히 짧고요. 예를 들어, 재미 삼아 이렇게 프롤로그 같은 걸 그때도 만들어 봤었는데, 뭐 본론부터 시작하자라 는 이런 이야기가 대다수였어요. 그때는 프롤로그 만들었던 것들도 폐기하고 그럴 정도로 굉장히 빠른 호흡의 쿨함을 추구했던 거 같아 요. 그러다 보니 더 많은 분을 만나고 짧게 이야기를 담고 그리고 퀴 즈의 비중이 지나치게 길었어요. 왜냐면 처음에 우리의 장치가 이것 밖에 없다고 생각하게 되다 보니 이걸 어떻게 하면 볼거리로 제공하 고 재미있게 만들까 하면서 그 부분이 뚱뚱해졌거든요. 백만 원을 주는 데 당위성을 가지려면 많은 분이 봤을 때 다섯 문제를 풀어야 한다는 저희 나름의 논리에 따라 퀴즈 분량이 많아졌어요. 그분의 인생을 겉핥기 수준으로 담는 식으로 한 회가 구성이 됐었거든요. 그러다가 시즌 2가 확정이 되면서 저희가 어떤 것들을 리뉴얼할 수 있을까 했던 것이 '퀴즈를 더 심플하게 하고 이야기는 더 깊게 해 보 자.'였어요. 그런데 현장에는 제약요소가 엄청 많거든요. 차도 막 지 나다니고 날씨도 더우면 다들 땀 흘리는데, 시민분이 어디 가던 길 인데 무한정 시간을 낼 수 없잖아요? 그래서 '여러 제약요소들을 어 떻게 뚫고 할 수 있을까?'라는 고민을 했는데, 이것도 이언주 작가의 도움이 컸어요. 〈무한도전〉 '토토가(토요일 토요일은 가수)' H.O.T

편을, 개별 무대를 준비하기까지 아티스트들을 〈다큐 3일〉을 오래 하셨던 감독님들이 촬영하셨어요. 거기서 맺은 인연으로 〈다큐 3일〉을 굉장히 오랫동안 하셨던 감독님들을 모시게 된 거예요. 본 촬영이 다 휩쓸고 간 이후에, 출연자분이 사실 되게 당황스럽기도 하고 놀라서 긴장하고 흥분 상태에서 녹화를 하시잖아요. 그래서 하고 싶었던 말도 다 못하고…. 왜냐면 갑자기 이렇게 내 눈앞에 수많은 카메라와… 그래서 그것들이 다 지나가고 난 자리에 좀 마음이 안정된 상태에서 다큐 감독님이 오셔서 좀 더 이야기를 들어 보면 어떨까 해서 시작되었던 것 같고요. 그래서 그게 하다 보니까 그분들이 일을 하시는 모습이라든지 일상생활하시는 모습까지도 다큐적으로 담다 보니 이 프로그램에서 많은 비중을 차지하게 된 것 같아요.

질문 ⑦

홍: 굉장히 다양한 레이어의 토크와 그 사람의 면모 이런 것들을 보여 주는 것 같습니다. 그래서 텍스트가 좀 윤택하다고 할까요? 충실한 느낌을 주는 것 같아요. 유재석 씨와 조세호 씨 두 분을 매칭하게 된 생각이나 계기는 무엇인가요?

김: 일단 조세호 씨는 유재석 씨가 굉장히 아끼는 개그맨 후배고, 그 '아끼다'는 표현은 내가 더없이 편하게 내 모습을 드러낼 수 있는 사람, 그런 존재라는 의미라서 정말 시도 때도 없이 장난을 치시거든요? 같이 대기실에서 대기하다 보면 끊임없이 장난을 치세요. 그래서 '아, 이렇게 편한 동생이 같이 따라다니면 어떤 효과가 있을까?'라고 생각을 했죠. 출연자가 많아지면 그만큼의 분량이 나눠지니까 MC가 한 명이냐 두 명이냐가 굉장히 큰 차이라고 생각이 들거든요. 근

데 유재석 씨가 한 명일 때보다 조세호 씨와 있을 때 오히려 유재석 씨가 유재석 본인다운 모습들을 보여 줄 수 있는 그런··· 시각적으로, 외형적으로 우리가 느낄 수 있는 부분은 그런 부분들이 안정적이잖아요. 제가 〈해피투게더〉 조연출을 할 때, 그땐 MC가 엄청 많았죠. 유재석 씨, 박명수 씨, 전현무 씨, 그리고 저 끝에 조세호 씨, 그 사이에 게스트들이 또 많이 있고, 그랬는데 저도 조세호 씨에게 관심이 계속 가더라고요. 관심이 가는데 해피투게더의 그 구성의 특성상 조세호 씨가 많은 비중으로 나오진 않죠. 그런데 이 프로그램으로 오면 메인 2MC가 되는 거니까 또 조세호 씨만의 매력이 나오지 않을까 생각했어요.

시민들이 처음 유재석 씨와 조세호 씨를 마주했을 때 받게 되는 감정들이 대체로 갈리더라고요. 유재석 씨는 "어떻게 내가 살면서 만나게 되다니!" 그런 분들이 있고 조세호 씨도 뭐 "반갑지. 반갑지만 좀 더 편안한 느낌?" 그냥 계속 옆에서 시답지 않은 이야기들을 해 주니까 내가 긴장하다가도 풀어지는 그런 느낌이 있어서 그 밸런스들이 결과적으로 좋았던 것 같아요. 그런 것을 노리고 했었던 거는 아니지만. 처음에는 그렇게 해서 콤비로 같이 나오는 〈맨 인 블랙〉처럼 두 명이 수트 차림으로 출근하듯이 거리를 다니고 하면 어떨까 하다가 그렇게 기획했던 거 같아요.

홍: 지금 설명을 들어 보니까 조세호 씨의 그 역할이 더 잘 드러나는 것 같네요.

김: 많이들 좋아해 주셨는데, 둘이 길을 걸으면서 나누는 대화, 또 식사 시간이 되면 점심을 먹으면서··· 그 투샷의, 그 둘의 케미를 많이 좋

아하셨어요. 큰 자기와 아기 자기의 케미를 좋아해 주시는 분들이 많이 있어서 그런 것들이 관전 포인트가 될 수 있고, 그리고 조세호 씨도 〈유퀴즈〉를 오랫동안 하면서 본인만이 할 수 있는 역할을 한 거죠. 예를 들면, 너무 한심한 거 같은데 듣다 보면 나도 정말 궁금해지는 그런 질문을 시청자분들을 대신해서 해 주는 역할들을 많이 하세요. 뭐… 예를 들어, BTS 분들에게 비행기 마일리지가 어느 정도 쌓였는지를 물었을 때 뭐 저런 한심한 질문을… 하지만 듣고 나니 나도 궁금해지는, 그런 역할들을 하다 보니까 이 안에서 조세호 씨만의 역할을 구축해 나가고 있는 게 아닌가 싶어요.

걷다가 만나는 주인공에서 이야기를 가질 법한 직업의 주인공을 섭외하기

질문 8

홍: 콘텐츠로서 굉장히 흥미로운 분들이 많은데 특히 최근에 코로나19 때문에 보면 약간 직업탐구 같은 느낌이 좀 들었어요. 그건 어떻게 좀 의도하신 건가요? 아니면…?

김: 어… 의도한 게 아니라 그냥 필연적으로 그렇게 흘러갈 수밖에 없었던 것 같아요. 2020년 상반기가 굉장한 과도기였는데, 처음에는 코로나19 특집으로 시작을 했고요. 프로그램이 아무래도 대중과 호흡하는 프로그램이다 보니까 당시 가장 중요한 이슈였던 코로나19 그 자체가 주제가 돼서 시즌 3의 첫 회가 됐었고 그러다 보니 섭외를 할 수밖에 없었어요. 제안된 방역수칙을 지키면서 하기에는 바깥으로 나갈 수가 없고 폐쇄된 공간에서 해야만 했죠. 섭외한 인물만 조심

스럽게 모서서 거리를 좀 띄어서 대화를 하고 혹은 영상통화까지도 기획을 하면서 만나고 싶은 분은 이렇게라도 만나면 어떨까 했어요. 대구 거점 지역 봉사자분과의 통화로 유재석 씨가 눈물을 흘리게 되었고, 그 이후로 어쩔 수 없이 섭외를 하면서 하게 됐죠. 그런데 저희 제작진의 사고방식은 코로나 이전에 머물러 있잖아요. 저희가 만나길 기대하는 인물들이 우리 주변에 지나가다가 우연히 만나서 그분이 어떤 직업을 가졌는지 때로는 모른 채로 시작을 해서, 혹은 그냥 그분의 업의 공간에 저희가 잠시 시간을 내 달라고 해서 그렇게 해서 만나면서 이야기를 들으며 일종의 귀납의 방식으로 저희가 촬영을 진행해 왔는데 섭외를 하려다 보니까 그렇게 된 거예요.

근데 그 제작 방식이 전혀 정반대가 됐는데 그전에 우리가 듣던 이야기를 비슷한 이야기를 해 줄 수 있는 분을 찾다 보니 그게 너무 힘든 거예요. 예를 들면, 부산의 항구를 이렇게 막 지나가다가 여러 철공소들이 엄청 많은데 저쪽에는 해가 뉘엿뉘엿해서 다들 일을 마치고 약주를 한 잔씩 하고 계시고. 근데 또 걷다 보니 아직 일을 못 끝내고 계신 어떤 분을 만났는데, 알고 보니 그분은 수십 년 동안 선박을 고치는 분이셨고 정말 배를 타고 많이 나갔다 오는 바람에 가족들과 오래 떨어져 있어야 했어요. 그런 굉장히 드라마틱한 공간에서 그분의 이야기를 듣는 것과… 어렵게 선박을 고치고 그런 삶을… 원양어선도 많이 타셨는데…. 또 지금 이렇게 멋지게 살고 계신 분을 찾는 것은 작법이 아예 다르죠. 과연 그렇게 해서 그런 분을, 어려운 분을 모실 수 있었을 때, 그게 시청자가 기대하는 부분인가? 우연히 만났는데 이런 삶을 사셨다는 것과, 제작진이 노려서 그 노림수에 따라 어떤 "이런 드라마틱한 인생을 사신 분이에요." 이런 거는 그 기대감 자체가 다른 거예요. 그래서 저희가 좀 갈 길을 잃었어요. 각자의 삶이 다 소중하고 보석 같은데, 이것을 우리가 어떤 기준으로 섭외할지는 사실 지금도 고민하는 부분이고, 그러다 보니 연역의 방식을 따르기에는 직업적으로 다가가는 게 가장 좀 그래도 수월하지 않을까 생각했어요. 이런 직업을 갖다 보면 이런 고충이 일반적으로 있을 텐데 우리가 그 직업을 갖기 전에는 모르니까 그냥 그분만이 할 수 있는 이야기를 들어 보면 어떨까라고 시작했어요. 그러다 보니 점점 그런 특집들이 시청률이 계속 좋은 거예요. 경찰 특집, 의사 특집, 그리고 프로파일러 특집 이런 식으로. 우리가 호텔을 간다고 해서 호텔 도어맨에게 크게 관심을 갖지 않지만 '이분은 또 이 자리를 지키면서 이런 이야기를 갖고 있었구나.'라는. "어떤 직업 또는 어떤 인물이 나오면 관심을 가질까? 호기심을 가질까?" 이런 기준으로 계속 저희도 시행착오를 겪으면서 섭외를 하기 시작했죠. 결국에 시청자들이 좋아하는 포인트가 내가 겪지 않은 다른 직업의 삶을 어쨌든 그 출연자분이 많은 부분을 대변을 하고, 그 직업과 직업의 테두리 안에서 생기는 그분의 인생의 굴곡이나 삶의 주름 이런 것들이라는 것을 알게 되었어요. 저희가 다큐와의 협업을 통해 더 깊게 담아내면서 그런 부분들이 좀 새로운 관전포인트가 됐던 거고 그래서 그 부분들이 쭉 지속돼서 강화됐던 거 같아요.

홍: 제가 볼 때는 코로나 시대에 사회적 거리를 둬야 되고 다들 고립된 채로 온라인 재택근무를 하고 있어서 외부 세계에 대한 궁금증이 너무나 많이 커졌던 거 같아요. 이 때 한 직업에 오랫동안 종사한 분의 얘기를 통해서 우리 사회에 대한 궁금증이 해소된 것 같습니다. 밖이 지금 어떻게 돌아가고 있는지에 대한 것들을 충족시키려고 하는 욕구가 크지 않았나라는 생각을 해 봤어요.

김: 저도 공감하는 부분인 것 같아요. 많은 분들의 삶이 어쩔 수 없이 멈춰지면서 내 삶을 돌아보게 되고 나의 현재를 좀 더 면밀히 들여다보게 되면서, 또 물리적으로 시간이 생기면서 다 같이 그냥 삶을 좀 리뷰하는 시간이 되다 보니까 타인의 인생에도 좀 더 관심을 가지시게 되는 것 같아요. 그리고 드라마의 한 역할로 나올 법한 인물들의 실제 이야기를 〈유퀴즈〉에서는 직접 들을 수 있어서 좋아하신 것 같아요.

PPL이나 홍보 목적으로 제안 오는 것은 하고 싶은 사람이어도 거절

질문 9

홍: 게스트 섭외는 어떤 식으로 하시나요? 예를 들면 자료조사라든지….

김: 주된 역할은 작가님들이 주로 하시고, 소스는 정말 많은 루트를 통해서 가리지 않고 저희가 찾고요. 또 MC도 그렇고 PD들도 그렇고 관심이 가는 인물이나 직업이 생기면 계속 서로 공유를 하면서 제안을 하고 주제를 먼저 정하기도 합니다. 확 저희에게 꽂히는 인물이 생기면 인물을 중심으로 주제를 짜면서 이렇게 주제에 맞게 또 한 회를 구성하기도 하고, 그런 식으로 해서 섭외를 하게 되죠. 지금 그래도 프로그램의 인지도나 호감도가 많이 올라온 상황이라 반갑게 연락을 받아 주세요. 유재석 씨와 조세호 씨의 존재가 섭외에 아주 긍정적인 영향을 미칩니다.

홍: 직접 이렇게 '이 프로 나오고 싶다.'라는 의견도 꽤 있죠?

김: 어… 선 제안도 되게 많이 들어오는데 선 제안 중에 저희도 한 번쯤 관심 갈 만한 리스트와 겹치거나 하면 연락을 주고받으면서 해 보긴 합니다. 다만, 저희 원칙 중 하나는 이렇게 PPL이나 홍보 목적으로 제안이 들어오는 것들은, 저희가 하고 싶은 사람이더라도 차단을 합니다. 그런 루트로 들어오게 되면 저희가 하고 싶어도 안 하는 쪽입니다.

홍: 어쨌든 PPL을 하고 있잖아요? 근데 잘 안 느껴지는…. (웃음) 그러니까 이거를 잘 만들었다고 그럴까요? 그렇게 저는 느꼈어요.

김: 어떤 PPL 말씀하시는 걸까요?

홍: 가령 가장 최근 얘기를 하자면, 이게 지금 맞는지 안 맞는지 모르겠어요. 가령 신세계 백화점의 VMD, 이게 PPL이 아닌 건가요?

김: 네, 아닌 거예요. 그게 오해인 거예요.

홍: 아, 그렇군요. (웃음)

김: 제가 뭐… 어떻게 기자 인터뷰라도 해야 되나 싶은데 몇몇 분이 그렇게 기사를 기정사실처럼 쓰셔 가지고. 저희의 모든 인물 섭외에 관한 PPL은 전혀 없습니다, 받지 않고요. 저희가 PPL을 안 한 지 지금 거의 1년이 다 돼 가고 있어요. 불닭볶음면 개발자, 책을 쓰신 분 뭐 그런 분들 다 PPL이 아닌 거예요. 전혀 없어요.

홍: 장소나… 뭐 어떤 상품이나 이런 것도 안 한다는 건가요?

김: 그래서 저희가 PPL을 하게 되면 이게 PPL이라는 것을 온몸으로 밝혀요. 그래서 저희는 PPL도 장소, 음료, 먹을거리, 이런 거 아닌 이상에는 힘들어요. 아니면 경품으로 주는 세탁기, TV. 그거 외에는 PPL을 받을 수가 없어요. 그렇게 하는데 만약 예를 들어 어떤 브랜드의 커피를 PPL을 하게 되면 정말 MC들이 이건 누가 봐도 작정하고 앞광고를 해요. 장소인 경우 저희가 매번 대관료를 내요. 모든 조건을 충족하는 공간을 저희가 유료로 빌리고. 마침 또 "저희 돈 안 받고 할게요." 하면 그냥 안 내는 정도죠. (웃음) 근데 만약 장소 PPL이 들어오면 어마어마한 금액을 받아요. 저희가 장소 PPL을 하면 사실 8천만 원, 1억 원 이렇게 받죠. 그런 경우에는 저희가 확실하게 ○○에서 촬영을 했다고 밝히고 있어요. 하지만 배경이 우리가 촬영을 하는 데 적합하지 않으면 1억을 줘도 안 하죠. 그래서 저희는 금전적으로 얽혀 있는 게 아니라, 우리가 먼저 원해서 하는 것들이고 이게 다 시청자가 궁금해하기 때문에 섭외하는 거라고 말씀드릴 수 있습니다. 불닭볶음면도 엄청 많은 유튜버들이 불닭볶음면에 열광하고 처음 개발한 사람이 누구일까 궁금해하기 때문에 모신 거죠. 예를 들면, 식품회사에서 "우리 불닭볶음면 개발자 출연시키고 싶어요. 5천만 원 드릴게요." 그러면 저희는 하고 싶어도 안 해요.

질문 10

홍: 그렇군요. 그런데, tvN이 워낙 360도 기획이라고 (웃음) 얘기를 하잖아요. tvN의 360도 기획이라고 하는 것은 〈유퀴즈〉에는 어떻게 적용되나요?

김: 저희한테 들어오는 제안들을 다 수렴해서 전달해 주시는데, 저희가 그거를 수락해서 실제로 구현하는 거는 한 5%도 안 되는 것 같아요. 100가지 제안이 들어오면 한 두세 가지 정도예요. "이게 프로그램에 도움이 될까?" 저희는 철저하게 그런 관점에서 판단하고, 제작비가 사실 풍족한 건 아니거든요. 제작비를 벌어야 될 때도 있으나 아무리 돈이 없어도 우리가 섭외에 관해서는 피해를 받지 말자고 다짐하죠. 이런 제안을 받기 시작하는 순간, 한 명이라도 받으면 그게 선례가 되고 앞으로의 기획에 엄청난 영향을 미칠 것이다. 해서 저희가 거의 그냥 프로그램의 존폐를 걸고 사수하는 지점이에요.

홍: 굉장히 의외네요. (웃음) 그런데 회사 입장에서는 아무래도 제작비라든지… 이런 압력 같은 게 없나요?

김: 제작비 예산을 초과하는 것에 대해서는 저희도 좀 압박감을 느끼죠. 근데 초과되면 초과되는 대로 그래도 회사에서는 털어 주는 편이죠. 왜냐하면 그보다 훨씬 더 많은 (웃음) 돈을 벌기 때문에, 굉장히. 제가 알기로, 구체적으로 말씀드릴 수는 없지만, 매출이나 수익 면에서는 정말 〈유퀴즈〉도 tvN의 대표 프로그램이 맞다고 할 수 있을 정도로 돈을 벌기 때문에. PPL이나 그런 것들은 구성을 헤쳐 가면서 버는 돈이거든요. 만약에 이 프로그램의 수명을 단축시킨다고 하면 이걸(PPL) 할 필요가 없는 것 같아요.

홍: 지금 이게 티빙으로도 실시간으로 볼 수 있고 다시보기로도 볼 수 있는데 티빙 쪽에서도 약간 리액션 같은 게 오나요? 예를 들면, 〈유퀴즈〉 때문에 구독자가 늘었다든지….

김: 티빙에서 구독자 유치를 제일 많이 하는 건 티빙 오리지널이긴 해요. 제가 알기로 〈환승연애〉라든지 예능 중에서 〈여고 추리반〉이라든지 〈신서유기 스프링 캠프〉와 같은 프로그램이 있죠. 이 〈유퀴즈〉도 실시간 뷰나 다시보기 뷰, 구독자 유치 면에서 TOP 5 안에 든다고 들었어요.

질문 11

홍: 〈유퀴즈〉는 트렌드에 민감한 콘텐츠잖아요. 요새 사람들이 어떤 거에 관심이 있는지 또 세상이 어떻게 돌아가고 있는지에 대해서 굉장히 촉을 많이 세우시고 있는 것 같은데, PD님은 어떤 방식으로 그런 것들을 파악하시나요?

김: 저도 그냥 모두가 일상생활 하듯이 똑같이 하면서 좀 더 주의 깊게 들여다보는, 그냥 그 정도인 것 같아요. 트렌드를 파악하기 위해 내가 더 깊게 파고들고 수없이 더 많이 보고 그러면 더 좋겠지만, 그러면 또 의도치 않게 대중성하고는 더 멀어지는 경향이 있을 것 같고요. 더 깊이 판다는 건 그만큼의 품이 드는데 진짜 제일 중요한 거는 제작자가 대중의 눈높이랑 계속 같이 맞춰 가려는 노력, 그런 것 같거든요. 방송국 시험을 준비하면서 보니 제가 특징이 없는 거예요. 사람이 뾰족하지 않다고 해야 되나. 막 죽어라 뭔가 하나만 들이 파본 경험도 없고. 그냥 이곳저곳 다 가리지 않고 그냥… (웃음) 다 좀, 어떻게 보면 얕게 좋아하고. 책 같은 것도 하나 완독한 게 많지 않고 그냥 이거 펼쳐 봤다, 저거 펼쳐 봤다 하는 정도예요. 그래도 신방과를 전공했으니까 그냥 좀 더 관심 있게 보는 정도지, 그랬거든요. 그러다 보니까 되게 대중의 취향과 많이 닮아 있고. 제가 굉장히 대중

적인 사람이라는 것이 이 방송사 문턱을 들어오는 데는 스스로 약점이라고 생각했는데, 들어오고 나니까 이게 뭔가 대중과 싱크가 맞는 것 같아요. 그래서 그냥 똑같이 생활하되, 이거를 어떻게 제작에 녹일까의 관점으로 보는 그냥 그 관점과 시각 그리고 그걸 볼 때의 농도, 관점의 차이지 다르게 하지 않는 것 같아요.

현재의 〈유퀴즈〉는 시청자의 반응을 축적한 결과물

홍: 대중적인 감각을 갖고 계신 거군요.

김: 네, 대중적 감각을 앞으로도 계속 지켜가야겠구나 싶어요. 너무 어디 깊이 들어가서 나만의 세계에 빠지는 순간 예술 작품을 만들게 되는 거죠. 저는 예능은 많은 분들이 봐야 하는 상품의 영역이라고 생각하거든요. 그래서 대중성을 중요하게 생각하는 거죠.

홍: 방송을 보고 나서 수용자들의 의견이나 피드백은 어떻게 확인하시나요?

김: 여러 루트를 다 보는 것 같아요. 주로 〈유퀴즈〉를 검색해서 거기에 나오는 기사나 댓글들이나 혹은 시청자 게시판이나 이런 것들을 보고, 주변 사람들의 이야기도 많이 듣고. 그거를 흘려듣지는 않는 것 같아요. 같이 얘기해 볼 만하다 싶으면 항상 공유해서 "이런 의견들이 있는데 우리는 어떻게 해야 될까?" 사실 그게 레귤러 프로그램의 장점이기도 한 거 같아요. 그냥 이렇게 몰아서 다 찍고 방송을 내게 되면 시청자 의견을 수용하는 데 있어서 편집으로만 가능하기 때문

에 뭔가 제약이 있거든요. 근데 이거는 당장 오늘 방송에 대한 피드백이 다음 주 촬영에 영향을 줄 수도 있는 것이기 때문에…. 그런 것을 유연하게 반영시킬 수 있다는 점이 레귤러 프로그램이 갖고 있는 장점이 아닌가 싶습니다.

홍: 시청자들의 의견을 직접 반영한 사례가 있을까요?

김: 어… 그게 어느 사례를 하나 콕 집어서 얘기할 수 있는 부분은 아닌 것 같은데. 그냥 이 프로그램이 변화해 온 과정이… 만약 지금까지 유지가 되고 있다면 그것들은 되게 좋은 반응을 얻었기 때문이 아닐까요? 일러스트부터 시작해서, 퀴즈 같은 것도 점점 문항수를 줄이다가 한 문제가 됐잖아요. 뭔가 누군가에게 100만 원을 주는 데 있어서 그 정당성이 문항수에 있지 않고 그분의 삶의 이야기를, 그분의 삶에 공감과 지지를 보낼 수 있다면 100만 원이 아니라 200만 원을 주더라도 시청자분들이 납득하시더라고요. 과감하게 퀴즈를 한 문제로 줄이고 그분의 이야기를 더 듣자. 그러면, 그분의 이야기에 공감했다면 상금의 정당성은 자연스럽게 따라오는 거라고 생각했어요. 이런 부분들도 다 저희가 피드백을 면밀히 보면서 깨닫게 됐던 거 같아요.

홍: 지금 넷플릭스의 비중이 굉장히 커지고 있잖아요. 미디어 환경에서 굉장히 큰 변화가 지금 일어나고 있는데, 콘텐츠 혁명이라고도 하고 플랫폼 혁명이라고 하는데 이런 것들에 대해서도 고려하면서 어떻게 만들어야겠다라고 생각하시는 게 있나요?

김: 음… 저도 올해는 새로운 기획들을 해 보려고 하고 있는데 초기 기획 단계에서 이거는 OTT에 맞을지 이런 걸 같이 고민을 하면서 하는 것 같아요. 그 시청층이 플랫폼에 따라 기대하는 바가 좀 다른 것 같거든요. OTT에서 될 만한 아이템이라고 해서 이것을 매주 방송했을 때 그 시청층이 좋아한다는 보장도 없는 것 같고요. 반대의 경우도 마찬가지라서 어떤 기획을, 만약에 기획이 먼저 떠올랐다면 이게 어느 플랫폼에 어울릴까 생각을 해 보게 되는 것 같고요. 확신할 수는 없지만 "이거는 OTT에서 더 잘될 것 같아." 이런 얘기들을 회의 단계에서 많이 하게 되는 것 같습니다.

성장 과정에서 느낀 삶과 기록에 관한 생각이 〈유퀴즈〉에 녹아들어

질문 ⑫

홍: 본인의 성장 과정이 어떠셨는지 궁금해요. 또 PD에 대한 꿈을 어떻게 꾸셨나요?

김: 저는 어려서부터 방송 PD가 되고 싶었어요. TV 보는 것을 좋아했고요. 반대로 책 읽는 것을 그다지 좋아하지 않았던, 텍스트보다는 영상과 음악을 더 좋아했던 아이였고요. 그런데 공교롭게도 어머니가 국어 선생님이셔서 어쩔 수 없이 읽어야 했던 책들이나, 그래도 글에 대한 좀 애정이 조금 있었던 것 같아요. 글을 쓰는 거에 대해서, 글로써 나의 생각을 정리해 두는 거에 대해서는 그래도 좀 좋아했던 것 같은데 그게 사실 지금 일을 하는 데 굉장히 많은 영향을 끼치고 있거든요. 자막 한 줄을 쓰더라도 그때 어머니한테 의무감으로 배웠

던 것들이, 사소한 어휘 사용부터 시작해서 그런 데 영향을 줬던 것 같고요.

평범한 아주 지극히 평범한 초중고 대학 생활이었고 저 개인적으로 큰 사건이 있었다면 고등학교 2학년쯤에 사고로 아버지께서 돌아가시고… 그 이후에 삶에 대한 가치관이 비교적 어린 나이에 좀 많은 부분들을 생각하게 되고 그랬던 것 같아요. 삶에 대해서, 가족에 대해서 좀 많이 생각하면서 살아 왔는데. 이 프로그램을 하면서 정말 많은 분들을 만나다 보면 다들 각자 인생에서 저와 비슷한 계기, 저와 비슷한 삶의 어떤 고통이나 그런 것들을 누구나 다, 좀 다르긴 하지만 다 겪어 오시고 그걸 극복하거나 아니면 그걸 받아들여 가는 과정에서 성숙해지고 그런 이야기들이 굉장히 많은데…. 어떻게 보면 그런 이야기를 들을 때마다 좀 더 공감을 하거나 제가 그것을 방송으로 시청자분들에게 왜곡 없이 그분의 진심이 좀 잘 전달될 수 있게끔 하는 데 영향을 주고 있지 않나 싶어요. 한 명의 출연자를 한 명의 PD가 편집을 하면, 이게 출연자가 한 명이어도 누가 편집하느냐에 따라서 색깔이 또 달라지거든요. 그래서 그 출연자와 그 PD도 또 눈에 보이지 않는 인연이 되고. 또 그렇게 해서 그 PD가 편집을 해서 방송에 나가면 한 회차 안에 여러 명의 출연자가 있지만, 또 여러 명의 제작진이 있어서 전체적으로 꼭 지켜야 된다는 톤앤매너를 제외하고는 이 개개인의 색깔들이 다 엉겨 붙어 있거든요. 그러면서 이 한 회차가 굉장히 많은 사람들의 노고로 완성되고요. 옛날에는 막 한 회차를 정말 감쪽같이 누구 한 명이 만든 것처럼, 전지전능하게 만든 것처럼 누군가가 대표되었죠. 지금은 시청자분들도 굉장히 많은 사람이 이것을 만들고 있다는 걸 알기 때문에 오히려 그런 이질감들을 좀 반가워하지 않을까 싶어요. 이렇게 생각하면서 만들고 있어요. 저의 성장 과정이 이 프로그램에 녹아 들어가 있고, 이 프로그램에는 많은 PD, 작가, 스태프들의 시각과 성장 과정이 다 녹아 있는 거라서, 그래서 〈유퀴즈〉는 어떤 한 생명체에요. 매주 시청자들을 찾아가는 생명체인데 되게 다양한 이야기를 품을 수 있는, 다양한 사람의 이야기에 귀를 기울일 수 있는 그런 자질을 갖추고 있지 않나라는 생각이 들어요.

홍: 청년기는 어떻게 보내셨어요?

김: 저는 대학생활은 합창단 하면서…. 합창단, 아카펠라 이런 음악을 좋아하다 보니… 노래도 좋아하고. 아버지가 노래를 엄청 잘하셨어요. 성악 이런 거에 관심이 많으셨거든요, 취미로. 파바로티라든지. 그래서 대학에 갔는데 막 동아리들 여기저기서 홍보하고 있는데 남성 중창단 같은 게 있어서 한번… 궁금해서…. 노래 많이 하면서 공부하면서 PD가 되기 위해서 열심히 준비하고… 사실 꽉꽉 채워서 보냈던 것 같아요. 막 놀 때는 놀기도 놀았지만, 그래도 휴학을 하더라도 인턴을 하든 뭘 하든 저를 계속 무언가를 하는 상황에 놓이게 하면서 그랬던 것 같고. 한 6년 오래 연애해서 결혼하고 그랬죠. (웃음)

홍: 좋습니다. 앞으로 기획하고 싶은 프로가 있으신가요? 방향도 좋고요.

김: 네, 음악이 같이 있는 프로그램이면 더 좋겠다는 생각이 들고요. 뭐가 될지는 몰라도. 그리고 이 프로그램을 하다 보니까 누군가의 이야기를 담아낸다는 게 굉장히 조심스러우면서도 또 굉장히 영광스러운 일이라서 앞으로도 예능이라는 장르에 국한되지 않고 또 담아

낼 수 있는 이야기가 뭐가 있을까를 항상 생각하면서 만들게 될 것 같아요.

PD로서 조명받기보다는 오랫동안 같이 일하고 싶은 동료가 되고 싶어

질문 13

홍: 혹시 본인이 나중에 어떤 PD로 이렇게 기억되고 싶은, 그런 것도 있 나요?

김: 사실 뭐… (웃음) 대중에게 기억되고 싶은… 이제는 막 그렇게 크게 는 없는 것 같아요. 왜냐하면 대중은 프로그램을 기억하면 되고, 그 프로그램에 출연한 MC를 기억하면 되거든요. 그 프로그램을 만든 사람은 그런 조명보다는 만드는 재미에 더 자기가 적합하다고 생각 했기 때문에 일을 시작하게 된 거기 때문에. 오히려 그 백스테이지 에 있는 사람으로서, 그냥 스태프들이 같이 일하고 싶어 하는 PD,

오랫동안 같이 함께하고 싶은 선배, 후배, 그리고 작가들에게도 함께 일하고 싶은 PD 동료. 그냥 현재 같이 일하고 싶은 동료라는 수식어만큼 더 값진 것은 없는 것 같아요. 어쨌든 저도 그냥 월급 받고 살아가는, (웃음) 네, 직장인이기 때문에 그냥 같이 일하는 사람들에게 제일 많이 영향을 주고받아서…. 같이 일하고 싶은 환경에서 좋은 프로그램도 나올 수 있지 않을까 싶어요.

예능은 웃음과 감동, 희로애락 등 폭넓은 감정을 담는 장르

질문 14

홍: 마지막으로 유재석 씨도 그 얘기를 하긴 했는데, 본인이 예능인이라는 것을 다시 한번 환기시키고 싶다라고 한 시상식에서 말씀하셨는데, 예능 PD로서 '예능'이라고 하는 거는 뭐라고 생각하시나요?

김: 예전에는 예능이 다큐나 시사 교양과 구분되는 좀 더 고유한 틀이 있었던 장르였던 것 같아요. 근데 채널이 많아지고 또 제작의 역사가 길어짐에 따라서 장르라는 구분이 좀 무의미해졌죠. 예능이 추구하는 가치관 측면에서는 웃음과 감동 그리고 삶의 희로애락을 담아서 시청자들한테 즐거움을 주고 여운을 남겨 주는, 그런 가치관 있잖아요. 그러니까 남을 웃게 만들어서 희열을 느끼고 또 남들이 감동의 눈물을 흘렸다는 후기를 보고 '아, 우리가 의미 있는 메시지를 또 하나 전했구나.'라고 느끼거든요. 저는 시청자들에게 전달하는 그런 감정의 스펙트럼을 굉장히 폭넓게 갖고 있는 장르가 예능이라고 생각하거든요. 다들 그런 것들을 추구하면서 만들고 있지만 그 방법이 굉장히 열려 있고, 그 가치관을 구현하는 데 있어서 제약

이 없는 장르가 오히려 예능이라는 생각이 들어요. 지금 〈유퀴즈〉는 다큐의 속성을 많이 갖고 있으면서도 정말 대한민국을 대표하는 예능인이 진행을 하고 있어서 예능의 범주 안에도 들어가 있는데요. 이다음에는 어떤 형태로 그 비슷한 감정을 시청자들한테 또 전달할 수 있을지 이거를 열어 놓고 고민할 수 있는 게 예능 제작자들이 아닐까 싶습니다.

홍: 그러니까 다큐나 교양 같은 경우는 약간의 목적성이라고 하는 게 있잖아요. 지식이나 정보를 제공한다는…. 예능 같은 경우는 지향하는 바가 감정이잖아요.

김: 맞아요.

홍: 그렇기 때문에 제가 생각할 때 예능은 방법론 같다, 장르적인 속성도 물론 있지만. 어떤 사람의 감정, 감동이라고 얘기하셨지요. 웃음이나 즐거움이나 재미나 이런 여러 가지 약간 감정적인 것들에 도달할 수 있는 방법론이 예능이 아닌가라는 생각을 저는 했거든요. 지금 말씀하신 게 다 연결이 되는 것 같습니다. 그래서 앞으로도 좋은… 그런데 제가 개인적으로는 김 PD님이 〈유퀴즈〉에 출연자로 나오시면 (웃음) 좋겠다는 생각을 했습니다.

김: 아닙니다. 소재가 너무 떨어지지 않는 이상 저는…. (웃음)

홍: 굉장히 궁금해할 것 같아요. 이언주 작가님이 됐건 PD님이 됐건 유퀴즈를 만든 사람들이, 몇 회 특집이 될지 모르겠으나 한 번 정도 유

퀴즈를 만드는 제작진 중에 한 명이 좀 나오셔서 우리가 이런 생각
으로 프로그램을 만들고 있다…. PPL을 안 한다고 하는 것도 정말
시청자들이 꽤 모를 것 같아요. 그것도 한번 제안을 좀 드려 봅니다.
(웃음) 긴 시간 감사합니다. 너무 재밌게 잘 들었습니다.

김: 네, 감사합니다. 고생하셨습니다.

4. 인터뷰 요약 및 정리

1 유퀴즈의 기획 아이디어는 전적으로 유재석의 기획

〈유퀴즈〉는 전적으로 유재석 씨의 기획이다. 왜냐하면 유재석 씨가 〈무한도전〉에서 '잠깐만'이라는 코너를 통해서 마이크 들고 동네 곳곳을 누비면서 시민들을 만나 예상치 못한 대화를 하게 되었을 때 매우 즐거워했다. 지나가는 누군가가 어디로 가는지, 가방에는 무엇이 들어 있는지 이런 걸 궁금해한다는 것을 작가를 통해 알게 됐다. 그래서 "한 회를 그냥 유재석 씨가 즐거워할 만한 일들로 꽉 채워 보면 어떨까?"라고 해서 시작한 것이 〈유퀴즈〉다.

2 일상을 진부하거나 비루하지 않게 담는 영상 전략

거리는 우리의 일상 공간이기 때문에 거리에서 시민들을 만날 때 감회가 새롭기 어렵다. 일상을 방송에 그냥 담아냈을 때 시청자에게 매력적으로 보이게 하는 점이 적은 것이 현실이다. 따라서 그냥 스쳐 지나가는 담벼락 하나도 예쁘게 찍고, 여기에 어떤 애니메이션이나 몽환적인 장면이나 아니면 판타지를 심어 줄 수 있는지 고민했다. 다행히 tvN 스태프들은 예쁘게 영상을 찍는 것으로 유명하기에 효율성을 따지지 않고 추가 촬영을 통해 진부하지 않은 영상을 담아냈다.

3 정중하면서도 섬세한 말 걸기와 이별이 핵심 콘셉트

유재석 씨가 거리에서 굉장히 정중하고 반갑게 누군가한테 말을 건다. 헤어질 때도 퀴즈를 풀어서 맞히면 상금을 전달한다. 틀리면 상품을 드리고 애틋하게 헤어진다. '정중하면서도 섬세한 말 걸기와 이별 장면'이 프로그램의 아이덴티티다. 정중하고 섬세하게 말 걸고 이별할 때 방송상으로도 모두가 좋은 추억으로 남았으면 좋겠다는 의미에서 인트로와 아웃트로에 일러스트를 그리기 시작했다.

④ 다큐적인 인터뷰로 삶의 깊은 이야기를 담아

본 촬영에서 출연자들이 긴장하기 때문에 하고 싶었던 말도 다 못하고 끝나기 십상이다. 갑자기 눈앞에 수많은 카메라와 스태프들이 있기 때문이다. 그래서 본 촬영이 끝나고 난 다음에 마음이 안정된 상태에서 다큐 감독이 이야기를 들어 보면 어떨까 해서 시작했다. 출연자 일상생활의 모습까지도 다큐적으로 담다 보니 프로그램에서 큰 비중을 차지하게 되었다. 〈다큐 3일〉 촬영감독들이 큰 역할을 하고 있다.

⑤ 걷다가 만나는 주인공에서 이야기 가질 법한 주인공 섭외로 변경

코로나 이전에는 길을 지나가다가 우연히 만난 사람의 이야기를 들었다. 일종의 귀납 방식이다. 코로나로 사람들을 거리에서 만나기 어려워졌으니, 섭외하는 방식으로 바꾸었다. 그전에 우리가 듣던 이야기와 비슷한 이야기를 해 줄 출연자를 찾는 것이다. 과연 그렇게 해서 어려운 분을 모셨을 때 그게 시청자가 기대하는 부분인가 의문이 들었다. 결국 연역의 방식을 따르기에는 직업적으로 다가가는 게 그래도 수월하지 않을까 생각했다. 다행히 경찰 특집, 의사 특집, 프로파일러 특집들이 시청률이 높았다.

6 홍보 목적으로 출연 제안해 오면 하고 싶은 사람이어도 거절

먼저 출연하겠다고 하는 선 제안도 있지만, 프로그램 제작 원칙 중 하나는 PPL이나 홍보 목적으로 제안이 들어오는 것은 차단하는 것이다. 심지어는 스태프들이 하고 싶어도 출연을 시키지 않는다. 모든 인물 섭외에 관한 PPL은 전혀 없다. 불닭볶음면 개발자, 백화점 디자이너, 책 저자 등 방송 출연으로 홍보 효과가 나왔지만, PPL이 아니다. 섭외 기준은 오직 시청자가 보고 싶어 하느냐다.

7 성장 과정에서 느낀 삶과 가족에 관한 생각이 유퀴즈에 녹아들어

고등학교 때 사고로 아버지가 타계한 이후 삶에 대한 가치관을 많이 생각했다. 삶과 가족에 대해서 생각하며 살아왔는데 〈유퀴즈〉 출연자들을 만나면서 삶의 고통이나 공통점을 발견했다. 그런 이야기를 들을 때마다 공감했고, 방송으로 왜곡 없이 전달할 수 있게 하는데 이러한 삶의 경험이 영향을 준 것 같다.

8 PD로서 조명받기보다는 오랫동안 같이 일하고 싶은 동료가 되고
   싶어

대중에게 기억되고 싶은 마음은 크게 없다. 왜냐하면 대중은 프로그램을 기억하면 되고 프로그램에 출연한 MC를 기억하면 된다. 프로그램을 만든 사람은 그런 조명보다는 만드는 재미에 더 적합하다고 생각했기 때문에 일을 시작했을 것이기 때문이다. 백스테이지에서 현재 같이 일하고 싶은 동료라는 수식어만큼 더 값진 것은 없다. 같이 일하고 싶은 환경에서 좋은 프로그램도 나올 수 있을 것이다.

⑨ 예능은 웃음과 감동, 희로애락 등 폭넓은 감정을 담는 장르

예능이 추구하는 것은 웃음과 감동, 삶의 희로애락을 담아서 시청자들한테 즐거움을 주고 여운을 남겨 주는 것이다. 시청자가 웃고 감동의 눈물을 흘렸다는 이야기를 듣고 '의미 있는 메시지를 하나 전했구나.'라고 느낀다. 예능은 시청자들에게 전달하는 감정의 스펙트럼이 넓은 장르다. 그 방법이 굉장히 열려 있고, 가치관을 구현하는 데 제약이 없는 장르가 예능이다.

● REC

STORY 5.

스트릿 우먼 파이터

4K l 1920 x 1080
60FPS l 80 Mbps

3..2..1. l .1..2..3

1. 〈스트릿 우먼 파이터〉는 어떤 콘텐츠인가

〈스트릿 우먼 파이터〉는 "2021년 여름, 춤으로 패는 여자들이 온다!" 여자들의 춤 싸움이라는 콘셉트로 시작한 Mnet의 스트릿 댄스 오디션 프로그램이다. 〈댄싱9〉, 〈힛 더 스테이지〉, 〈썸바디〉에 이어 Mnet에서 기획한 춤을 소재로 한 네 번째 예능 프로그램이다. 약자 지목 배틀, 계급 미션, K-pop 4대 천왕 미션, 메가크루 미션 등의 다양한 미션을 거쳐 결승전을 거쳐 홀리뱅이 우승을, 혹이 준우승을 차지했다. 2021년 8월 31일 첫 방송 시청률 0.8%로 시작해서 10월 19일 2.9%까지 오르며 화제를 모았다. OTT 티빙을 통해서도 공개되어 티빙의 구독자를 늘리는 데에도 역할을 한 것으로 알려졌다.

〈프로듀스 101〉 투표 조작 전력에 비연예인 출연자, 평일 심야 편성 등 초반에 방송사의 기대는 크지 않았다. 하지만 노 리스펙 지명전에서 허니제이와 리헤이 사이의 갈등과 SNS에서 노제의 헤이마마 안무 챌린지가 인기를 얻으며 비드라마 TV 화제성 차트에서 3주 연속 1위를 차지하기도 했다. 서바이벌 프로그램의 부진으로 고전하던 Mnet으로서는 블루오션의 개척인 동시에 시청률과 화제성을 보장하는 시리즈를 만든 셈이다.

그 후 여고생 크루가 출연하는 스핀오프 프로그램인 〈스트릿댄스 걸스 파이터〉가 방송되었고, 남성 버전인 〈스트릿 맨 파이터〉, 2023년에는 〈스트릿 우먼 파이터 2〉가 방송되었다. JTBC에서도 〈스우파〉, 〈스걸파〉의 〈비긴어게인〉 버전인 〈플라이 투 더 댄스〉, 브레이킹 댄스 서바이벌 프로그램 〈쇼다운〉이 만들어지는 등 댄서와 춤에 관한 관심이 높아졌다.

K-pop이 세계적으로 큰 인기를 얻는 동안 가수 뒤에서 묵묵히 춤을 춘 댄서들이 새롭게 조명됨으로써 댄서들이 자신의 직업에 자부심을 갖게 했다. 〈스트릿 우먼 파이터〉는 오랫동안 자신의 분야에서 정진하는 사람들에게도 꾸준함이 무엇인가를 만들어 낼 수 있다는 인식을 확산시켰다.

2. 〈스트릿 우먼 파이터〉 분석: 〈스트릿 우먼 파이터〉와 콘텐츠의 미래[1]

어릴 적 텔레비전 쇼 프로그램을 볼 때부터 궁금증이 있었다. 가수들과 함께 춤을 추는 무용수들의 삶은 어떠할까? 어떻게 연습을 하여 가수와 호흡을 맞추는지, 더불어 은퇴한 뒤의 모습을 방송에서 보여 주면 좋겠다는 생각도 했다. 2021년 여름, 막연한 개인적 궁금증에 답을 제시한 프로그램이 등장했다. 바로 〈스우파〉이다. 〈오징어 게임〉과 거의 겹쳐진 방송으로 인해 다소 여론에서 불리한 환경이었으나, 각종 화제성 지수 1위, 유튜브 조회수 3억 이상, 틱톡 조회수 2억 이상 등을 기록하며 세계적 콘텐츠로 자리 잡았다. 방송이 끝나고, 무명의 출연자들은 스타덤에 올라 각종 프로그램에 초대됐고 광고 모델로도 인기를 끌었다. 〈프로듀스 101〉과 관련한 추문과 잡음이 있고 얼마 지나지 않아서인지 첫 방송을 앞두고 시청자의 기대는 크지 않았다. 하지만 방송이 횟수를 거듭할수록 눈덩이가 뭉쳐지

---

1) 홍경수, 스트릿우먼파이터와 콘텐츠의 미래. 〈지식협동조합 좋은나라〉(2021. 11. 22.) 수정 게재.

듯 커진 반응은 놀랍기 그지없다. 혁신적인 콘텐츠는 적은 비용으로 최고의 효과를 내는 효율성과 대중의 예상을 뛰어넘는 파격성을 특징으로 한다. 이 글에서는 혁신적인 콘텐츠라 할 수 있는 〈스우파〉가 어떻게 대중의 응원을 얻게 되었는지 살펴보고, 이것이 콘텐츠의 미래에 대해 함의하는 바를 이야기하고자 한다.

텔레비전과 OTT의 미디어믹스: "아직도 〈스우파〉를 모르는가?"

이제 텔레비전이라는 말은 시대에 뒤떨어진 것처럼 보인다. 텔레비전을 뛰쳐나온 미디어의 탄도는 인터넷 방송과 유튜브를 거쳐 이미 OTT의 시대를 지나가고 있으며, AR, VR 등 XR을 통과하여 메타버스에 돌입했다. 스우파는 이러한 포스트 텔레비전 시대에 텔레비전과 OTT의 절묘한 미디어믹스로 텔레비전의 효용을 극대화시켰다. 롯츠(Lotz)가 지적한 포스트 텔레비전 시대란 텔레비전 방송사가 주된 역할을 했던, 이른바 네트워크 시대가 더 이상 유효하지 않은 멀티 플랫폼 콘텐츠 시대를 가리킨다. 지상파 방송사들이 독점했던 텔레비전이라는 상자를 이제는 PP와 IPTV, 그리고 티빙, 넷플릭스와 같은 OTT들과 함께 사용하는 시대다. 텔레비전 상자의 가장 큰 장점은 어느 모니터보다 크다는 것이고, 텔레비전 상자가 가진 다른 미디어와의 차이점은 시각적 자극을 극대화한다는 것이다. 길거리에서 댄스 실력을 갈고 닦았거나, K-pop 무대를 반짝반짝 빛나게 한 칼로 썬 듯한 군무로 이름난 젊은 여성들이 팀의 명예를 걸고 목숨을 건 경쟁을 한다. 유명한 스타가 아니기에 이들의 경쟁은 더욱 치열하고 스펙터클할 것임은 당연하다. 매 경연마다 아름다운 신체가 빚어내는 역동적이고도 조화로운 움직임은 텔레비전이라는 미디어에 더할 나위 없는 스펙터클한 소재다.

게다가 텔레비전은 일종의 앰비언트 미디어(주변 환경을 구성하는 미디어)로, 집안의 형광등처럼 우리 삶을 감싼다. 혼자 사는 사람이 집에 들어가서 가장 먼저 텔레비전을 켜 놓는 것도 텔레비전을 친숙한 환경을 만드는 중요한 요소로 생각하기 때문일 것이다. 텔레비전은 자신의 취향이 아니어도 가족 중 어느 한 명의 선택으로 열려 있다면(텔레비전은 일종의 창문이니), 다른 가족들도 끌어들일 수 있다. 〈스우파〉가 초기에 20대 여성을 중심으로 수용되다가 중장년층의 수용자로 확대된 데에는 텔레비전의 앰비언트 미디어로서의 기능도 크게 작용한 것으로 보인다. MZ 세대에게 호소력이 강한 콘텐츠가 전 연령대로 시청자 폭이 넓어짐으로써 〈스우파〉는 국민 콘텐츠로 변모했다.

여기에 〈스우파〉는 자신의 OTT 플랫폼인 티빙을 통해 20개의 채널을 라이브로 방송하여 안방 텔레비전이 아니더라도 쉽게 본방에 접근할 수 있는 구조를 가지고 있다. 텔레비전이나 티빙을 통해서 본방을 보지 못한 경우에는 티빙의 다시보기(SVOD)를 통해서 볼 수 있다. 〈스우파〉 방송과 더불어 티빙의 구독자가 의미 있게 증가했다는 티빙 관계자의 발언은 한국형 OTT의 새로운 전략이 통한다는 것을 보여 준다. 또한 유튜브에 다양한 영상클립을 올리고, 각 팀 영상의 조회수와 좋아요 수치를 합산하여 평가에 반영함으로써 잠재 시청자를 본방송과 다시보기로 끌어들이는 전략을 활용했다. 유튜브의 조회수를 반영함으로써 문자 투표가 갖고 있는 불투명성을 어느 정도 해소함과 동시에 글로벌 시청자를 확보하는 부수적인 이득도 얻었다.

최종회는 생방송으로 진행함으로써 즉시성과 현장성을 극대화했고, 시청자를 참여시켰다. 텔레비전은 처음 등장한 1930년대에만 해도 거의 모든 프로그램이 생방송으로 진행됐는데, 녹화장치인 VTR이 1956년이 되어서야 등장했기 때문이다. 생방송에는 녹화물이 넘볼 수 없는 '살아 있음'이 존재하며, 전 국민의 관심을 끌 수 있는 미디어 이벤트도 이런 특성 때문에 가능해졌다. 미디어학자 메이로비츠(Meyrowitz, 1985)는 시청자로 하여금 사회공동체의 일 구성원임을 깨닫게 해 준다는 면에서 생방송은 '우리가 공유하는 사회에서 발생하고 있는 그대로의 현실에 연루될 수 있는 가능성을 보장해 준다.'고 설명했다. 생방송을 연구한 동덕여자대학교 이동규 교수에 따르면 텔레비전의 생방송이라는 특성은 수용자를 직접적으로 관여시켜 시청률을 확보하는 데에도 큰 도움이 된다. 2021년 도쿄 올림픽 때 방송사들이 너도나도 생방송을 뜻하는 LIVE라는 자막을 화면에 고정시킨 것도, 심지어는 녹화중계마저도 LIVE라고 우겼던 것도, TV가 갖고 있는 생방송이라는 아우라를 극대화하기 위한 노력이었다. 생방송을 생맥주에 비유한다면, 녹화방송은 병맥주에 해당하는 것처럼, 생방송의 현장성과 즉시성은 타의 추종을 불허한다.

〈스우파〉의 텔레비전과 OTT를 활용한 미디어 전략은 옴니채널 전략을 연상케 한다. 온라인과 오프라인을 넘나드는 까다로운 소비자를 붙잡기 위해 기업들이 사용하는 온라인 오프라인 통합 채널 전략인 옴니채널 전략은 곳곳에 덫을 놓음으로써 소비자들이 특정 제품을 피할 수 없게 하는 것을 목표로 한다. 오프라인 환경을 지배하는 가정의 텔레비전을 통한 시청자의 확장, 자사 OTT 플랫폼인 티빙을 통한 생방송과 다시보기를 통한 시청자의 확보, OTT의 최강자인 유튜브에 짧은 영상을 올려 잠재적인 수용자를 끌어들이는 미끼 전략에다가 다양한 포털의 뉴스들이 시청자를 포획한다. "아직도 스우파를 모른 척 할 수 있느냐?"라고 질문하는 듯하다. 현재 지상파 방송의 쇠락은 영향력이 줄고 있는 지상파라는 매체에만 과도한 가중치를 두고, 자사 OTT 플랫폼과 유튜브 무료 플랫폼, 그리고 인터넷 여론이라는 핵심 요소를 저글링하지 못한 결과가 아닐까.

이것은 예능인가, 아니면 드라마인가

이제 내용면으로 들어가 보자. 방송 내내 화제는 넘쳤고, 스토리에는 주인공이 필요한 법. 스승과 제자 관계라고 할 수 있는 허니제이와 리헤이의 대결을 지켜본 시청자들은 삶에서 드문 일이 아닌 만남과 이별을 둘러싼 '운명의 장난'을 목도했다. 흡사 보스의 오른팔과도 같았던 제자가 뭔가 안 맞아서 스승과 5년간 함께 해 온 크루(정확히는 팀이다)를 뛰쳐나가 자신의 팀을 새로 만들었다. 그런데 그 과정에서 오해를 쌓으며 연락을 하지 않다가, 노 리스펙이라는 이름의 약자지목 경쟁에서 스승을 약자로 지목하여 한판 승부를 본다. 무협지도 아니고 소림사 영화도 아니지만, 댄스 경연 프로그램은 다리 위에서 피하고 싶은 인연을 마주하게 하는 서사를 빚어냈다. 이 경쟁에서 제자는 스승을 뛰어넘었고, 경쟁에서 진 허니제이는 제자를 껴안으며 그동안 쌓인 복잡한 감정의 실마리를 풀어냈다. 어느 드라마보다 극적인 구성이다.

그 후 허니제이는 계속되는 경쟁에서 연거푸 패배하고, 자신의 새로운 제자들로 이뤄진 팀원들에게 얼굴이 많이 깎였다. 옛 제자에게 패하고, 현재의 제자들에게 체면을 구긴 스승은 결국 팀원들의 의견을 수용하고, 메가크루 미션 등에서 승리하며 팀원들을 다독인 뒤

최종 우승을 거둔다. 어떻게 보면 스우파는 허니제이를 주인공으로 한 한 편의 드라마였던 셈이다. 대중은 완벽한 주인공을 썩 좋아하지 않는다. 결함 있는 주인공, 상처 입은 주인공, 힘을 잃은 주인공에게 더 감정이입을 하고, 주인공이 다시 일어서는 모습을 보고 싶어 한다. 실력과 인성이 돋보이는 허니제이가 상처받은 영웅이었기에 스우파라는 드라마의 주연으로 제격이었다.

드라마의 성공에는 일종의 방백이라 할 수 있는 '속마음 인터뷰' 장치가 잘 활용되었다. 방백은 곁에 사람을 두고도 홀로 하는 말로, 곁에 사람이 그 말을 알아듣지 못하는 경우에 방백의 효과는 살아난다. 관객은 '속마음 인터뷰'를 통해 어떤 정보, 예측, 기대심리를 갖게 되고, 〈스우파〉의 명대사들 대부분이 속마음 인터뷰를 통해 탄생했다. 대표적인 것이 리정이 "내가 약자? 난 한 번도 약자였던 적이 없는데."라고 말하며 상대에 대한 자신감을 드러낸 것이었다. 출연자의 속마음을 언제 인터뷰를 땄을까 궁금할 정도로 긴장감과 진실함이 느껴지는 인터뷰 덕분에 시청자들은 잘 짜인 스토리의 양면을 들여다보며 몰입하게 되었다. 전지현, 고현정, 송혜교 등 내로라하는 명배우들이 대거 드라마에 출연한 2021년 가을, 이번 드라마 전쟁의 최종 승자는 어쩌면 〈스우파〉가 아닐까.

이것은 여성서사가 아니다, 인간서사다

일부 미디어에서는 〈스우파〉의 성공요인을 분석하며 새로워진 여성서사를 들었다. 즉, 여적여(여자의 적은 여자)의 서사를 활용하지 않았으며, 선곡을 통해서 여성을 나약하고 수동적인 존재가 아니라 주체로서 드러내 보였다는 것이다. 타당한 지적이기는 하지만,

〈스우파〉는 엄밀하게 여성서사라기보다는 인간서사로 볼 수 있는 여지가 크다. 그동안 특정 성별의 전유물처럼 인식되었던 배틀, 싸움, 경쟁, 리더십뿐만 아니라, 화해, 용서, 화합, 사랑 등의 가치가 한 콘텐츠 안에서 자연스레 용해되어 양성적인 특성을 보이는 것도 중요한 이유다.

더 근원적으로는 여성인 댄서들의 경쟁 과정 대신 그동안 조명 받지 못했던 사람들이 오로지 실력 경쟁을 통해 고군분투하는 과정에 초점을 맞추는 섬세한 지향성이 〈스우파〉를 단순한 여성서사 이상으로 보이게 만든다. K-pop이 세계적 현상이 되고, 기획사가 문화 재벌이 되어 가는 중에도 거대한 엔터산업의 밑단을 단단히 지탱하고 있는 것은 아이돌 연습생, 연주자, 코러스, 그리고 댄서들이라고 할 수 있다. 이들의 노동 없이는 아름다운 무대도 음악도 불가능해진다. 이들은 산업화 시대의 수출역군인 노동자들과 마찬가지로 자신의 몸을 갈아 넣으며 산업의 기초를 단단히 했다. 여유로울 수 없는 환경에서 치열하게 춤추었지만, 별다른 조명을 받지 못한(실제 무대에서 조명은 이들을 피해 간다) 이들이 주인공이 되어 무대 한가운데에서 열정적으로 춤을 추자 대중은 환호했다. 실력을 갖춘 주인공이 내내 제대로 평가받지 못하다가, 결국 정당한 평가를 받는 인간 승리의 과정에 시청자들이 열광한 것이라면, 여성서사라기보다는 인간서사라는 주장이 더욱 힘을 얻는다.

프라우드먼이 여성인권선언을 낭독하는 곡에 맞춰 춤을 추거나, 혹이 양희은의 〈엄마가 딸에게〉를 선곡한 것 역시 여성이 여성의 권리를 옹호하는 서사로 보이기보다는 조명받지 못한 댄서들이 우리 사회에서 조명받지 못한 또 다른 존재인 여성과 엄마를 응원하는 것처럼 보였다. 라치카가 혼성팀 미션에서 성소수자를 연상케 하는 누군가에게 힘을 주고 싶다고 말하고, 조권이 하이힐을 신고 춤을 춘 것 역시 또 다른 소수자를 격려하는 관심의 확장으로 해석할 수 있다. 이들의 행동은 공감의 철학자 시몬 베이유를 연상시켰다. 에릭 와이너는 『소크라테스 익스프레스』에서 여섯 살 때 군인들이 설탕을 먹지 못한다는 말을 듣고 자신도 설탕을 먹지 않겠다고 선언하고, 난방용 기름을 살 여유가 없는 노동자들이 안쓰러워 아파트 난방을 하지 않았던 베이유의 사례를 소개했다. 그녀는 다른 사람의 고통이 자신의 살과 영혼 속을 파고들어 온다고 말했다. 관심의 확장된 모습이 바로 사랑이라면, 댄서들의 선곡과 안무, 퍼포먼스는 삭막한 세상을 따뜻하게 보듬었다. 심지어 출연자들의 속옷 차림과 다소 민망할 수도 있을 춤의 동작들도 인간서사라는 큰 우산 안에서 자연스럽게 용해된다. 육상 선수의 짧은 반바지를 보고 누구도 중계방송이 선정적이라고 흠을 잡지 않는 것처럼.

대중은 콘텐츠에서 도대체 무엇을 추구하는가

대중이 콘텐츠에서 무엇을 추구하느냐를 둘러싸고 많은 논의가 있다. 우선 니드(need)와 원트(want)론(論). 대중이 필요로 하는 것과 원하는 것을 구분하고, 콘텐츠는 대중이 원하는 것뿐만 아니라 이들에게 필요한 것도 제공해야 한다는 주장이다. 가령 청소년들이 밥보다는 라면을 더욱 선호한다고 할 때, 라면을 공급하는 것이 원트를 제공하는 것이고, 영양가 있는 밥을 주는 것이 니드를 채워 주는 것이라고 비유할 수 있다. 이보다 한발 더 나아간 게 결핍론이다. 필요로 하고 원하는 것을 다르게 표현한다면, 대중에게 결핍되고 부족한 부분을 채우면 대중을 만족시킬 수 있다는 것이다. 결핍을 설명하려면, 라깡의 욕망이론을 지나칠 수 없다.

라깡은 주체를 허구적 대상에 대한 결핍을 가진 존재로 상정한다. 라깡은 욕구(want)를 인간이 생존을 위해 필요로 하는 기본적인 바람, 혹은 조건에 대한 소망충족이라고 설명한다. 즉, 배고프면 밥을 먹어야 하고, 피곤하면 잠을 자고 싶어 하며, 배가 부르면 배설을 하고 싶은 것은 삶을 이어나가기 위한 근본조건이다. 욕구를 넘어서 존재하는 것이 바로 요구와 욕망이다. 우선, 요구(demand)는 자신에게 충족되었으면 하고 바라는 언어로 번역된 소망충족이다. 가령, '어떤 자동차를 타고 싶다.' '식사 때 엄마와 이야기하며 밥을 먹고 싶다.' 하는 소망은 모두 요구라고 할 수 있다. 그리고 이러한 소망들은 대부분 언어로 표현될 수 있다. 그런데 자신의 요구 중에서 충족되지 않는 것들이 분명 생겨나게 마련이다. 단순히 밥을 먹는 것이 욕구이고, 엄마와 이야기하며 밥을 먹고 싶은 것이 요구라면, 요구와 욕구 사이에 존재하는 것이 바로 욕망(desire)이라는 것이다. 문제는 욕망이 단순하지 않다는 데에 있다. 욕망은 항상 요구를 넘어서서 혹은 요구 이전에 존재한다는 것이 라깡의 주장이다. 욕망이 요구를 항상 넘어서서 존재한다면, 욕망이 요구를 초월하며 욕망이 충족되는 것은 불가능하므로 욕망은 영원하다는 것을 의미하기도 한다. 요구는 욕망을 반드시 언어 형태로 표출하기 때문에 필연적으로 욕망의 진정한 의미를 드러내기 어렵다고 라깡 연구자 아니카 르메르는 말했다. 종합하면, 사람은 태어나면서부터 결핍된 존재이며, 욕망은 자신의 욕구와 요구 이전에 그리고 이 둘을 뛰어넘어 존재한다는 것이다. 따라서 모든 콘텐츠 기획에서 수용자의 결핍의 지점을 명료하게 파악하는 것은 가장 필수적인 작업이다.

필자는 스우파를 보면서 대중에게 결핍된 것은 공의(公義, righteousness)로운 세상이며, 콘텐츠에서도 이러한 가치를 요구한다는 것을 감지했다. 스우파라는 콘텐츠를 라깡의 욕망 공식에 대입해 보면 다음과 같다.

- 멋진 쇼 프로그램을 보면서 지루한 코로나19 시기를 넘어 가고 싶다. (욕구)
- 예전 오디션처럼 공정성에 문제가 생기지 않았으면 좋겠다. (요구)
- 공정성에 문제가 없을뿐더러, 그동안 조명받지 못했던 사람들 이 빛나는 공의로움이 있는 인생 콘텐츠를 만나고 싶다. (욕망)

위와 같이 구분해 본다면, 대중들의 결핍에서 근원한 욕망은 '공정할 뿐만 아니라, 억눌린 누군가가 제대로 평가를 받는 공의로운 콘텐츠를 보고 싶은' 마음일 수 있다. 그동안 억눌려서 빛을 보지 못한 것들이 바로 세워져 공의가 실현되는 것은 살맛 나는 일이다.

그렇다면, 이러한 공의에 대한 욕망은 어떻게 생긴 것일까? 넷플릭스의 〈오징어 게임〉이 양극화된 한국 사회의 현실을 반영해서 인기를 끌었다는 담론을 빌려 오지 않더라도 한국 사회의 양극화 정도는 점점 악화되어 가고 있다. 상위 몇 퍼센트 안에 속하지 않는 사람들은 언제라도 나락으로 떨어질 수 있는 위험을 감수해야 하는 삶을 살고 있다. 부자가 더욱 부자가 되는 것은 공의롭지 않은 일이다. 반대로 어려운 환경에서 최선을 다해 누군가가 작은 성공을 일궈 낸다면, 그것은 공의가 실현되는 순간이며, 누구라도 박수를 쳐 주고 싶은 마음이 생긴다.

조명받지 못한 사람들이 제대로 평가받는 일이 공의의 영역이라면, 경연 내에서의 비교적 정확한 심사는 공정의 영역일 것이다. 전체 프로그램을 통틀어서 심사위원인 보아, 황성훈, 태용이 내리는 심사 결과 중 필자의 주관적인 생각이긴 하지만 납득하기 어려운 심사결과는 없었다. 물론, 더 많은 심사위원들이 춤동작의 의미를 분석하고 자세하게 설명했더라면 하는 아쉬움은 남는다. 그나마 생길 여지가 있는 논란은 출연자들이 멋지게 승부를 받아들이는 모습으로 잠잠해졌고, 이것이 다시 콘텐츠의 매력 요소로 자리 잡았다. 제작자가 출연자 복도 많기도 하다.

방송 콘텐츠의 미래는 어떻게 될까

30만 명의 구독자와 5~15만 정도의 조회수를 기록하고 있는 MBC 최별 PD가 만든 유튜브 채널 '오느른'은 한국판 유튜브 〈리틀 포레스트〉라고 할 수 있다. 수백 개의 댓글을 읽어 보고 느낀 점은 생각보다 많은 사람이 인구가 줄어들고 폐가가 늘어나는 농촌에서 의미 있는 일을 하는 최별 PD를 전심전력으로 응원하고 있다는 사실이다. 놀랍게도 악성 댓글은 찾아보기도 어려울 만큼 선한 댓글 일색이다. 대중은 누군가가 우리 사회의 억눌리고 왜곡된 문제를 바르게 펴고자 하는 노력들을 큰 박수로 응원한다는 것을 감지했다.

〈스우파〉가 대중의 환호를 받은 근원적인 이유 역시 이와 다르지 않다고 생각한다. 무대의 가장자리에서 혹은 길거리에서 조명받지 못한, 이른바 언더 댄서에게 타당한 인정을 돌려 주는 콘텐츠의 취지는 기획만으로도 응원하고 싶어진다. 게다가 방송에서 이야기했듯이 출연자들 대부분은 춤추는 것이 정말 좋아서 사회적 인식을 이겨내고 자신의 일에 몰두하고 있다. 앞으로의 방송 콘텐츠가 채굴해야 할 광맥은 바로 이것이다. 우리 사회에서 오랫동안 제대로 평가받지 못하고 폄훼당한 사람들 혹은 가치를 적극적으로 발굴하고 담대하게 공론의 장에 제시하는 것이 필요하다. '이런 소재가 될까?'라는 기획 초기의 질문은 공의가 실현되기를 바라는 대중의 무의식의 작용에 따라 쓸데없는 기우로 드러날 것이다. 〈스우파〉가 일궈 낸 멋진 성공은 포스트 텔레비전 시대에 콘텐츠의 앞길을 이와 같이 암시하고 있다.

3. 최정남 PD 인터뷰

최정남 PD

출생: 1984년
소속: Mnet 프로듀서

작품
〈슈퍼스타 K〉, 〈댄싱9〉, 〈힛 더 스테이지〉, 〈썸바디〉, 〈스트릿 우먼 파이터〉

수상
제58회 백상예술대상 예능 작품상
대한민국 콘텐츠 대상
2021년 비저너리 어워즈

〈스우파〉를 우연히 보았다가 제대로 보기 위해 티빙에 가입했다. 콘텐츠를 열심히 보고 분석하여 글을 썼다. 〈스우파〉를 기획한 최정남 PD에게 연락하여 인터뷰를 제안했다. 프레시안에 쓴 비평글을 읽었다고 했고, 고맙다고 했다. 콘텐츠를 기획한 사람이 운 좋게 비평글을 읽었다면, 인터뷰는 아연 활기를 띠게 된다. 인터뷰를 통해서 필자는 비평글에서 파악하지 못했던 내밀한 작업 과정과 기획자의 철학을 파악할 수 있었다. 시청과 비평 그리고 생산의 선순환을 만든 것 같았다. 〈스우파〉 방송이 끝나고 홀가분한 상태인 최정남 PD를 서울의 한 카페에서 만났다.

홍: 어떻게 지내셨나요?

최: 10월 말쯤에 〈스우파〉 방송이 끝나고 다음에 또 저희 CP 안에서 후배 PD님이 〈스트릿 걸스 파이터〉(이하 '〈스걸파〉')라고, 10대 친구들을 데리고 하는 춤 프로그램 기획에 바로 들어가서 그게 지난주에 끝이 났어요. 그 프로그램에까지 〈스우파〉의 댄서들이 나오다 보니까 이제 진짜 끝난 느낌이 들더라고요 사실. 그래서 지난주에 그 프로그램이 마지막 회를 하면서 Mnet에서 했던 〈스우파〉 방송이 이제 끝이 났구나라는 생각이 요새 조금 많이 들고 있었어요.

홍: 〈스걸파〉는 어떻게 보셨습니까?

최: 김나연 PD님이라고, 기획하면서도 너무 잘해 주셨어요. 김 PD님이 항상 우리 〈스우파〉 마스터 친구들이 〈스걸파〉 프로그램을 통해서 10대 친구들을 티칭하는 지도자의 모습을 한번 보여 주고 싶어 했어요. 과거에 제가 댄스 프로그램을 할 때보다 확실히 요즘에 우리나라에 춤을 잘 추는 어린 친구들이 진짜 많다는 걸 느꼈어요. 사실 춤이 매니악한 요소도 있고 또 부정적으로 보시는 어른들도 많았는데,

〈스우파〉를 통해서, 춤이라는 것도 저렇게 오랜 시간 하고 자기가 잘하는 분야를 하면 저렇게 마스터 역할을 할 수 있고 또 저렇게 사람들이 인정해 주는 직업이 되는구나를 좀 알게 됐다고 하시더라고요. 그래서 앞으로 그게 좀 좋은 영향을 미쳐서 좋은 댄서분들이 나오지 않을까 싶고, 댄서계가 기대되기도 해요.

홍: 〈스걸파〉가 약간의 논란도 있었고… 보시면서 연출자로서 여러 감정이 드셨을 거 같은데 어떠셨어요? 아주 디테일한 그 공정함에 대한 감정… 사람들이 예민해진 거 같다고 할까요? 어떤가요?

최: 확실히 제가 예전에 서바이벌 프로그램을 할 때보다 요즘은 그 공정함에 대한 걸 되게 잘 생각해야 하죠. 물론 그게 기준이 되어야 하는 건 맞는데, 그걸 예전보다 조금 더 깊이 가슴 속으로 생각해야겠다는 걸 많이 느끼고 있어요 요즘, 프로그램을 하면서…. 대중의 인식이 높아졌고 그것을 느끼면서 프로그램을 만드는 것이 단순히 재미로만 갈 게 아니고 특히나 이 서바이벌 프로그램에서는 지금 우리가 만드는 이 룰이 공정한가에 대한 걸 다시 한번 더 생각해 봐야 되지 않나 생각이 들더라고요. 매 미션을 할 때에도 저희 제작진 입장에서 그런 것에 대한 고민이 많이 앞으로는 더 생길 거 같아요.

주변의 댄서들이 주목받을 수 있는 프로그램으로 기획

질문 ❶

홍: 〈스우파〉 기획 과정과 어떤 모멘텀을 잡아서 발전시키게 되었는지 설명을 좀 부탁드려도 될까요?

최: 사실 제가 Mnet에서 서바이벌 프로그램을 다년간 했었고 댄스 서바
이벌 프로그램 〈캡틴〉을 했어요. 〈캡틴〉은 부모님과 함께하는 서
바이벌이어서 Mnet 채널과는 거리감이 있었고, 채널에 맞는 색을
고민해 보면서 제가 했던 걸로 다시 아이템을 잡아 보면 좋지 않을
까 생각을 했을 때 그냥 쉽게 떠올랐던 게, 아무래도 제가 댄스 프로
그램을 했었으니까 댄서였던 거 같아요. 제 주변에 저와 함께할 수
있는 분들이 댄서들이기 때문에 그분들이 다시 주목받을 수 있는 프
로그램을 하면 좋겠다고 생각했어요. 그런데 아무래도 제가 이것을
기획하고 있을 때 K-pop이 글로벌 인기를 얻게 되었고, K-pop뿐만
아니라 K-pop 댄서가 추는 안무에 대한 관심도 커져서 '이 포인트
가 어떻게 보면 글로벌로도 잘 될 수도 있겠다.'라고 생각했던 거 같
아요. 그래서 댄서분들을 만나서 시장 조사를 하면서 "이런 댄스 프
로그램으로 서바이벌 프로그램을 하고 싶은데, 시청자분들이 더 많
이 유입되어 볼 수 있도록 쉽게 만들고 싶다."라는 이야기를 드렸어
요. 서바이벌 프로그램이면 대중이 참여하면서 즐길 수 있어야 되는
데 남자와 여자 혼성이 갔을 때는 아무래도 보여 주는 게 파워적인
면에서도 또 남자에 치우치게 될까 걱정했어요. 그래서 그냥 하나의
성으로 가서 대중들이 "같은 성에서는 이분이 더 뛰어나네요." "이분
이 더 부족하네요."를 쉽게 느껴서 춤에 들어올 수 있게 하려고 했어
요. 그래서 특별히 여성서사를 만들겠다라는 건 없었어요. 제가 과
거에 알던 댄서들이 허니제이 씨나… 그때 같이 프로그램을 했던 방
송에서 백업활동을 많이 했고 안무를 짰던 분들이 많이 있어서 그쪽
으로 방향을 잡게 된 거 같아요.
코로나19 때문에 댄서분들이 힘든 상황이었고, 예전에는 그냥 솔로
오디션이었다면 이번에는 "허니제이 님이 갖고 있는 크루가 한번 대

결을 해 보는 건 어떨까요?"라는 이야기를 했더니 또 굉장히 좋아하
시더라고요. 근데 좋아는 했지만 엄청난 고민을 했다고 해요. 왜냐
면 자기가 많이 알려지진 않았지만 댄서씬에서 갖고 있는 네임벨류
가 있기 때문에, 자신의 크루를 이끌고 서바이벌에 나가서 어떻게
해야할지에 대한 고민이 있었다고요. 코로나19 시국에 이런 프로그
램이 있다니까 무조건 나가야겠다고 생각했다고 하더라고요. 너무
춤을 출 곳도 없고 알릴 곳도 없고 하니까 춤을 계속 추려면 아르바
이트를 해야 하나 이 생각까지 했다고 하더라고요. 그때 마음이 좀
아팠었는데 그럼에도 〈스우파〉 프로그램을 열심히 해 줘서 이런 결
과가 나오고, 대중이 댄서분들을 너무 좋아해 주고 관심을 가져 주
셔서 너무 좋았던 거 같아요. 댄서들이 "프로그램 나가 봤자 그 정도
겠죠."라고만 느꼈는데 이 정도로 파급력이 있을 줄은 미처 생각하
지 못했다라고 많이 말해 주더라고요. 프로그램이 끝나고 많이 느꼈
어요. 왜냐면 교수님처럼 이렇게 인터뷰 요청을 해 주시면 말씀을
드리면서 저도 또 듣고 하면서… "아, 이게 촬영을 하고 편집을 하고
늘 했던 일을 한 것뿐인데 뭔가 댄서라는 문화를 조금 더 움직였구
나."라고 느꼈던 거 같아요.

홍: 얼마 전에 비저너리 대상 수상을 축하드립니다. BTS, 황동혁 감독과
어깨를 나란히 하는, CJ를 대표하는 제작자로 인정받으셨는데 소감
이 어떠세요?

최: 아, 맞아요. 네, (웃음) 너무 창피해 가지고요. 우선 상을 받는다는
게… 사실 프로그램을 하면서 상을 받을 거라는 것을 한 번도 상상한
적이 없어서…. 상을 받고 관심을 받으니까 '이렇게까지 주목을 받을

정도로 내가 일을 했나?'라는 생각이 들면서 좀 많이 민망하고…. 이게 사실 제가 제작진의 리더이긴 했지만 프로그램 하나를 만들기 위해서는 댄서 크루같이, 저희도 되게 많은 작가 팀도 있고 PD 팀도 있고 PD 크루도 있고. 그래서 아, 제가 그냥 수장으로 있어서 받는 거지…. 이게 진짜 혼자 할 수 없는 일이기 때문에, 콘텐츠를 만드는 거 자체가…. 팀원들에게 혼자 받는 거에 대한 미안함이 있었어요. 그냥 프로그램이 상을 받는다는 느낌으로 저는 생각하고 있고, 앞으로도 이 제작진과 또 좋은 프로그램을 만들어서 다른 PD와 작가분들도 이걸 함께 만들었다는 거에 대해 공을 같이 나누는 자리가 많았으면 좋겠다는 생각을 했어요.

홍: 처음 기획을 하셨을 때 회사에서의 반응은 어떠했나요?

최: 음, Mnet 채널에서는 아이돌을 만드는 서바이벌을 최근까지 지속적으로 해 오다 보니까 댄서 서바이벌을 한다는 거 자체는 되게 흥미로운 일이라고 생각을 해 주셨어요. 근데 아무래도 댄서가 이러한 프로그램에 나온다면 어떤 일이 벌어질까에 대한 거는, 아직 가 보지 않은 일이었기 때문에 그것에 대한 미지수가 많았던 거 같아요. 회사도, 저도요. 만약 시즌 2, 3를 통해서 쭉 롱런할 수 있는 공연이나 뮤지컬이 나오면 댄서분들에게는 그게 조금 더 업으로 확장할 수 있는 일이기 때문에, 저도 그런 거까지도 한번 더 고민을 하고 있어요. 단순히 관심 있는 댄서에 국한되는 것으로 끝나는 것이 아니고, 춤을 사랑하고 댄서를 알게 된 대중들이 댄서분들의 작업을 찾아서 볼 수 있도록, 그런 구조를 만들 수 있게 되면 좋겠다라는 생각을 했어요. 그런데 코로나19와 너무 맞물려서… 이러한 상황 속에서 힘

들더라고요.

홍: 처음에 기획을 하실 때 여러 가지 미션이 있었잖아요? 이 미션들은 미리 설계를 하신 건가요, 아니면 진행하면서 발전시킨 건가요?

최: 우선은 프로그램 몇 회에 어떤 미션을 해야겠다라는 거는 저희가 사전 기획을 하는 동안에 미리 준비했던 부분이었어요. 그래서 첫 미션에서 크루들을 바로 탈락시키기보다는 어느 정도 대중에게도 보여 주고, 이들의 실력이 어느 정도 인지가 됐을 때 탈락 제도를 통해서 시청자들이 몰입할 수 있게 하면 어떨까 해서 한 건데, 대중은 탈락이 있는 건지 몰랐던 거예요. 대중이 몰입이 되니까, 아무도 탈락시키지 말라고 했죠. 저는 그게 좋기도 했어요. 이미 저희 제작진 안에서는 이 구도로 미션을 만들어 놓은 상황이고 어느 정도 촬영도 진행됐는데 그런 말씀을 많이 해 주셔서 한편으론 좋았죠. 다음 주에 탈락 팀이 나오는데 이걸 어떻게 해야 하나에 대해 고민도 있었어요.

홍: 노 리스펙트, K-pop 안무 등 미션들이 재밌던데, 그 아이디어는 어떻게 만든 건가요?

최: 첫 만남부터 제가 댄서분들의 기질을 알고 있었고 다른 댄서에게 능력을 보여 달라고 이야기했어요. 어떤 친구는 배틀에 되게 적합한 친구도 있었고 준비를 해 온 안무를 보여 주는 것에 적합한 친구도 있어서 다양한 모습이 나올 수 있다는 것도 재밌더라고요. 왜냐

면 배틀을 키(key)로 가져갔을 때 어떤 친구는 배틀이 강해서 배틀에서 돋보이겠지만 또 어떤 친구는 퍼포먼스에서 돋보일 수 있고. 이러한 것들이 회차별로 다양하게 나올 수 있겠다 싶어서 배틀이랑 퍼포먼스 구조를 다 같이 가져갔던 거죠. 노 리스펙트는 아무래도 댄서들이 자기들이 잘할 수 있는 거를 처음 보여 주는 무대니까 더 자신감 있게 임해 줬던 거 같아요. 노 리스펙트라는 이름을 붙이긴 했지만 댄서들이 춤으로 잘 보여 줘서 대중이 재밌게 봐 주신 게 아닐까 싶어요.

사람의 꾸준함이 무언가를 만들어 낼 수 있다

홍: 허니제이와 리헤이의 미묘한 관계는 예상하셨나요?

최: 저희도 인터뷰를 하면서 알게 된 상황인데 사실 노 리스펙트에서는 그들이 서로를 지목하지 않았으면 성사될 일이 아니었죠. 리헤이 님도 "어쨌든 나의 사수였고 그분과 함께 겨뤄 보면서 내가 이만큼 성장했다는 걸 보여 주고 싶었다."고 되게 멋있게 말씀하시더라고요. 허니제이 님도 "그때는 내 밑에 있었지만 그래, 얼마나 잘 컸나 보자. 당연히 저는 리헤이랑 해야죠."라고 이야기했죠. 저희도 그때 "어, 무섭다. 내가 지금 춤으로 어느 정도인지 보여 주고 싶어서 저러는 거야? 진짜 지금 저렇게 싸우려고 하는 거야?" 이렇게 느꼈는데 결국은 이걸 풀고 나서 보니까 그들은 춤으로 자신이 이만큼 성숙했고, 그거를 춤으로 보여 주고 싶어 했던 거 같아요. 한데 생각해 보면 이런 일들은 우리에게 많이 있을 수 있는 일이었던 거예요. 함께 프로그램을 하다가 도중에 나갈 수도 있는 일이니까. 그 포인트

가 대중도 너무 쉽게 겪을 수 있는 일이고 내가 겪었던 일이고…. 내가 허니제이였던 적도 있고 내가 리혜이였던 적도 있는 거죠. 근데 저걸 저렇게 화해할 수 있다는 거 자체가 대중의 마음을 움직이지 않았나 생각해요. 왜냐면 저도 이 팀에서 〈스우파〉를 만들면서 '나는 그럼 그런 트러블을 어떻게 해결했을까?'라는 생각을 했거든요. 이게 정말 누구에게나 있을 수 있는 일이라는 측면에서, 인간서사라는 게 정확히 이런 모습이었던 거 같아요.

질문 3

홍: Mnet에서 이전에 방송했던 오디션 프로그램들에 대한 불공정 논란이 있잖아요. 이와 관련하여 새로운 오디션 프로그램을 하며 더 신경 쓴 부분이 있었나요?

최: 결국 룰 안에서는, 출연자가 가장 먼저 이 룰에 대해 인지를 하고 이 룰이 합당하다고 생각해야지 경연이 될 수 있다고 생각해요. 출연자와 제작진 간에 이 룰이 클린하게, 정해진 대로 이 룰대로 움직이게 된다면 그거는 대중도 이해할 거라고 생각해요. 따라서 1차적으로는 경연에 임하는 출연자들이 이 룰에 대해 정확히 납득하는 포인트가 가장 중요한 거 같아요. 그래서 이 프로그램을 하면서도 그런 소통을 많이 했어요. 춤에 대해서 마스터인 이분들이 경연을 펼치면서 납득이 되는 룰인가를 계속 고민하고 소통을 했었던 것 같아요. 그래서 그 댄서분들도… 끝나고 나서 제가 고마웠던 게… 사실 인지도 있는 분들이 이 룰 안에서 이 경기를 해 주는 게 되게 감사한 일인거죠. 저희가 세운 룰 안에서 이 경기를 해 줬다는 게 너무 감사했어요.

홍: 출연자들과의 공정이라는 문제나 논란이 될 만한 것들을 경계하면서 계속 소통했다는 거죠?

최: 그건 앞으로도 두 번 세 번 계속 이야기를 해야 되는 부분이고. 이게 룰이라고 해서 감추면 안 되는 부분이고, 투명하게 해서…. 그랬을 때 나올 수 있는 상황까지도 조금 더 예견을 하고 생각을 해야 하지 않을까 싶었어요.

질문 4

홍: 심사위원이 3명이었는데 적다고 생각하진 않았나요? 3명인 이유는 무엇인가요?

최: 프로그램을 진행하면서 조금 더 전문적인 댄서분들이 심사위원으로 있었으면 조금 더 의견 수렴을 많이 할 순 있겠다라는 생각을 많이 했었어요. 그런데 아무래도 그러다 보면 시간과… 그런 부분을 고려하면서 '그래도 선택할 수 있는 최소의 저지(judge)로 진행하면 어떨까?'라는 생각으로 3명의 심사위원으로 진행한 거죠. 댄서분들이 "춤은 또 이렇게 보는 거예요."라면서 그분들이 영상을 만들어서 온라인에 올리고…. 처음에는 춤이 아무래도 대중에게 어렵게 보일 수 있으니까… 그런 콘텐츠가 많이 나와서 저거를 보게 되면 시청자들이 '아, 춤을 저렇게 보는 거구나.'를 알게 되겠구나라는 생각이 들어서… 그런 걸 해 주셔서 저도 또 같이 본 것도 있어요.

질문 5

홍: 프로그램의 가치 중 하나가 나이라든지 직위를 떠나 춤으로 당당하

게 대결하는 모습이 좋았잖아요? 특히 우리 정치와 비교하자면, 너
무 신선한 모습을 보여 주었는데, 어떻게 생각하시나요?

최: 그런 포인트에서 대중들이 많이 감동하고 움직였던 거 같아요. 모니
카 님이 보여 주셨던 그런 언행이 특히 그렇죠. 그 나이와 스펙을 가
지고 참가했고, 심지어 파이널에 올라가지 못하고 중간에 안타깝게
탈락을 했지만 거기서도 멋있게 자기 자리로 돌아가는 모습을 보여
주었잖아요. '아, 이게 진짜 댄서구나.' 시청자들이 당시에도 많이 느
꼈다고 하더라고요. 왜냐면 본인이 탈락하면서 '아, 맞아. 나 댄서였
지. 난 연습실에 가서 다시 안무 짜고 학생들 가르치고… 이게 내 본
업이었지. 맞아, 나는 다시 본업으로 돌아가야지.' 많이 감동했다고
들 하더라고요.

홍: 이 콘텐츠가 우리 사회에 제안하는 바가 크다고 생각해요. 지위고하
에 관계없이 자기 역할에 대해 존중해 주고, 공정함, 존중에 대한 감
성을 높이는 데 기여를 하지 않았나 생각합니다.

최: 이분들도 사실 어려운 시기에, 어떻게 생각해 보면 춤이라는 거를
안 할 수도 있는 상황이었는데 그냥 늘 꾸준히 이걸 해 주셨던 거에
대해 감사한 거 같아요. 제가 "어, 나 지금 프로그램을 하려고 하는
데 우리 같이 이걸 해 보면 어때요?"라고 제안을 했을 때도 "아, 저
이제 춤 안 춰요." 충분히 이럴 수도 있잖아요. 어쨌든 이 춤씬에서
본인이 하고 싶은 걸 이미 꾸준히 해 오셨고 지금도 하고 있고, 또 자
기가 어떻게 해야겠다라는 그 사명을 갖고 있다는 거 자체가 저랑
맞았던 거 같아서… 그게 감사한 부분이죠. 그래서 계속 생각해 보

면 '아, 사람의 꾸준함이 뭔가를 결국 만들 수 있구나.'라는 생각이
많이 들었던 거 같아요.

한 명의 PD와 작가가 한 팀을 전담하여 밀착 연출

홍: 〈스우파〉 제작과정이 독특한 것 같은데, 어떤 방식으로 제작했나요?

최: 작가님이 한 9명 계셨고. 작가님이 적다고 생각하면 적을 수도 있었
던 상황이었고. 그리고 PD님들이, 외주 PD님들까지 합치면 17~18명
정도 되었던 거 같고. 저희는 사전 제작을 많이 했어요. 사전 제작
기간에는 촬영에만 집중을 했고 메가 크루 미션까지 최대한 사전 제
작을 많이 해 놓았어요. 그다음에 1회부터 편집을 하면서 방송 준비
를 하고. 그래서 방송이 나갈 때 한동안은 댄서분들이 그냥 집에서
같이 본방사수를 하면서 본인들에게 오는 사람들의 관심을 받으며
지냈어요. 그리고 나서 파트 2라고 해야 하나요? 남자 댄서분들과
함께하는 미션부터가 거의 다시 파트 2 느낌으로 시작한 거고…. 그
때부터 파이널까지 정신없이 달려가는 상황으로 갔던 거 같아요.

홍: PD 19명, 작가 9명이라면 그분들의 업무 분장은 어떻게 되나요?

최: 지금 방송 환경이 외주 제작사랑 같이 할 수밖에 없어서… 외주 제
작 PD님들과 인하우스 PD님들이 같이 만들고요, 거의 모든 PD님들
이 코너 PD의 역할을 하고 계세요. 그니까 PD님들이 다 코너 PD 역
할을 해 주셔서 같이 그 분들이 만든 걸로… 쉽게 이야기하면 촬영
과 편집을 하면, 제가 그걸로 회차 구성을 해서 이번 회에는 이런 부

분이 나가고 이렇게 나눠서 촬영을 하고 편집을 하죠. 이게 한 회로 나가서 종편을 하는 형식으로 되니까 크루마다 PD 한 명씩이 맡은 거죠. 그래서 조금 더 크루를 잘 이해할 수 있었던 것 같아요. 아무래도 크루와의 커넥션이 많아야 하니까.

그래서 사실 담당하고 있는 PD님이랑 작가님을 크루들이 거의 엄마 아빠라고 부를 정도로 친하게 지냈어요. 한 PD님은 수더분한 남자분인데, 코카앤버터 자체가 쎈 이미지를 가지고 있는데, 이분들이 PD님을 아빠라고 부르는 게 너무 재밌는 거예요. 아무래도 너무 자유분방한 친구들이라서 염색한 채로 "아빠 아빠."하는 게 이게 너무 웃겨서…. 그 정도로 PD와 크루들의 관계가 좀 더 막역해졌어요. 작가들도 그 안에서 좀 더 막역하게 댄서들의 고충이나 저희가 잡은 룰에서 합당치 않은 것에 대해 서로 이야기를 하고 저희가 받아들이고… 이런 것들이 조금 더 수월했던 거 같아요.

아지트 공간이 출연자의 생각을 담는 공간이 되다

홍: 각각의 PD님들이 속마음 인터뷰를 팔로우해서 찍고 편집한 건가요?

최: 네, 그러다 보니 그 모습들이 조금 더 진솔하게 나왔던 거 같아요. 아무래도 인터뷰를 하면 조심스러우니까 말하고 싶어도 하지 말아야지 하는 부분이 있을 수 있거든요. 그래서 크루만의 공간을 주고 싶었어요. 아지트란 이름으로 저희가 크루만의 공간을 줬거든요. 그냥 제작진이 만든 공간에 와서 인터뷰를 하고 가고 이런 거보다 크루가 좀 더 편하게, 자기가 있는 공간에서 편하게 인터뷰를 하면… 그러면서 조금 더 본인이 갖고 있는 마음이라든지, 본인의 생각을 담을 수 있을지 않을까 했어요. 근데 그 공간을 또 댄서들이 되게 좋아했었어요. 처음에 보자마자 "아~ 우리 공간이 생겼다!" 왜냐면 댄서들은 사실 자기들이 춤출 수 있는 연습실을 하나씩 갖는 것도 그들의 큰 꿈이기 때문에… 그 큰 공간이 사실 연습실 공간은 아니었지만 같이 회의하고 안무를 어떻게 만들지 같이 고민하고, 각 크루만의 회의 공간이 될 수 있어서 좋아했던 거 같아요. (웃음)

제작진과의 친밀한 소통은 출연자가 보호받는 감정 부여

홍: PD분들이 소통에 큰 역할을 했군요.

최: 네, PD분들이 소통을 하고 또 제가 같이 가서 소통을 하니까, 아무래도 이 댄서분들이 자기가 제작진에게도 보호를 받고 있다는 생각이 들었다고 하더라고요. 내가 그냥 어느 음악방송에 가서 이름

모를 백업을 하는 게 아니고 우리 크루, 우리 멤버 한 명 한 명을 챙겨 주는 제작진이 있다는 거에 감사했다고 하더라고요.

프로그램 중간에 댄서들이 음악방송 같은 프로그램에 나가게 된 거예요. 당연히 뭐 프로그램 크루의 이름이 아니었더라도, 그냥 백업 댄서로라도 갔을 텐데, 이 친구들이 자기의 이름으로 무대를 하니까 자기의 대기실이 있다는 거죠. 크루마다 대기실이 생기고 그거를 저도 보고 있으니까 댄서들이 우리 프로그램에 나온 후에 이런 대우를 받는 게 좋더라고요. 그때가 프로그램 중간이었는데 이게 조금 더 널리 확산됐으면 좋겠다는 생각이 들었던 게 다른 댄서들은 그냥 또 댄서 대기실, 옆 댄서 대기실, 옆 댄서 대기실… 그냥 이렇게 있는데, 우리 크루들이라도 이렇게 개별 대기실을 받는 모습이 좋았어요. 앞으로는 점점 더 저렇게 K-pop 아티스트와 공연을 하는 댄서들도 같은 비중으로 존중받을 수 있지 않을까 싶었어요.

그 생각을 저한테 심어 주신 분이 또 싸이 대표님이에요. 미팅했을 때 싸이 대표님도 자신이 글로벌한 영향력을 일으킨 것에 있어서 "나도 춤 아니었으면 이렇게까지 안 됐을 거다. 그래서 춤이라는 게, 안무가 너무 중요하다."라고 이야기하셨죠. 그래서 지금도 거의 모든 안무를 컨펌하고, 안무에 대한 중요성을 너무 잘 알고 있고, 댄서들에 대한 대우가 이렇게 돼야 한다는 걸 너무 잘 알고 있다고 저한테 이야기를 해 주셨어요. 저도 그거에 너무 감동받은 거예요. 대표님도 이렇게 생각하고 계시구나. 옛날엔 댄서들이 대기실도 없이 그냥 복도에 서 있었는데 우리가 점점 이렇게 되면서 댄서들의 문화가 이제서야 이렇게 만들어졌다고 하시더라고요. 그러한 움직임에 〈스우파〉가 이바지했다는 거에, 저희한테 너무 감사하다고 처음에 그러셔서 저도 싸이 대표님이 생각하시는 그 부분에 너무 동감한다고 이야기했어요.

홍: 시청자들의 반응은 어떤 식으로 확인하나요?

최: 티빙에도 실시간 톡이 있고 네이버에도 톡이 있어요. 근데 그게 결이 조금씩 달라서 뭐가 맞다 뭐가 아니다는 아니지만, 그 안에서 저희가 생각했던 룰 안에서 이게 지금 대중한테는 어떻게 받아들여지고 있구나를 많이 모니터링했던 거 같아요. 그런 걸 보면서 이 댄서들이 우리가 준 룰 안에서 이런 모습을 보였을 때 대중이 이거를 어느 정도 공정하다고 생각을 하는지, 그걸 어느 정도 받아들이고 있는지를 확인했어요. 이거는 우리가 좀 생각해야 하는 부분으로 기준을 잡고 계속 봤어요. 피드백을 좀 많이 봤던 거 같고. 사실 댄서들에 대한 관심과 팬덤이 생겨서 누구를 좋아하고 이런 건 너무 좋은 일이잖아요. 제가 조금 더 집중적으로 봐야 하는 거는 우리가 이렇게 만든 룰 안에서 이게 대중한테 어느 정도 공정하게 받아들여지고 있는지, 이거를 관찰하는 게 저희가 한 모니터링이었다고 생각해요.

홍: 제작 과정에서 시청자들의 의견을 받고 이걸 반영하신 것이 있나요?

최: 앞부분이 사전 제작이어서 앞부분에는 많이 반영을 못했어요. 사실은 가장 고민했던 게 남자 댄서들과 함께하는 미션이었어요. 저는 사실 이걸 여성서사라고 생각하시는 분들이 "어? 왜 남자 댄서를, 갑자기?" 이렇게 느낄까 봐 '아, 이거를 어떻게 해야 하나?' 고민했어요. 어쨌든 우리 크루들이 주축이 되면서 남자 크루들과 함께 화합

하는 퍼포먼스를 다른 그림으로 보여 주고 싶은데 이거에 대해서 대중이 어떻게 생각해 주실까 고민이 되었죠. 마지막에 저희 프로그램에서 댄서들도 안무를 하게 되는데, 사실 저작권이라는 게 없어서 음원 저작권을 댄서들도 가질 수 있을까에 대해 생각했어요. 그랬으면 좋겠다고 생각했는데 실제로 춤을 좋아해 주시고 이 댄서들에 대한 리스펙이 있는 아티스트분들이 한 분씩 음원을 선물해 주신 거예요. 그래서 정말 최초로 음원 수익까지도 댄서들한테 가게 되어서… 그 점에 있어서는 아티스트분들도 그리고 만들어 주신 분들도 다 오케이를 해 주셨어요. 그래서 댄서들이 선물을 받고 되게 행복해했었는데, 왜냐면 자기가 활동할 수 있는 이 음악은 어디서 틀어도 내 음악이니까, 내가 춤출 수 있는 음악이 생겼다는 것에 좋아했었죠. 그런데 파이널 때 아티스트가 출연하면 아무래도 가수 쪽으로 관심이 갈까 봐 그게 또 너무 조심스러운 거예요. 그래서 어떻게든 우리 댄서들이 돋보이게끔 하려고 했고, 아티스트분들조차도 '댄서들의 조연으로 나온 거지 내가 메인 스테이지에 서고 싶진 않다.'는 마음이 있어서 이걸 오롯이 어떻게 그림으로 보여 줘야 하나 고민했어요. 혹시나 선의로 나온 아티스트분들이 좀 안 좋게 보여질 수도 있으니까요. 그때 되게 고민이 컸었던 거 같아요.

홍: 아주 보기 좋더라고요.

최: 그래서 그동안은 백댄서였으니까 이번에는 댄서들을 좀 프론트로 나오게 하고 가수분들이 옆에서 그 음악을 해 주시는 쪽으로 결정했어요. 사실 해외의 댄스 프로그램을 보면 뒤에 자리하거나… 아예 밴드와 싱어분들이 뒤에서 라이브를 해 주시고 그 앞에서 춤이나 안

무를 하시는데… 한국에서는 이게 처음이겠지만 이런 느낌으로 한 번 해 보면 어떨까 생각했어요. 서로 간에 마음이 좀 맞아야지 이게 될 수 있는데 그런 부분이 좀 잘 맞았던 거 같아요. 그래서 씨엘 씨한테 너무 감사했고, 씨엘 씨는 "옷이며 뭐며 내가 다 해 줄게. 춤만 춰." 약간 이런 느낌으로 "진짜 내가 엄청 많이 도와줄게."라고 이야기했어요. 선미 씨는 아예 노래를 만들었어요. "이거는 진짜 퍼포먼스 음악으로 만들어야 한다."라면서 몇날 며칠 밤새워 만든 거고…. 이걸 보면서 '아, 옛날에 생각하듯이 가수가 앞이고 댄서는 그냥 자기를 빛내 주는 사람으로 생각하는 게 아니고, 진짜 같이 협업하는 마인드를 이미 갖고 있구나.'라고 많이 느꼈어요. 그래서 '아, 저런 분들이 있으면 댄서들도 충분히 무대에서 존중받을 수 있겠다.'라는 생각이 들었어요.

질문 7

홍: 그런 가치도 전달해 준 거 같네요. 어디서나 내 이야기를 묵묵하게 하고 있으면 언젠가 조명받을 수 있겠다는…. 개인적인 질문 좀 하겠습니다. PD로서 처음 시작을 어떻게 하셨나요?

최: 저는 2008년에 Mnet에 입사했는데 그때는 리얼리티 프로그램이 많았어요. 그때는 그냥 화제성에 결합하는 〈아찔한 소개팅〉과 같은 리얼리티 프로그램 조연출을 하다가 2009년부터 오디션 프로그램 〈슈퍼스타 K〉를 처음 시작하게 된 거예요. 오디션 프로그램을 하게 되면 거의 1년 내내 그거 하나를 하게 되는 스케줄이라서, 시즌 1부터 시작해서 시즌 4까지 했어요. 그래서 시즌 1에 서인국 씨, 시즌 2에 허각 씨, 시즌 3에 울라라 세션, 그 다음 시즌 4에 로이킴 씨까지

보컬형 오디션 프로그램이 한참 계속되면서 〈K팝스타〉나 〈위대한 탄생〉과 같은 프로그램들이 탄생했죠. 제가 춤이라는 장르에도 관심을 갖게 된 게, 사수 선배께서 "우리가 보컬을 했으니까 이제 춤을 해 보자. 해외에서는 〈아메리칸 아이돌〉보다 〈유 캔 댄스〉라는 프로그램이 시청률이 더 나오고 있대. 춤이라는 장르가 아무래도 몸으로 하는 거기 때문에 충분히 대중에게 보여 줄 수 있는 부분이 있을 거야."라고 이야기해 주셨어요.

홍: 거의 Mnet에서 방송됐던 오디션 프로그램을 처음부터 다 하셨네요. 그렇지요?

최: 네, 그러다 보니까 제가 〈댄싱9〉 시즌 3까지 하고 〈힛 더 스테이지〉라는 아이돌과 댄서가 결합한 퍼포먼스를 하는 프로그램으로 입봉하게 된 거예요. 〈힛 더 스테이지〉를 끝내고 나서 느낀 거는, 사실 저는 댄서들도 주목받고 아이돌도 주목받았으면 좋겠는데 댄서들의 팬덤이 아이돌 팬덤에 부닥치면서 아쉬움이 있었어요. 아이돌 중에도 춤에 관심이 많은 친구들이 프로그램을 통해서 춤에 대한 갈증을 해소하게 됐다고 하더라고요. 어떤 분들은 그 당시에도 나를 통해서 선의로 댄서팀을 알리고 싶다라는 생각을 했었고요. 그래서 그 프로그램이 그런 형태로 기획이 됐는데 아무래도 대중들은 프론트에 있는 아티스트분들에게 더 집중했었죠. 당시에 댄서들을 참여시켜서 어떤 프로그램을 할까에 대한 고민을 하다가… 〈힛 더 스테이지〉를 하면서도 안에서 러브라인이 있었던 거예요. 그 안에서도 댄서와 댄서끼리 만나게 됐고, 〈댄싱9〉을 통해서도 비보이랑 현대무용 하시는 두 분이 결혼을 하셨고…. 아무래도 몸으로 뭔가를 창작하는 거에 있어

서는, 그 안에선 또 이런 러브라인도 형성될 수 있을 것이라는 생각이 있었어요. 당시에 러브 버라이어티가 대중에게 많이 관심을 끌고 있어서, 그럼 이렇게 한 번 해 보면 어떨까 해서 〈썸바디〉를 기획하게 됐어요. 다음에 〈캡틴〉이라고 10대 오디션 프로그램을 했었고요.

홍: 입사 전에 청년기는 어떻게 보내셨는지요?

최: 책을 많이 읽거나 그러지는 않았고, 그냥 평범했어요. 너무 평범했고. 선배님들은 "너는 뭔가 이야기를 하거나, 그냥 개인적인 성향으로는 유머코드가 살짝 있어서 재미있는 프로그램을 만들 순 있을 거 같아."라는 이야기를 해 주셨거든요. 사실 제가 방송에 관심을 뒀던 포인트는 PD를 꿈꿨다기보다는 그냥 '프로그램이 나오는 방송사 일이라면, 나도 할 수 있는 건가?'라고 막연하게 생각했던 거 같아요. 그러다 Mnet이라는 채널에서 음악과 뮤직비디오를 보고 리얼리티를 보면서 점점 그쪽으로 다가간 거죠. 지금 생각해 보면 '옛날에 책을 더 많이 읽고 좀 더 많이 생각했으면 내가 연출을 하는 것에 많은 도움이 됐겠다.'라는 생각을 많이 해요. 그래서 주변에 후배 중 책을 많이 좋아한다는 친구들에게 "너는 좋겠다. 너는 아이디어 진짜 많겠다." 이런 이야기를 많이 해요. (웃음) 그리고 나이가 들면서는, 채널이 또 아무래도 너무 젊다 보니까 올라오는 젊은 친구들의 생각과 이런 거에… '내가 졸업을 해야 될 때인가?' 약간 이런 생각도 들고 '내가 너무 꼰대처럼 나이 든 생각을 하고 있는 것은 아닌가?'라는 생각도 하죠. 조연출 때는 이런 생각을 정말 안 했는데 지금은 후배들한테 너무 옛날 방식으로 일을 알려 주는 건 아닌가 하는 그런 생각을 하고 있어요.

오디션 프로그램도 결국은 사람의 이야기를 담는 리얼리티 쇼

질문 8

홍: 음악쇼라는 예능을 만들고 있으신데, 예능을 뭐라고 생각하시는지 궁금해요. 오디션 프로그램이 뭐라고 생각하세요?

최: 사실 저도 오디션 프로그램을 오래 하게 되니까, 회사에서 "너 다음에도 오디션 해야 돼."라고 하면 초반에는 너무 싫었어요. 그때는 "아, 저 오디션 싫어요, 선배님. 저 오디션 안 할래요." 이런 이야기를 많이 했었는데, 결국 제가 돌아봤을 때는, 오디션 프로그램이 서바이벌 프로그램이라서 안 할 게 아니고, 결국 내가 해 왔던 게 사람에 대한 궁금증이고 그 사람을 보여 줄 수 있는 일이었던 거예요. 이게 그냥 형식이 오디션인 거지 이거에 대한 소재도 제가 찾으면 되는 거고…. 형식이 서바이벌일 뿐인 거예요. 프로그램에 나오는 주인공을 찾으면 될 뿐이지 이게 "아, 오디션은 내가 너무 질려서 안할래요." 이게 포인트가 아니라는 거를 하면서 느끼게 된 거 같아요. 결국 오디션 프로그램 자체가 어떻게 보면 그냥 리얼리티 프로그램이다라고 생각하게 됐어요. 그냥 형식만 서바이벌인 거지 그 안에서, 이 룰 안에서 저 사람의 리얼리티를 볼 수 있는 거고. 특히나 저 사람이 제일 잘하는 재능을 우리가 대중한테 보여 주는 거고…. 서바이벌 프로그램 자체가 대중에게도, 출연자에게도 선의로 보여질 수 있는 모습이 분명히 존재한다고 저는 생각한 거죠. 그렇기 때문에 제가 오디션 프로그램을 했던 거 같아요. 그래서 오디션 프로그램 자체는 그냥 리얼리티라고 지금은 생각하고 있어요.

홍: 왜 리얼리티를 하고 싶었던 것일까요?

최: 방송을 하면서 '저게 다 리얼이다.'라고 생각을 하면서 재미를 느꼈는데, 알고 봤더니 제가 상황을 어떻게 연출하느냐에 따라서 그게 리얼이 되고 리얼이 아닌 게 되더라고요. 제가 약간 재미를 느꼈던 포인트는 우선 리얼이라는 상황 안에서 저는 충분히 이 사람이 이렇게 생각할 거라는 거를 염두에 두고 미션을 주거나 룰을 주는데 예상 밖의 행동을 하고…. 이것에 대해 처음에는 당황스러울 수 있는데 '어, 내가 왜 저기까진 생각하지 못했지?' 그런 재미가 있는 거 같아요. '이 사람은 분명히 물을 먹으면 여기에 잔을 놓을 거야. 물을 이만큼 마시겠지? 그리고 나서 그냥 화장실로 가겠지?'라고 생각했는데 그 자리에서 물을 벌컥벌컥. 제가 생각하지 못했던 그런 변수가 제가 알지 못했던 그 사람의 성향 같은 거예요.

그래서 그거를 지켜본다는 거 자체가 재미있는 요소인 거 같아요, 만드는 사람의 입장에서. 대중이 봤을 때는 그것을 또 캐치해 줄 수 있는 게 재미있는 거고. 이런 게 좀 재밌는 거 같아요. 아무래도 토크쇼나 짜여진 쇼에서는 나올 수 없는 부분인 거고 진짜 오랫동안 관찰하거나 아니면 딱 어느 미션이 주어졌을 때 그 사람이 행동하는, 이런 리얼 상황에서 나올 수 있는 모습이기 때문에 재밌게 느껴졌어요. 그래서 저희는 회의하면서 시뮬레이션을 진짜 많이 해요. 우리가 이런 미션을 줬을 때 어떻게 받아들이고 어떻게 행동할까? 왜냐면 제작진도 많이 있으니까 사람마다 자기 성향에 맞춰서 댄서들이 어떻게 행동할까 상상하죠. 사실 우리가 출연자로 댄서를 처음 만났을 때 그 사람이 갖고 있는 바이브를 저희가 느끼고 '아, 이 친구는 이렇게 행동할 거야.' 하고 예측하는 것도 재밌더라고요. '허니제이는 분명히 리더십이 있기 때문에 여기서 이런 행동을 할 거야. 모니카는 여기서 뭔가 애들을 이끌고 이렇게 행동할 거야.' 이런 시뮬레이션을 많이 하는데 그게 맞아떨어질 때가 있고 아니면 '어, 생각보다 이 친구는 우리가 알고 있던 성향이 아니었네.' 하면서 의외의 성향이 나올 때가 있고. 이런 모습들이 재미있는 요소라고 생각해요.

상대가 처한 상황을 인지하고 이해하는 것이 소통의 비결

질문 9

홍: 소통을 잘하려면 어떻게 하면 좋을지에 대한 생각을 듣고 싶은데, 어떻게 생각하세요?

최: 우선 출연자와의 소통을 생각했을 때는 그 개개인의 성향이 있겠고, 그리고 그 사람이 하고 있는 업에 대한 기질이 있을 거예요. 그래서 소통이라는 것 자체에서는 최대한 상대방의 입장을, 상대방이 처한 상황과 상대방의 입장을 생각해서 움직이려고 했던 거 같아요. 그 사람에게 제가 어떤 이야기를 전하고 싶을 때라든가, 어떤 조언을 구하고 싶다든가, 아니면 그 사람에게 제 말을 관철시켜야 한다, 이럴 때는 지금 그 사람의 컨디션이라든지 처한 상황이라든지 그런 걸 제가 이해해야 해요. 그 상황에서 무턱대고 설득하고 이럴 순 없으니, 최대한 상대방의 입장을 많이 생각해서 소통을 하려고 하는 편이에요. 문제를 잘 풀어내려면 결국은 그 사람이 처한 상황을 이해하려고 하고 인지하려고 하고… 그 안에서 제가 빗대어서 잘 이야기하려고 하는 거죠.

홍: 비저너리 대상 시상식에서도 이야기하셨듯이, 크루들을 보면서 리더십에 대해 많이 생각했다고 하셨는데, 본인이 생각하는 본인의 리더십은 어떤 리더십인가요?

최: 작가님과 소통을 정말 많이 하는데, 작가님이 계속 그런 이야기를 해요. 저희 프로그램 미션 안에 계급 미션이라고 있었거든요. 그게 어쨌든 같은 기량이 있는 친구들 중에 누가 가장 뛰어나냐를 찾는 거거든요. 사실 어떻게 보면 모든 조직에서 일어나고 있는 일인 거예요. (웃음) 그래서 작가님들이 그냥 우스갯소리로 "PD님, 지금 작가들 사이에서는 계급 미션이 일어나고 있어요." 이런 이야기를 하고, PD들 사이에서도 "계급 미션이 일어나지 않냐?" 이런 이야기를 많이 했어요.

댄서들을 보면서, 저희 미션을 보면서, 제가 리더의 자리에서 어떻게 비춰졌을까에 대한 고민을 다른 프로그램보다 이 프로그램에서 더 많이 하게 되더라고요. 왜냐면 프로그램 안에서 크루들은 너무 뛰어난 리더들과 함께 하고 있는데, 그럼 '내가 이끄는 우리 제작팀의 크루들은 어떤 리더와 함께 있다고 생각을 할까?'라는 생각이 들면서 엄청 고민을 하게 되더라고요. 그냥 계속 부족한 거 같아요. 저는 그래서 부족한 리더였어요.

그런데 생각해 보면 이 프로그램이 감사한 게 '아, 내가 부족한 리더였다.'라는 것을 인지하게 된다는 거예요. 그니까 다른 프로그램이었으면 메인 PD로서 그냥 더 이상 생각을 안 했을 거 같아요. 그런데 프로그램을 통해서, 크루들이 함께하는 프로그램은 협업을 해야 하고 저 리더는 저렇게 리더십을 보여야 되고… 이러한 것을 저도 배우게 된 거예요. 그 리더들이 움직이는 모습을 통해서 저도 '아,

내가 다음 프로젝트에서는 또 이번에 보였던 이런 모습은 보이면 안
되겠구나. 이런 모습이 우리의 팀원들의 사기를 저하시킬 수 있겠
구나.' 하는 것도 느끼게 됐죠. 그래서 이게 크루에게도 좋은 프로그
램, 댄서들에게도 프로그램이지만 리더인 저에게도 정말 좋은 프로
그램이었던 거 같아요. 다음의 프로젝트를 위해서도요.

질문 10

홍: 앞으로 만들고 싶은 프로그램은 어떤 건가요?

최: 여자 중에 가장 뛰어난 크루를 만드는 거를 했고, 또 제 입장에서는
   이만큼 기량이 뛰어난 남자 댄서들도 또 있을 거라고 생각을 해서
   지금 남자 크루들에 관한 준비를 하고 있는 상황이에요('스트릿 맨

파이터').

소재는 조금 고민해 봐야겠지만 저희가 하는 일이 사람들의 이야기를 듣고 그 재능을 방송에서 대중에게 보여 줘서 관심이 가겠끔 하는 중간책이라면, 할 수 있는 건 많이 있지 않을까 생각해요. 대중이 좋아하는 시기와 맞는다면 폭발할 것이고, 그렇지 않다면 어떤 프로그램이든 조금 외면당할 수 있겠죠. 때문에 자기 분야에서 뛰어난 사람을, 서바이벌이 아니어도 되고, 그냥 〈인간극장〉이어도 되고… 이거를 보여 줄 수 있는 프로그램을 계속하고 싶어요.

아직 소재를 정확히 정하지는 않았지만 제가 악기를 잘하지 못해서 악기를 잘하는 사람에 대한 부러움이 있거든요. 악기를 잘 다루는 사람들에 대한 이야기를, 서바이벌 형태가 될지는 어떤 형태가 될지 모르겠지만 그런 걸 한번 해 보면 어떨까 생각하고 있어요. 그것도 어쨌든 협업으로. 악기도 여러 가지 악기로 하나의 소리를 내는 거고 그래서 살짝…. 그거는 진짜 깊게 생각한 건 아니에요. 결국에는 그냥… 어쨌든 제가 다양한 소재에 대한 공부를 해서 한 분야에서 꾸준히 정진해 온 사람이 있고 대중의 관심이 더해진다면 그 분들도 빛날 수 있는 상황이 되지 않을까? 제가 계속하는 일은 그런 일이 아닐까 생각하고 있습니다.

어려움이 부닥쳤을 때 포기하지 말고, 초심을 기억하고 펼쳐내길

질문 11

홍: PD를 막 시작했거나, PD가 되고 싶어 하는 젊은 친구들에게 해 주고 싶은 말씀은 무엇인가요?

최: 사실 PD를 막 시작한 친구들은 분명히 하고 싶은 일도 있고 자기가
뭘 해야 겠다라고 하는 게 뚜렷이 있을 거예요. 제가 10년 이상 프로
그램을 만들면서 느낀 포인트는 그런 친구들이 한 5, 6년 차에 초심
이 없어지면서 "내가 하고 싶었던 건 이거였는데 나는 또 이렇게 쓰
이는 건가?"라면서 PD 일에 회의감을 느끼고 그만두는 경우를 많이
봤어요. 사실 PD를 시작하는 친구들보다 중간에 어려움을 겪고 있
는 친구들이 롱런 했으면 좋겠어요. 그 친구들이 초심으로 가졌던
거나 본인이 작게나마 희열을 느꼈던 것을 계속 기억하고 PD를 끝
까지 해서 본인이 꼭 할 수 있는, 하려고 했던 프로그램을 연출했으
면 좋겠다는 이야기를 해 주는 편이에요.

2, 3년차 된 후배인데 프로그램에서 고생을 너무 많이 한 현우경이
라는 메인 조연출에게 "우경이가 꼭 우경이의 이름으로 프로그램을
했으면 좋겠다. 왜냐면 이런 노하우를 배웠고 그리고 다른 PD한테
더 좋은 노하우를 배우고… 이러한 경험들이 쌓여서 우경이는 충분
히 좋은 프로그램을 할 수 있을 거 같다. 혹시나 5, 6년 차에 어려움
이 왔을 때 그때 되서 이 일을 포기하는 일이 없었으면 좋겠다."라는
이야기를 해 줬어요. 지금 그런 어려움을 겪고 있는 친구들도 꼭 그
고비를 넘겨서, 본인이 재미를 느꼈던 그 요소를 기억하고 있다가
꼭 이뤄 냈으면 좋겠다는 생각이 있습니다. (웃음)

PD가 되고 싶은 예비 PD들이 저는 사실 무서워요. 너무 잘할 거 같
아서요. 왜냐하면 제가 PD가 됐을 때는 OTT 서비스도 없었을 뿐더
러 유튜브에 어떤 콘텐츠를 올리고 그런 것도 없는 상황이었어요.
지금 PD가 되려고 하는 친구들은 제가 경험했던 시기보다 너무 많
이 알고 있는 거예요. 역량이 너무 무궁무진할 거 같고… 저랑 스타
트 자체가 이미 너무 달라요. 그리고 요즘 감성을 너무 잘 이해하고

있는 친구들이 뭘 한다는 거 자체가 또 너무 기대가 되고, 무궁무진한 가치를 가지고 있는 친구들이 어떤 기획을 할지도 너무 무서워요. 그래서 지금은 제가 올해 〈스우파〉로 주목받는 프로그램을 한 거지만 아마 이 주기는 더 짧아질 거고… 그리고 분명히 더 웰메이드된 프로그램을 이 신입이나 PD가 되고 싶은 친구들이 만들 수밖에 없는 상황이 올 거 같아요. 정서든 지금 갖고 있는 기반이든 이게 너무 고퀄리티가 됐기 때문에…. 그들이 보여 줄 것에 대한 기대가 너무 큽니다.

홍: 네. 잘 들었습니다. 감사합니다.

최: 감사합니다.

4. 인터뷰 요약 및 정리

① 주변의 댄서들이 주목받을 수 있는 프로그램으로 기획

채널에 맞는 색을 고민해 보면서 그동안 했던 아이템을 다시 잡아 보면 좋겠다고 생각했다. 그냥 떠올랐던 게 그동안 댄스 프로그램을 했었으니까 댄서였던 것 같다. 주변에 함께할 수 있는 분들이 댄서들이시기 때문에 그분들이 다시 주목받을 수 있는 프로그램을 하면 좋겠다고 생각했다. 케이팝뿐만 아니라 케이팝 댄서가 추는 안무에 관한 관심도 커져서 글로벌로도 잘 될 수 있겠다 생각했다.

② 사람의 꾸준함이 결국 무언가를 만들어낼 수 있다

코로나로 어려운 시기에 춤을 멈출 수도 있는 상황이었다. 댄서들이 늘 꾸준히 춤을 추었던 거에 대해 감사한다. 본인이 하고 싶은 걸 이미 꾸준히 해 왔고 또 자기가 어떻게 해야겠다는 사명감이 있다는 것이 프로그램과 맞았다. 계속 생각해 보면 '사람의 꾸준함이 뭔가를 결국 만들 수 있구나.'라는 생각을 많이 했다. 〈스우파〉가 준 교훈이다.

③ 한 명의 PD와 작가가 한 팀을 전담하여 밀착 연출

크루마다 PD와 작가 한 명씩이 맡았다. 그래서 좀 더 크루를 잘 이해했었던 것 같다. 크루와의 커넥션이 중요하다. 크루들은 담당 PD와 작가를 거의 엄마 아빠라고 부를 정도로 친하게 지냈다. 그런 분위기 안에서 댄서들이 막역하게 고충이나 합당치 않게 생각하는 룰에 대해 서로 이야기할 수 있었다. 아지트란 이름의 크루만의 공간을 준 것도 크루들이 편하게 인터뷰를 할 수 있게 하기 위해서였다.

④ 아지트 공간이 출연자의 생각을 담는 공간이 되다

아지트란 이름으로 크루만의 공간을 마련했다. 자기만의 공간에서 편하게 인터뷰할 때 출연자의 마음과 생각을 담을 수 있을 것이라예상했다. 실제 댄서들이 그 공간을 좋아했다. 같이 회의하고 안무를 고민하고 크루만의 회의 공간이 될 수 있어서 좋아했던 거 같다. 댄서들은 제작진에게서 보호받고 있다는 느낌까지 받았다고 한다.

⑤ 오디션 프로그램도 결국은 사람의 이야기를 담는 리얼리티 쇼

오디션 프로그램을 오래 하다 보니 안 하고 싶었다. 사람 냄새가나는 리얼리티 프로그램을 하고 싶었다. 하지만 잘 생각해 보니 오디션 프로그램이 서바이벌 프로그램이긴 하지만, 결국 사람에 대한궁금증을 보여 주는 것이었다. 형식이 오디션일 뿐 리얼리티 쇼인것이다. 그래서 오디션 프로그램은 그냥 리얼리티라고 지금은 생각하고 있다.

⑥ 상대가 처한 상황을 인지하고 이해하는 것이 소통의 비결

출연자와의 소통을 위해서는 개개인의 성향과 그 사람이 하는 업에 대한 특성을 고려해야 한다. 소통할 때는 최대한 상대방이 처한상황과 상대방의 입장을 생각해서 움직이려고 했다. 어떤 이야기를전하고 싶을 때나, 내 말을 관철해야 할 때는 지금 그 사람의 컨디션이라든지 처한 상황이라든지 그러한 것을 이해하는 것이 중요하다. 최대한 상대방의 입장을 많이 생각해서 소통하고자 한다.

7 어려움 부닥쳤을 때 포기하지 말고, 초심을 기억하고 펼쳐 내길

10년 이상 프로그램을 만들면서 느낀 점은 입사 후 5, 6년 차에 초심이 없어진다는 점이다. PD들이 "내가 하고 싶었던 건 이거였는데 나는 또 이렇게 쓰이는 건가?"라며 회의감을 느끼고 그만두는 경우도 적지 않다. 초심으로 가졌던 거나 본인이 작게나마 희열을 느꼈던 거를 계속 기억하고 끝까지 롱런 했으면 한다. 그래서 본인이 꼭 할 수 있고 하려고 했던 프로그램을 연출했으면 좋겠다. 어려움을 겪고 있는 친구들도 꼭 그 고비를 넘겨서 본인이 재미를 느꼈던 그 요소를 기억하고 있다가 꼭 이뤄냈으면 좋겠다.

● REC   🔋

K-콘텐츠
어떻게 만드나요?

4K I 1920 x 1080
60FPS I 80 Mbps

● REC

PART 2.
K-콘텐츠의
철학을 말하다

4K I 1920 x 1080
60FPS I 80 Mbps

1년 반 동안의 인터뷰를 마쳤다. 텍스트 분석 과정과 생산자 인터뷰를 통해서 K-콘텐츠가 어떠한 철학을 바탕으로 만들어지는지, 생산의 맥락은 파악할 수 있었다. 장르별로 살펴보자.

한국은 드라마의 나라다. 1년에 90~100여 편의 시리즈물이 만들어지는 나라다. 2000년대 초반 1년에 20여 개의 미니시리즈가 편성된 데 비해, 2017년 70편, 2018년, 2019년 90편, 2020년 81편이 편성되었는데, 2000~2020년까지 21년간 총 1,033편의 드라마가 편성된 것이다(이용석, 2021). 이 수치는 일일드라마와 대하드라마 및 단편 등을 제외한 16부작 안팎의 미니시리즈의 수치이다. 1년에 90편의 미니시리즈는 1,440회의 방송분이다. OTT 오리지널 드라마 제작분까지 포함한다면, 이 수치는 더욱 늘어난다. 보수적으로 잡더라도 매일 4회 가량의 드라마가 끊임없이 만들어지는 것이다.

그렇다면 왜 한국은 이렇게 드라마를 많이 만드는 것일까? 상상을 초월하는 한국인의 드라마 사랑이 이 질문들에 대한 답이 될 수 있을 것이다. 드라마를 사랑하는 수요가 크기 때문에 사랑의 크기만큼의 드라마 공급이 필요했고, 시청자의 선택을 받기 위한 치열한 시장경쟁으로 드라마 시장이 진화했으며, 짧지 않은 시간 동안 최적화된 제작체계를 만들어 온 것이 한국 드라마의 현재를 설명할 수 있을 듯하다.

드라마를 향한 사랑의 근원

한국인이 드라마를 이토록 사랑하는 이유를 살펴보면 다소 답답해지는 지점도 발견할 수 있다. 왜냐하면 한국인의 드라마 사랑은 현실에 대한 거대한 불만족에서 근원을 찾을 수 있다. 잘 알려져 있 듯이 한국은 빈부격차가 심각하고, 노인빈곤률도 높으며, 무엇보다 OECD 국가 중 자살률이 최고로 높다. 이러한 통계가 뒷받침하듯, 한국인의 행복지수는 높을래야 높을 수가 없다. 2015년 조사에서 주 관적으로 행복하다고 느끼는 응답 비율은 34.7%에 그쳤다. 10명 중 7명가량은 행복하지 않다고 느끼며 사는 것이다. 행복하지 않은 현 생을 살고 있는 한국인에게 가장 손쉽게 현실을 도피할 수 있는 취 미가 바로 수도꼭지 틀면 물 나오듯 쏟아져 나오는 드라마 보기다. 수많은 채널이 드라마를 통해 현실과는 동떨어진 세계를 제시한다. 드라마를 보는 동안만큼은 우울하고 불만족스러운 현실을 잊어버릴 수 있고, 드라마의 가상 세계에 몰입하는 망각의 즐거움을 얻는 것 이다. 돈이 많거나 직위가 높은 '실장님'과 사랑에 빠지는 '신데렐라' 여자 주인공의 러브라인은 〈가을동화〉부터 〈파리의 연인〉까지 유 구한 전통을 자랑한다. 이름 하여 '현실도피' 이데올로기다.

현실도피 vs. 현실직시

그런데 K-드라마는 다양한 갈래로 발전하는데, 현실을 도피하게 하는 드라마와는 다르게, 현실을 정면으로 직시하고 그대로 보여 주 려는 드라마들도 적지 않다. 〈미생〉, 〈비밀의 숲〉, 〈나의 아저씨〉, 〈디어 마이 프렌즈〉, 〈나의 해방일지〉 등은 현실을 잊기보다는 오 히려 현실의 어두운 면을 드러내고 시청자에게 성찰의 계기를 제공 한다. 드라마의 힘은 세계의 부조리와 모순을 드러내고, 더 나은 사 회를 함께 꿈꾸게 하는 기능을 수행한다. 다큐멘터리를 소셜 드라마 라고 부르는 것처럼, 드라마는 환상적 다큐멘터리라고 부를 수 있을

것이다. 드라마 장르의 힘은 '환상'과 '다큐멘터리'의 양극단을 자유
롭게 오갈 수 있는 다양성에 있는지도 모른다. 다큐멘터리적 특성을
'현실직시' 이데올로기라고 이름 붙일 수 있다. 이들 드라마는 현실
도피가 갖고 있는 한계에 넌더리치는 시청자에게 사회의 모순을 드
러내고 해결방안을 제시하면서 호소한다. 현실도피 드라마의 건너
편에 현실직시 드라마가 있는 것이다. 현실직시 드라마의 이러한 특
성은 뉴스와 다큐멘터리를 즐겨 보는 남성 시청자들을 끌어들이는
효과를 발휘한다. 드라마의 시청자 폭이 확대되는 것이다. 현실직시
드라마에는 특정 직업군의 세계를 깊숙이 탐구하여 보여 주는 장르
드라마가 포함된다. 구단 프런트의 세계를 보여 준 〈스토브리그〉가
대표적이다. 시청자에게 익숙하지 않은 직업의 이면을 보여 주기 위
해서는 현실을 반영하는 과정이 필수적이다.

　현실도피와 현실직시라는 이념의 구분은 한국 드라마를 설명하
는 유용한 잣대로 사용될 수 있다. 전 세계 시청자들이 접근 가능한
OTT 오리지널 드라마가 쏟아지며 미국식 좀비 드라마라 할 수 있는
〈킹덤〉, 〈지옥〉, 〈지금 우리 학교는〉 등의 크리처물[1]도 상상 속의
세계를 무대로 현실을 잊게 한다는 점에서 현실도피의 이념을 따른
다고 할 수 있다. 그렇다고 현실도피의 드라마가 현실을 마냥 무시
하는 것만은 또 아니다. OTT 오리지널 〈오징어 게임〉은 보편적 공
감 요소와 한국적 특수성이 동시에 세계적 인기의 원인이라고 볼 수
있는 것처럼(홍경수, 2022), 현실반영과 현실도피라는 두 가지 요소
가 절묘하게 융합된 드라마라고 할 수 있다.

---

1) 호러물의 하위 분류 중 하나로, 주로 사람을 잡아먹거나 살해하는 괴물이 나오는 작품
　들을 일컫는다. 특정한 생명체나 괴물을 뜻하는 Creature와 작품을 뜻하는 물(物)의 합
　성어.

K-드라마의 디폴트 철학, 생존을 위한 전쟁

〈오징어 게임〉이 세계적 인기를 얻자, 〈오징어 게임〉의 인기를 분석하려는 다양한 시도가 있었다. 한국의 연구자들이 저술한 〈오징어 게임과 콘텐츠 혁명〉을 필두로, 『오징어 게임의 철학』, 『오징어 게임』 등 다양한 분석서가 출간되었다. 『뉴욕타임즈』는 한국 콘텐츠의 특성을 임명묵을 인용하며 다음과 같이 분석했다. "한국 콘텐츠의 한 가지 두드러진 특징은 한국 콘텐츠의 전투력(combativeness)이고, 이것이 신분상승을 향한 사람들의 좌절된 욕구와 그들의 분노 및 대중의 집단행동에 대한 욕망을 전달하는 채널 역할을 하는데, 현재 많은 사람들이 집안에 틀어박혀 팬데믹으로 야기된 엄청난 분노를 조절해야 하는 상황에서 전 세계 관객들은 예전보다도 그러한 주제를 더 잘 받아들일 수 있게 되었다."는 것이다 (NYT, 2021. 11. 3.). 한국의 콘텐츠가 전투력을 장착하고 있다면, 그 원인은 무엇일까? 임명묵은 SNS 시대의 경제적 자본과 매력 자본을 둘러싼 인정경쟁이 격화됨으로써 1990년대생이 느끼게 된 불행감의 증가와 부정적 에너지를 콘텐츠로 풀어냈다고 분석했다(임명묵, 2021).

임명묵의 분석에서 힌트를 얻을 수 있듯이, K-콘텐츠의 활력에는 구성원들의 삶에 대한 불안이나 불만족이 원초적 요인으로 자리한다는 것을 가늠할 수 있다. 이와 같은 구성원들의 불행과 사회적 불안을 한국 문학의 역동성의 조건으로 파악한 연구자도 있었다. 오랫동안 한국 문학을 번역해 온 사이토 마리코는 '한국 문학은 왜 이렇게 재미있고, 파워풀할까?'라는 질문을 품고 고민한 끝에 그 수수께끼를 푸는 열쇠로 전쟁을 손꼽았다. 현대에만 해도 한국전쟁, 유

신독재, 세월호, IMF, 광주민주화운동, 신자유주의 등 구성원의 생존을 위협하는 '전쟁'같은 역사적 계기가 너무 많았다는 것이다(사이토 마리코, 2022). K-콘텐츠에 담긴 핵심적 요소는 어쩌면 '생존을 위한 전투'일지도 모른다. 삶의 은유로서의 전투뿐만 아니라 실질적 생존을 위한 전투 말이다.

이것이 K스러움의 핵심일지도 모른다. 2023년에 방송된 〈대행사〉라는 드라마의 캐치프레이즈는 "오피스 전투, 회사라는 전쟁터에서 내가 갖출 전투 태세는?"이었다. 광고회사 내의 창의적인 작업과정과 광고 일의 애환보다는 조직 내 승진을 두고 암투하는 정치적 다툼에 더 초점을 맞추었다는 비판도 받았지만, 제작진이 이러한 선택을 한 이유는 시청률이라는 더 큰 목표 때문이었을 것이라 쉽게 짐작할 수 있다. 시청자들도 생존을 두고 다투는 전투를 더 재미있어 할 것이라는 예측이 뒷받침된 선택이었을 것이다. 〈스카이 캐슬〉은 입시전쟁에서 살아남기 위한 부모들의 치열한 생존 다툼을 생생하게 보여 줌으로써 큰 인기를 모았고, 〈재벌집 막내아들〉은 현대사를 거슬러 가며 유산상속 전쟁을 보여 줌으로써 인기를 모았다. 오랫동안 인기를 얻었던 드라마 〈사랑과 전쟁〉 역시 사랑과 이별, 사랑과 이혼 대신 '전쟁'이라는 뜨거운 단어를 사용했다. K-콘텐츠의 핵심 요소는 오랫동안 전투였던 것이다. 하지만 이런 K의 철학에 변화가 일어나고 있다. 〈이상한 변호사 우영우〉가 보여 준 전쟁 없이 훈훈한 착한 드라마는 한국 드라마의 근본이념인 생존경쟁 이념과 다른 축을 형성한다.

〈이상한 변호사 우영우〉의 철학: 균형과 공존의 이념

〈이상한 변호사 우영우〉는 충격적인 사건 사고가 등장하지도 않고, 등장인물들의 갈등관계도 심각하지 않다. 오히려 시청자의 마음이 따뜻하고 훈훈해지는 '착한 드라마'다. 선한 주인공이 어려운 역경을 겪으며 현실의 문제를 차근차근 해결해 가는 면에서 자극적인 요소가 많지 않다. '착한 드라마'이긴 하지만, 〈이상한 변호사 우영우〉는 현실에 단단히 뿌리를 두고 있으면서 판타지 요소도 결합된 작품으로 볼 수 있다. 자폐 스펙트럼 장애를 앓고 있으면서 거의 모든 문제를 척척 해결해 나가는 모습이 '한국적' 현실에서는 유례를 찾기 어렵기에 판타지처럼 보일 수 있다. 〈이상한 변호사 우영우〉가 방영되는 내내 자폐 스펙트럼 장애를 가진 주인공의 특출함이 현실적인가라는 문제를 두고 화제가 되었으며, 이는 드라마가 사회에 어떤 역할을 하는 존재인지에 대한 논의를 촉발시켰다.

드라마 제작진은 판타지와 현실이라는 두 가지 요소를 최적의 비율로 결합하여 드라마라는 칵테일을 만들어 냈다. 사회적 성공과 인간관계의 성취라는 밝은 면뿐만 아니라 사회적 편견으로 인한 상처라는 어두운 면도 적절하게 다뤄졌다. 시청자는 드라마를 시청하는 내내 질문한다. "이 드라마는 정말 현실적인가?" "환상적이라면, 그 안에서 설득의 구조를 가졌는가?" 제작진은 시청자의 질문에 자신들의 방식으로 답하며 절묘한 균형점에 당도했다.

〈이상한 변호사 우영우〉의 서사에 담긴 대표적 이념은 자폐를 앓는 주인공이 '아빠 같은' 상사와 '봄날의 햇살' 같은 친구와 '조금만 얄미운' 동료들 사이에서 편견이라는 문제를 해결하는 과정을 담고 있다. 앞서 살펴본 '생존경쟁' 이데올로기는 거의 드러나지 않고, 대

신 사회적 약자인 주인공이 주류 사회에 적응하는 훈훈한 공존의 이
념을 담고 있다. 드라마의 공존의 이념은 현실과의 대조를 통해서
판타지성이 상대적으로 높아진다. 〈이상한 변호사 우영우〉가 방영
되었던 시기는 장애인들이 이동권 투쟁을 하느라 지하철 승차 시위
를 벌이던 시기이기도 하다. 현실에서는 장애인의 이동 권리를 얻기
위한 노력을 옹호하는 여론과 비판하는 여론이 비등했다. 그러한 점
에서 드라마는 사회적 메시지로 작용했다. '남을 딛고 내가 생존해
야 한다는 것이 아니라, 함께 살자.'는 메시지다.

〈꼬꼬무〉의 철학: 철저한 시청자 시선 지향 이념

새로운 교양 콘텐츠인 〈꼬꼬무〉의 철학을 이해하기 위해서는
〈그것이 알고 싶다〉를 들여다보아야 한다. 두 프로그램은 같은 방송
사의 제작 경험이 유사한 제작진이 만들었고, 콘텐츠의 특성도 비슷
하기 때문이다. 〈그것이 알고 싶다〉는 〈PD수첩〉이나 〈추적 60분〉
과는 다르다. 가장 큰 차이점은 시청자를 향한 제작진의 태도일 것
이다. 선정적인 소재나 궁금증을 유발하는 〈그것이 알고 싶다〉의
제작 방식은 〈PD수첩〉〈추적 60분〉과는 결을 달리한다. 환경감시
라는 언론의 기능에 시청자의 반응까지 좋으면 금상첨화라는 공영
방송과 달리 상업방송은 시청자의 반응이 가장 앞자리에 온다. 〈그
것이 알고 싶다〉의 기획안에 들어가는 한 줄은 '무엇이 가장 궁금한
가?'라는 질문이다. '어떤 것이 중요한가?'가 아니다. 이와 같은 시청
자 시선 지향성은 선정적인 소재와 제목, 탐정을 연상케 하는 진행
자, 궁금증을 중심으로 재구성한 서사구조 등을 통해 표현된다.

〈꼬꼬무〉 역시 시청자 시선 지향은 변함없다. 아이템을 선정할

때의 기준은 철저히 '무엇이 재미있는가?'다. 최PD는 시청자의 반응을 '점수'라는 단어로 표현했다. 시청률이라는 다소 중립적인 단어와 달리, '점수'는 제작진의 성취를 직접적으로 드러내는 표현이다. 이러한 목표가 설정되어 있다 보니, '점수'를 올리기 위한 방법을 궁구하게 되며, '기획의 절반은 술'이라는 말처럼 제작진은 업무시간이 끝난 후에도 온통 기획에 몰입하는 삶을 살게 된다. 서사 전달방식을 바꾸기 위해서 시청자에게 친근한 연예인을 기용하고, 3:3 전달방식이라는 독특한 구조를 발견한 것도 마찬가지 이유에서다.

이러한 태도를 '시청률 지상주의'라고 단언하기는 어렵다. '시청률 지상주의'가 시청률을 올리기 위해 수단과 방법을 가리지 않고, 콘텐츠 외적인 방식의 노력도 과감히 시도하는 것에 비해, '시청자 시선 지향'은 콘텐츠 내적인 방식으로 가능한 모든 것을 시도한다는 점에서 다소 차별화된다. 구어 전달 방식을 과감히 도입하고, 3명의 고정 스토리텔러와 계속 바뀌는 3명의 이야기 친구의 구조를 가져오고, 교차편집 방식으로 서사의 통일성을 도모한 것은 콘텐츠 내적인 진화로 볼 수 있다. 시청률 지상주의의 결과물이 숫자뿐인 데 비해, 시청자 시선 지향은 숫자와 더불어 창의적이고 질 높은 콘텐츠를 가져온다.

모든 방송은 시청자의 시선을 최종 목표 지점으로 한다. 장르에 따라 일부 콘텐츠는 시청자의 시선보다 다소 높은 곳에서 시청자를 끌어올리기도 하고, 시청자보다 낮은 시선에서 시청자를 따라잡기도 한다. 〈꼬꼬무〉는 시청자와 눈높이를 정확하게 일치시키고 더 높지도 않고 낮지도 않은 지점을 지향한 결과일지도 모른다.

〈피지컬: 100〉의 철학: 원초적 단순성 이념

글로벌 OTT는 막대한 제작비와 비교적 여유 있는 제작 기간을 제공한다. 글로벌 OTT가 이런 제작 조건을 제공하는 목적은 단 하나. 글로벌 시청자의 선택을 최대한 받기 위함이다. 〈피지컬: 100〉은 이러한 환경에서 만들어진 결과물이다. '가장 완벽한 피지컬이란 무엇인가?'라는 콘셉트는 단순한 만큼 다양한 국적의 시청자들에게 호소할 확률이 커진다. 단순성에 초점을 맞추다 보니, 성별, 연령별, 인종별 차이 등을 모두 무시하고 피지컬이 돋보이는 다양한 직군의 플레이어들을 모았다.

많은 시청자를 끌기 위한 할리우드적 이념 중 하나는 '원초적 단순성'이다. 『SAVE THE CAT!』을 쓴 블레이크 스나이더는 좋은 대본이 가진 두드러진 특성 중 하나를 '원초적'이라고 제시했다(Snyder, 2014). 그는 이야기가 원초적인지 아닌지를 알아보려면 다음과 같이 자문하라고 했다. '원시인도 이해할 만한 이야기인가?' 원시인도 이해할 수 있으려면 이야기는 복잡하지 않아야 한다. 또한 지나치게 많은 함의를 담고 있는 것도 곤란하다.

〈피지컬: 100〉은 누구의 몸이 가장 완벽한가라는 단순한 질문을 던지고 남녀노소 구분하지 않는 원초적인 경쟁이 돋보이는 콘텐츠다. 왜 완벽한 피지컬을 탐구해야 하는지, 그리고 공정한 경쟁이란 무엇인지, 디지털 시대에 아날로그 중 아날로그인 피지컬의 의미는 무엇인지에 대한 질문들은 콘텐츠에 담겨 있지 않다. 다만, 자연 다큐멘터리를 만들 듯 인간을 한 공간에 몰아넣고 과제를 주고 이것을 풀어 나가는 모습을 담아냈다.

이러한 원초적 단순성은 역으로 시청자로 하여금 다양한 생각을 하게 했다. 출연자의 신체적 차이점은 묻지 않고, 오로지 누가 가장 완벽한 피지컬을 갖고 있냐는 질문에 초점을 맞추는 것은 〈오징어 게임〉에서 여러 게임에서 승리한 자에게는 거액의 상금을 제공하고, 그렇지 않은 참가자에게는 죽음이 기다리고 있는 상황과 흡사하다. 물론 〈오징어 게임〉에서 나타난 만인 대 만인의 투쟁과는 달리 〈피지컬: 100〉에서는 출연자 간의 연대와 팀을 위해 개인의 이익을 포기하는 모습들이 나타나기는 했다. 하지만 결승전에서 게임의 공정을 둘러싸고 참가자들이 동의하지 않는 모습은 이러한 아름다운 모습을 상쇄했다.

결과적으로, 〈피지컬: 100〉은 글로벌 시청자를 최대한 유인하기 위해 만들어진 원초적 콘텐츠로, 원초적 단순성은 콘텐츠에 강력한 힘을 준다. 국경을 넘어선 OTT 콘텐츠 시대에는 더욱더 그러하다.

〈유퀴즈 온 더 블럭〉의 철학: 일상이라는 이념

예능은 웃음을 주는 장르가 아니다. 이미 예능은 인간의 모든 감정인 희로애락을 담아내는 방법론이다. 짜릿한 감동의 재미, 경이로운 놀라움, 새로운 앎이 주는 재미, 공감하는 감각 등 다양한 재미들이 예능의 목표가 된 지도 벌써 오래 되었다. 더 나아가 지극히 평범한 이웃들 속에서 삶이 주는 감동을 공유하는 예능도 쉽게 찾아볼 수 있다. 〈유퀴즈 온 더 블럭〉이다.

「방송법」의 중요 이념 중 하나는 '시청자의 권익'이다. 시청자는 방송에 참여할 권리와 방송을 통해서 이익을 얻을 수 있어야 한다는 것이다. 「방송법」은 시청자들이 방송에 관한 의사결정에 참여할 권리를 보장하고 있다. 하지만 방송에 출연하는 것은 직업방송인인 아나운서와 연예인, 전문가, 정치인 등이다. 일반 시청자가 출연하게 되면, 방송을 보는 시청자는 여간해서 흥미를 얻지 못한다. 왜냐하면, 자신과 비슷하게 평범하기 때문이다. 이 평범함이란 비루해 보이기도 하고, 진부해 보이기 십상이다.

일반인 출연자가 아름답게 보였다면, 그것을 만드는 사람들이 일반인 출연자를 아름답게 만들기 위해 최선을 다했기 때문일 것이다. 〈유퀴즈〉가 과감하게 거리를 걷다가 만난 소시민들을 주인공으로 모시고, 그들의 삶을 아름답게 펼쳐 보인 것은 하나의 충격이었다. "거리에서 시민들을 만나는 건데 자칫 거리는 들여다보면 예쁘지만 너무나 우리의 일상 공간이기 때문에 크게 감회가 남다르지 않잖아요? 그런 그림들이 그냥 방송에 나왔을 때 후킹하는 점들이 없을 거라는 생각이 들어서"라는 김민석 PD의 증언은 누구에게나 의미 있는 일상이지만, 그대로 보여 주어서는 시청자를 잡을 수가 없다는 사실을 보여 준다. 일상의 모습은 양면적이다.

〈유퀴즈〉가 일반 출연자를 바라보는 관점은 '정중하고 섬세하게 말 걸기'라는 콘셉트에서 극명하게 드러난다. 시청자를 존중하며, 정중하고 섬세하게 이야기를 거는 행위는 평범한 일상에 밑줄을 긋고 사회적 관심을 환기하는 행위이기도 하다. 수십 년간 똑같은 하루하루를 살아온 일반인 출연자들은 정중하고 섬세한 대화를 통해 자신의 삶의 의미를 확인하며, 이를 지켜보는 시청자들도 유사한 경험을 하게 된다.

일상을 빛나게 하기 위해 시각적으로 뛰어난 스태프를 모으고, 모션그래픽과 CG를 활용한 화면효과를 만드는 것은 일상성의 전술이라고 할 수 있다. 코로나19로 더 이상 거리를 활보하지 못하고 고정된 공간에서 다양한 직업인을 만나며 일상성의 활기는 다소 사라졌지만, 평범함의 중요성은 놓치지 않았다. 2023년 가을 〈유퀴즈〉에 일반인 출연자의 비중이 줄고, 연예인의 출연이 늘고 있는 사실은 안타깝다.

〈스트릿 우먼 파이터〉의 철학: 공의로움의 이념

방송은 끊임없이 새로운 것을 찾는다. 라캉에 따르면, 사람의 욕망은 금세 미끄러지기 때문이다. 충족된 욕망은 더 이상 욕망이 아니고, 새로운 욕망의 대상을 필요로 한다. 욕망은 요구와 욕구의 차이이기도 하지만, 요구를 넘어서는 이중적 존재이기도 하다. 요구가 말로 번역된 소망충족이고, 욕구가 생존을 위한 기본적 필요라고 한다면, 욕망은 우리의 말이 어느 지점에 놓이느냐에 따라 크기가 달라진다. 문제는 욕망은 항상 요구를 넘어선다는 점이다. 새로움에 대한 문제 역시 마찬가지다. 그토록 새롭다는 찬사를 받았던 〈스우파〉도 〈스걸파〉, 〈스맨파〉를 거쳐 〈스우파 2〉를 방송하자 시청자들에게는 논란이 되었다. 그만큼 새로움을 둘러싼 욕망은 미묘하다. 새로움은 우리가 익히 알고 있는 대상에서 새롭게 찾을 수도 있고, 경험하지 못한 대상에서 발굴할 수도 있다.

〈스우파〉는 아이돌 가수라는 존재에 가렸거나, 혹은 대중문화의 주변부에 자리한 스트릿 댄서들에게 초점을 맞췄다. 백댄서나 보조자 등으로, 존재하지만 없는 것같은 대접을 받았던 스트릿 댄서들이 새로운 대중문화의 주역으로 부상하게 되었다.

시청자들이 〈스우파〉에 환호한 것은 출연자 간의 갈등이 아니라 그동안 대중문화에서 소외되었던 영역이 새롭게 인정을 획득하는 데서 오는 '공의로움'일 것이다. 이는 여성 남성의 문제라기보다는 소외

된 모든 사람에게 적용된다는 점에서 인간서사로 볼 수 있다. 더불어 자신이 좋아하는 분야에서 최선을 다하면 언젠가는 인정을 받을 수 있을 거라는, 즉 공의가 실현될 것이라는 믿음도 확인된 셈이다.

대중은 방송을 통해서 게임을 하고 있음에 틀림없다. 콘텐츠의 내용이 제시되면(action), 내용에 대해 민감하고 정교하게 자신의 반응을 제시한다(reaction). 대중의 반응을 보고 또 다른 콘텐츠가 제시되고(rereaction), 대중은 반응한다. 이런 반응의 무한반복이 콘텐츠 생산과 소비의 원리일지도 모른다. 그 과정에서 대중과 제작자의 태도는 우리가 사는 사회의 품격과 수준을 드러낼 것이다. 콘텐츠에서 철학을 찾는 것이 우물가에서 숭늉을 찾는 것처럼 허망하지 않은 이유가 여기에 있다.

플랫폼이 된 리더와 질문들

5명의 PD를 인터뷰하며 느낀 점은 이들이 모두 하나의 뛰어난 플랫폼이라는 사실이었다. 까다로운 배우들과 MZ 세대 스태프, 여러 나라의 시청자, 소외된 이웃과 직업인들과 소통하며 하나의 콘텐츠를 만들어 냈다. 유인식 PD는 부드러운 목소리로 매 순간 주어지는 다양한 문제를 정의하고, 최적의 답을 찾아내고, 스태프를 설득해 왔다. 최삼호 PD는 스태프들의 반응을 살피며 그들의 반응을 콘텐츠에 담아내고자 했다. 내 생각이 옳으니 내 방식대로 가자는 게 아니라, 누구든지 좋은 콘텐츠를 가지고 있다면 나라는 플랫폼에서 마음껏 뛰놀게 할 수 있게 했다. 장호기 PD는 전 세계인이 모두 좋아하는 공통의 언어인 몸과 경쟁을 콘텐츠에 담아냈다. 김민석 PD는 이름 있는 PD로 기억되기보다는 그냥 뒤에서 스태프들과 함께 일하는

PD, 오랫동안 함께 일하고 싶은 동료로 기억되고 싶다고 했다. 최정남 PD에게서 가장 많이 들었던 말은 '감사하다'라는 단어였다. 일을 가르쳐 준 선배와 함께 일하는 스태프, 출연자 한 명 한 명에게 느낀 감사함이 입에서 쉬지 않고 이어졌다. 함께 있는 것만으로도 기분 좋음을 선사한 플랫폼에는 스태프들도 시청자도 모이게 된다. 그 힘들이 지금의 K-콘텐츠를 움직이는 원동력일 것이다.

인터뷰 과정에서 질문에 대해 다시 생각해 보게 되었다. 많은 일의 전체를 묻는 그랜드 투어 질문(grand tour question), 특정 답을 유도하지 않는 질문, 그림으로 보여 달라고 하는 질문, 알고 있는 사실을 확인하는 질문, 몰라서 묻는 질문 등 다양한 질문을 던졌다. 그중엔 분명 우문현답도 있었을 것이다. 그렇지만 우문이 현답을 끌어냈다면, 그것은 결코 어리석은 질문은 아니었을 것이다. 반대로 가장 경계할 것은 현문우답. 질문자가 아는 것이 도리어 독이 되는 경우로, 어리석은 답을 이끌어 낸 질문이다.

질문을 던지는 과정에서 '나의 질문이 어떤 힘이 있을까?' 하고 잠시 고민하기도 했다. PD들에게 괜찮은 질문을 던지고, PD 스스로 생각하게 하고, 잊힐 뻔한 기억을 복원해 내게 하는 것만으로도 역사를 되살려내는 기능을 수행하면 좋겠다는 바람을 가져 본다. 또한 PD들이 학계와 비평계에서 콘텐츠를 보는 관점을 눈치채게 하는 것으로도 의미 있다고 믿어 본다. 인터뷰를 경험한 PD들이 자기 작업의 의미와 작업의 논리를 객관적으로 바라보게 되어 앞으로 나아갈 수 있는 좌표로 삼을 수 있으면 더없이 좋겠다.

참고문헌

IBK 투자증권(2022. 4. 22.). SBS 올해도 이익체력 좋다. file:///C:/Users/hongk/ Downloads/20220421163631950_ko.pdf

남지우, 이승한, 정석희(2021. 7. 30.). 머리 쥐어뜯으며 고생한 작가들 덕분에 격이 올라간 '꼬꼬무 2'. 엔터미디어.

남지우(2022. 2. 25.). 이재명은 꼬꼬무, 윤석열은 스맨파?. 한겨레21.

박서연(2023. 2. 3.). MBC, 넷플릭스 투자 받아 '피지컬 100' 제작한 이유는. 미디어 오늘.

오구라 기조(2017). 한국은 하나의 철학이다―리(理)와 기(氣)로 해석한 한국 사회. (조성 환 역). 모시는사람들.

오채영(2023). 한류는 어떻게 K-컬처가 되었나?: K-컬처 정책담론 형성과 제도화 과정에 관한 연구. 연세대학교 대학원 석사학위논문.

유건식(2023. 2. 13.). '피지컬: 100' 성공이 반갑지만은 않은 이유. PD저널.

유원정(2022. 7. 21.). '우영우'는 열광, 전장연은 외면… 우리는 달라졌을까. CBS 노컷뉴스.

이기형, 유승재, 염류진, 이상은, 김지원(2023). 역사적 사건과 인물들의 행적을 재현하는 기획의 명과 암: SBS 〈꼬리에 꼬리를 무는 그날 이야기〉에 관 한 텍스트 분석을 중심으로. 한국언론정보학보, 117, 7-51. doi:10.46407/ kjci.2023.02.117.7

이기형, 황경아(2016). SBS 〈그것이 알고 싶다〉의 역할과 성취 그리고 명과 암을 맥락화하기. 한국언론정보학보, 75, 83-144.

이상우(2023. 3. 29.). '몸으로 승부하자' 피지컬 열풍 분석. 월간중앙.

이선영(2023. 2. 11.). '피지컬 100', 어떤 성공. PD저널.

이용석(2021). 2000년대 이후 한국 드라마제작 시스템 연구. 고려대학교 대학원 박 사학위논문.

임경호(2023. 2. 15.). 묻힐 뻔한 '피지컬: 100', MBC는 모험을 택했다. 미디어오늘.

임명묵(2021). K를 생각한다. 사이드웨이.

임영호(2015). 한국 텔레비전 생산 연구의 실태 진단. 언론정보연구, 52(1), 5-32.

한자경(1992). 칸트 철학 체계에서 판단력의 위치. 철학논총, 8, 77-97.

홍경수, 김윤지, 유건식, 정길화, 서정민, 임종수, 이성민(2022). 오징어 게임과 콘텐츠 혁명. 인물과사상사.

홍경수(2018). 〈그것이 알고 싶다〉의 수사학적 특성에 관한 연구. 한국콘텐츠학회논문지, 18(9), 81-90.

홍경수(2021. 11. 22.). 스트릿 우먼 파이터와 콘텐츠의 미래. 좋은나라 이슈페이퍼, 프레시안.

홍경수(2022. 4. 27.). 정서적 공론장 '유퀴즈', 어떻게 훼손됐나. PD저널.

홍경수(2022. 7. 27.). 만약 칸트가 '우영우'를 보았다면. PD저널.

홍경수(2022. 11. 9.). 방송뉴스는 왜 구어적 활력을 획득해야 하나. PD저널.

斎藤 真理子. (2022). 韓国文学の中心にあるもの. イースト・プレス.

Choe, S. H. (2021. 11. 3.). From BTS to 'Squid Game': How South Korea Became a Cultural Juggernaut. New York Times. https://www.nytimes.com/2021/11/03/world/asia/squid-game-korea-bts.html

Glesne, C. (2017). 질적 연구자 되기(*Becoming qualitative researchers*). (안혜준 역). 아카데미 프레스. (원저는 2014년에 출판).

Lotz, A. D. (2014). *The television will be revolutionized* (2nd ed.). NYU Press.

Lemaire, A. (1996). 자크 라캉(*Jacques Lacan*). (이미선 역). 문예출판사. (원저는 1972년에 출판).

Meyrowitz, J. (1985). *No sense of place: The impact of electronic media on social behavior.* Oxford University Press.

Ong, W. J. (2018). 구술문화 문자문화(*Orality and literacy*). (임명진 역). 문예출판사. (원저는 2019년에 출판).

Seidman, I. (2021). 질적 연구 방법으로서의 면담(*Interviewing as qualitative research*). (박혜준, 이승연 공역). 학지사. (원저는 2019년에 출판).

Snyder, B. (2014). SAVE THE CAT! 흥행하는 영화 시나리오의 8가지 법칙(*Save the cat!: The last book on screenwriting you'll ever need*). (이태선 역). 비즈앤비즈. (원저는 2005년에 출판).

Weiner, E. (2021). 소크라테스 익스프레스(*The Socrates express*). (김하현 역). 어크로스. (원저는 2021년에 출판).

저자 소개

홍경수(Hong, Kyung Soo)

아주대학교 문화콘텐츠학과 교수로 재직하고 있다. 고려대학교 신문방송
학과를 졸업하고, 서울대학교 대학원 언론정보학과에서 석사학위와 박사
학위를 받았다. 1995년 KBS에 22기 TV 예능 PD로 입사하여 〈열린음악회
〉, 〈가요무대〉, 〈이소라의 프로포즈〉 등 음악쇼 프로그램을 만들었으며,
〈낭독의 발견〉, 〈단박인터뷰〉를 처음 기획했다. K2 프로젝트 우수기획상,
민주언론시민연합 이달의 추천방송상, 한국방송대상 우수작품상 등을 받
았고, 2022년에 아주대학교 우수교육교수상(Teaching Award)을 수상하였
다. 한국방송대상, 국제에미상, 백상예술대상, 인문다큐영화제 심사위원
등 다양한 콘텐츠 평가에 참여하였다. TBS 시청자위원장과 KBS 경영평가
위원으로 활동하였으며, 현재 MBC 저널리즘 책무위원으로 활동 중이다.
한국방송학회와 한국언론정보학회의 이사를 거쳐 한국언론학회 49대 부
회장과 봄철학술대회 조직위원장으로 봉사했다. 현재 한국언론학회 방송
과 뉴미디어 연구회 회장으로 방송과 현장을 잇는 연구를 조직하고 있다.
저서로는 〈나는 오늘부터 힘센 기획자가 되기로 했다〉, 〈기획의 인문학〉,
〈예능 PD와의 대화〉, 〈확장하는 PD와의 대화〉 등이 있으며, 기획인문학
과 PD학 및 방송생산자 연구에 관심을 갖고 있다.

hongks @ajou.ac.kr

〈우영우〉, 〈꼬꼬무〉, 〈피지컬 100〉, 〈유퀴즈〉, 〈스우파〉 PD 심층인터뷰

K-콘텐츠 어떻게 만드나요?

How is K-content Created?

2024년 3월 15일 1판 1쇄 인쇄
2024년 3월 20일 1판 1쇄 발행

지은이 • 홍경수
펴낸이 • 김진환
펴낸곳 • **학지사비즈**

04031 서울특별시 마포구 양화로 15길 20 마인드월드빌딩
대표전화 • 02-330-5114 팩스 • 02-324-2345
등록번호 • 제2023-000041호

홈페이지 • http://www.hakjisa.co.kr
인스타그램 • https://www.instagram.com/hakjisabook

ISBN 979-11-93667-05-7 03320

정가 17,000원

출판미디어기업 학지사

간호보건의학출판 **학지사메디컬** www.hakjisamd.co.kr
심리검사연구소 **인싸이트** www.inpsyt.co.kr
학술논문서비스 **뉴논문** www.newnonmun.com
교육연수원 **카운피아** www.counpia.com
대학교재전자책플랫폼 **캠퍼스북** www.campusbook.co.kr